观物察史

——历史名物与风俗研究

燕山大学出版社

·秦皇岛·

图书在版编目（CIP）数据

观物察史：历史名物与风俗研究 / 朱笛著. — 秦皇岛：燕山大学出版社，2021.9（2026.1重印）
ISBN 978-7-5761-0224-6

Ⅰ. ①观… Ⅱ. ①朱… Ⅲ. ①历史文物－研究－中国 ②风俗习惯史－研究－中国 Ⅳ. ①K87 ②K892

中国版本图书馆 CIP 数据核字(2021)第 177232 号

观物察史——历史名物与风俗研究

朱 笛 著

出 版 人：	陈　玉
责任编辑：	杨春茹
封面设计：	朱　笛
出版发行：	燕山大学出版社
地　　址：	河北省秦皇岛市河北大街西段 438 号
邮政编码：	066004
电　　话：	0335-8387555
印　　刷：	廊坊市印艺阁数字科技有限公司
经　　销：	全国新华书店

开　本：700mm×1000mm　1/16		印 张：21	字 数：250 千字
版　次：2021 年 9 月第 1 版		印 次：2026 年 1 月第 2 次印刷	
书　号：ISBN 978-7-5761-0224-6			
定　价：78.00 元			

版权所有　侵权必究

如发生印刷、装订质量问题，读者可与出版社联系调换

前　言

《周礼》以"名物"为"名号物色"，即物品的名称及其形状特色之意，历代学者对于名物的训诂、考证等研究，逐渐发展成为广泛的文物研究。我国第一部考释名物典籍首推《尔雅》，书中类目，多与名物相合；东汉刘熙《释名》"以物释义"，旨在解释事物名称而编写成书，分二十七篇目，或以之开名物学独立之端绪；北魏《物祖》、隋之《物始》、明之《物原》，均致力于探物原、正物名，惜今多失佚；及至清陈元龙《格致镜原》，臻历代名物研究之大成，明确阐述了以器载道之大义。是故，历史名物研究，泛而言之即对历代所见之器物溯缘及正名。

中国历代风俗包罗万象，社会风俗演变，事物风尚异同、饮食起居状况等均属所谓社会文化生活范畴。然而，古今时移，风俗迁变，故多有隔阂未明之处，前辈学者尚节之先生秉和录经史百家及晋唐以来稗官小说等材料，择与历史生活有关者，解说原委，考古成篇，著《历代社会风俗事物》四十四卷，凡四十余万言，考订精详、征引繁复，剖驳讹误，颇启后来者。

历代名物及风俗材料散见于浩瀚典籍，前人研究多基于文献，自静安先生提出"二重证据法"将甲骨文作为文献之外的证据，此后又发展出"三重证据法"，即以文字训诂考据为第一重证据，出土文献为第二重证据，人类学、民族学参照材料为第三重证据；进入21世纪，进一步发展为以考古实物及图像材料"四重证据法"，不断刷新研究范式。

珠玉在前，高山景行，本书集结了作者近十年来从事博物馆领域研究的阶段性成果，以研究历史文物、历代风俗为主要内容，包括文物杂谈、古风俗考和承担的省市级课题成果三部分，以文物博物馆学领域的文物研究论文集结的形式承现。以透过文物看历史的方式，从具体的实物资料出发，既关注历史发展的主要脉络也发掘历史过往中的微小细节。本书内容丰富、资料翔实、图文并茂，以文博从业者的视角出发，探究历史名物和文化风俗，集专业性和通俗性于一身，既适合文博从业者借鉴参考，也适合历史爱好者扩充阅读。

目　录

～～～～～～～～　**第一部分　名物杂谈**　～～～～～～～～

曲盖溯源⋯⋯⋯⋯⋯⋯⋯⋯⋯⋯⋯⋯⋯⋯⋯⋯⋯⋯⋯⋯⋯⋯⋯⋯　003
说"角枕"⋯⋯⋯⋯⋯⋯⋯⋯⋯⋯⋯⋯⋯⋯⋯⋯⋯⋯⋯⋯⋯⋯⋯　007
论"胡粉"⋯⋯⋯⋯⋯⋯⋯⋯⋯⋯⋯⋯⋯⋯⋯⋯⋯⋯⋯⋯⋯⋯⋯　013
何物"来通（Rhyton）"杯——北燕"鸭形水注"探源⋯⋯⋯⋯⋯⋯　019
折荷以为盏——历史上的荷叶杯⋯⋯⋯⋯⋯⋯⋯⋯⋯⋯⋯⋯⋯⋯　023
华钑与拨型簪⋯⋯⋯⋯⋯⋯⋯⋯⋯⋯⋯⋯⋯⋯⋯⋯⋯⋯⋯⋯⋯　032
希腊式蛇形手环考⋯⋯⋯⋯⋯⋯⋯⋯⋯⋯⋯⋯⋯⋯⋯⋯⋯⋯⋯　037
辩"珠襦"⋯⋯⋯⋯⋯⋯⋯⋯⋯⋯⋯⋯⋯⋯⋯⋯⋯⋯⋯⋯⋯⋯　049
银鸾睒光踏半臂⋯⋯⋯⋯⋯⋯⋯⋯⋯⋯⋯⋯⋯⋯⋯⋯⋯⋯⋯⋯　061
汉代的雁足铜灯⋯⋯⋯⋯⋯⋯⋯⋯⋯⋯⋯⋯⋯⋯⋯⋯⋯⋯⋯⋯　066
汉代折合灯考⋯⋯⋯⋯⋯⋯⋯⋯⋯⋯⋯⋯⋯⋯⋯⋯⋯⋯⋯⋯⋯　079
"筌蹄"名义考——坐具所见胡风东渐与起居变迁⋯⋯⋯⋯⋯⋯⋯　090
展障玉鸦叉——唐墓壁画中"丁字杖"用途初探⋯⋯⋯⋯⋯⋯⋯⋯　098

～～～～～～～～　**第二部分　古风俗考**　～～～～～～～～

负羽从远征——析"箭箙"与"负羽"⋯⋯⋯⋯⋯⋯⋯⋯⋯⋯⋯⋯　113
断木飞土——汉代的"弹"与"弹丸"⋯⋯⋯⋯⋯⋯⋯⋯⋯⋯⋯⋯　124
金花折风冠——高句丽折风冠考⋯⋯⋯⋯⋯⋯⋯⋯⋯⋯⋯⋯⋯⋯　134
女儿爱作男装样——唐代的男装女子⋯⋯⋯⋯⋯⋯⋯⋯⋯⋯⋯⋯　144
慢束罗裙半露胸——唐代女子的袒领服饰⋯⋯⋯⋯⋯⋯⋯⋯⋯⋯　158
秃襟小袖调鹦鹉——小释《美人调鹦图》⋯⋯⋯⋯⋯⋯⋯⋯⋯⋯　170

丝帛覆遮面——古人的"口罩"……………………………………… 180
五月鸣蜩——蝉及历史上的食蝉风俗……………………………… 184

~~~~~~~~ 第三部分　结项课题 ~~~~~~~~

徐州两汉饮食文化的发掘与价值研究………………………………… 189
"犀毗金头带"——徐州汉代金腰带相关问题探论………………… 209
新媒体在文化遗产保护与宣传中的应用研究
　　——论博物馆动漫形象对青少年教育的推动作用……………… 228
徐州汉墓出土人鱼画像石解析
　　——兼论中西历史上的人鱼形象及其文化内涵………………… 259
徐州城市质态如何充分体现"汉文化"元素——以动漫宣传为例…… 274
徐州地区考古资料所见饮酒文化相关问题研究……………………… 287

参考文献…………………………………………………………………… 303

第一部分

名物杂谈

曲盖溯源

曲盖，亦称"曲盖伞""曲柄华盖"，是古代仪仗中一件重要的仪具，相传为姜太公创制。晋崔豹《古今注·舆服》曰："曲盖，太公所作也。武王伐纣，大风折盖，太公因折盖之形，而制曲盖焉。"①

曲盖，形状类伞而长柄，长柄上端弯曲。1978年山东嘉祥宋山发现的汉画像石有刻画周公辅成王的场景：成王立于几上，左侧一人手持曲柄伞盖，罩于成王头部上方，其所执之物即是曲盖（图一）。②此外，另有刻画西王母的画像石，西王母凭几而坐，右侧有一羽人，手举曲柄伞盖，其形制与前者如出一辙，亦为曲盖。

图一　山东嘉祥宋山汉画像石刻画曲盖

曲盖自战国以来就是将帅武官仪仗之一，崔豹《古今注》卷上"曲盖"

---

① （晋）崔豹撰：《中华古今注》卷上《舆服》，《汉魏六朝笔记小说大观》，上海古籍出版社，1999年，第233页。
② 嘉祥县武氏祠文管所：《山东嘉祥宋山发现汉画像石》，《文物》1979年第9期，第2页。

条曰："战国常以赐将帅，自汉朝乘舆用四，谓为辦輗。盖有军号者，赐其一也。"① 《东观汉记·段炯传》曰："(颎)为并州刺史，有功，征还京师。颎乘轻车，介士鼓吹，曲盖朱旗。"② 段炯建军功，故享有使用曲盖等仪仗的权利。《晋书·马隆传》载诏曰："其假节、宣武将军，加赤幢、曲盖、鼓吹。"③ 赤幢、曲盖合称为"幢盖"。《文选》卷五十七潘安仁《马汧督诔》李善注曰："幢盖，将军刺史之仪也。"④ 东晋永和十三年（357年）冬寿墓壁画《出行图》中，在簇拥着平东将军冬寿出行的庞大仪仗队伍中即有一骑马执曲盖的侍从（图二）。⑤ 1963年发现的云南昭通后海子东晋壁画墓，北壁壁画中绘有一组仪仗架，其中即有曲盖、旆幢等仪仗。通过北壁墓主人像右上方的墨书铭记可知：墓主人姓崔字承嗣，官居建宁、越巂、兴古三郡太守，南夷校尉、交宁二州刺史、使持节都督江南交宁二州诸军事。⑥ 由此印证了文献中关于曲盖为武官及方镇常备仪仗的记载。除武将外，高级官员仪仗中也使用曲盖等彰显其身份等级的仪具。《唐六典》卷四曰："凡百僚冠、笏、繖（伞）、幰、珂、佩各有差。"注曰："若职事官五品以上，上及散官三品以上，爵国公以上及县令，并用繖。"⑦ 曲盖即在"繖"之列。又据《新唐书·仪卫志》记载：唐代官吏一品卤簿有曲盖二，自二品至四品皆有曲盖一，万年县令亦有曲盖一。⑧ 可见，曲盖是级别较高的官僚通行的仪具。

自魏晋南北朝开始，曲盖已经成为仪仗队伍中固定的仪具之一。吐鲁

---

① （晋）崔豹撰：《中华古今注》卷上《舆服》，《汉魏六朝笔记小说大观》，上海古籍出版社，1999年，第233页。
② （汉）刘珍等撰，吴树平校注：《东观汉记校注》卷十七《段炯传》，中华书局，2008年，第778页。
③ 《晋书》卷五十七《马隆传》，中华书局，1974年，第1555页。
④ （梁）萧统编，（唐）李善注：《文选》卷五十七，上海古籍出版社，1986年，第2456页。
⑤ 洪晴玉：《关于冬寿墓的发掘和研究》，《考古》1959年第1期，第27-35页。线图为笔者据图十一《冬寿出行图》自绘。
⑥ 云南省文物工作队：《云南省昭通后海子东晋壁画墓清理简报》，《文物》1963年第12期，第2-3页。
⑦ （唐）李林甫等撰，陈仲夫点校：《唐六典》卷四《尚书礼部》，中华书局，1992年，第118页。
⑧ 《新唐书》卷二十三《仪卫志下》，中华书局，1986年，第506页。

番出土的一张西晋时代表现贵族生活场景的纸画中即描绘有由曲盖、节、旄、幢等组成的仪仗。洛阳龙门石窟北魏安定王元燮造像中亦有由曲盖、华盖、圆扇组成的仪仗。敦煌第285窟南壁西魏时期壁画，其中在手持麈尾跽坐的国王身后亦立有手持曲盖及羽扇的侍从（图三）。①

图二　冬寿墓壁画《出行图》所绘曲盖　　图三　敦煌第285窟南壁西魏壁画

　　曲盖作为一件重要仪具为历代沿用，随着时代的发展，伞盖装饰日益趋向华美。1977年甘肃酒泉丁家闸发现的十六国时期壁画墓，其中M5有一幅表现墓主人宴饮行乐场景的壁画。墓主人高冠朝服、正襟危坐，身后立有男女侍从二人，侍女手所持曲柄方伞即曲盖。此时的曲盖尚且朴实无华，仅在曲柄上端垂下流苏作为装饰（图四：1）。② 1968年江苏丹阳建山金家村南朝墓出土的壁画砖上也刻画有手持曲盖的侍从像，其所执曲盖伞盖边缘垂下一圈流苏，曲柄处缠有绦带，装饰风格已经趋向华美（图四：2）。③ 明代王圻、王思义编著《三才图会·仪制》曰："（曲盖）宋制，赤质红里，平顶而圆，如华盖小而曲柄，上绣瑞草。元制与宋同，但上加金浮图。今制同宋。"（图四：3）④ 清代所编《皇朝礼器图式》中所示天子大

---

① 欧阳琳等编绘：《敦煌壁画线描集》，上海书店出版社，1995年，第97页。
② 静安摄影：《甘肃丁家闸十六国墓壁画》，重庆出版社，1999年，第4页。线图为笔者自绘。
③ 南京博物院：《江苏丹阳县胡桥、建山两座南朝墓葬》，《文物》1980年第2期，第14页。线图为笔者据图二十一自绘。
④ （明）王圻，王思义编集：《三才图会》下册《仪制四》，上海古籍出版社，1988年，第1881页。

驾卤簿九龙曲盖（图四:4）[①]，比之酒泉丁家闸 M5 壁画所示质朴简洁的曲盖，无疑已发展到了极致豪华的程度。

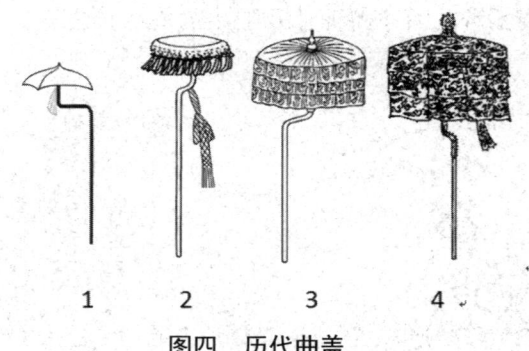

图四　历代曲盖

1. 甘肃丁家闸 M5 壁画所示曲盖　2. 丹阳建山金家村南朝壁画砖所示曲盖
3. 《三才图会》所示曲盖　4. 《皇朝礼器图式》所示天子大驾九龙曲盖

[①]（清）允祿等撰：《皇朝礼器图式》卷十，影印《文渊阁四库全书》史部 656，台湾商务印书馆，1986 年，第 5 页。

说"角枕"

古人枕具有软硬之分，硬枕起源较早，人类最早的枕头或许就是就近取来的石头或是粗制的木桩，我国考古发掘所见的汉代玉枕、宋元瓷枕便属于硬枕。软枕则多以织物缝制，内填香草或五谷以充实，如长沙马王堆一号墓辛追夫人随葬的绣枕，共由六块丝织品缝制而就。枕面为绢地长寿秀绣，枕顶为起毛锦，枕侧为锦制，长 4.5 厘米、宽 10.5 厘米、高 12 厘米，填充佩兰叶。

无论是考古发现还是传世的枕具实物，尽管材料千差万别，但形状基本相似，大体呈长方形体，正如东汉崔骃《六安枕铭》曰："枕有规矩，恭一其德。"所述恰是其形。此外，历史上还有一种形制特殊的枕具。著名的"闻鸡起舞"典故出处，《世说新语·赏誉》注引《续文章志》载："（刘琨）早与祖逖友善，尝二大角枕同寐，闻鸡夜鸣，蹙而相蹋。"[1] 以往对"角枕"的解释是用骨角作装饰的枕头。[2] 考文献中记载的角枕主要有两种，《周礼·天官·玉府》载："（玉府）掌角枕。"孔颖达疏曰："角枕者所以枕尸。"[3] 此处的"角枕"是先秦时代贵族丧葬用明器，并非日常生活用具。此外，《唐风·葛生》曰："角枕粲兮，锦衾烂兮。"[4] 此处的"角枕"则显然是日常生活所用的寝具，通过文意推测，此角枕或许类似锦衾，皆由织物缝就。又东晋·袁平曾作诗曰："角枕粲文茵，锦衾烂长筵。"（见《世说新语·排调》）也是描述有灿烂纹饰的角枕，此处角枕与

---

[1] （南朝宋）刘义庆著，（南朝梁）刘孝标注，余嘉锡笺疏，周祖谟、余淑宜、周士琦整理：《世说新语笺疏》，中华书局，2007年，第528页。
[2] 张万起：《世说新语词典》，商务印书馆，1993年，第187页。
[3] （汉）郑玄注，（唐）贾公彦疏：《周礼注疏》收录于《十三经注疏》，上海古籍出版社，2007年，第678页。
[4] （汉）毛公传，（汉）郑玄笺，（唐）孔颖达等正义《毛诗正义》收录于《十三经注疏》，上海古籍出版社，2007年，第366页。

锦衾对仗，应同属于花纹繁复的精美丝织品。《南史·后妃传》载梁元帝徐妃曾以白角枕赠人，并"书白角枕为诗"[①]，推测应该也是由白色的织物缝制的枕具，因为倘若是饰骨角的硬枕，应该不便于其上书写。至于为何名之曰角枕，或许是因为其形状似角。

考古发掘曾经发现数件汉晋时代的枕具实物。1959年新疆民丰尼雅发现一座东汉时期的男女合葬墓，墓主人头下各枕一只枕头，形似菱角，长46厘米、宽16厘米、高12厘米，以"延年益寿大益子孙"汉字锦缝制而成（图一）。[②] 1989年新疆尉犁因半库鲁克塔格三发现的9座汉晋墓葬中，M1、M3、M5、M7、M10均出土角枕，形制大同小异，仅枕套或为褐、绢，枕芯或为棉、丝绵、野麻秆。[③] 其中，M1为一成年女性与儿童的合葬墓，出土的角枕置于儿童头下，用大红色的织罽制成，形似"凹"，长约17.6厘米、高11.2厘米（图二：1）。M10出土角枕则为褐制，整体呈元宝状，枕面稍平（图二：2）。以上两件角枕，与尼雅东汉墓出土的刻意缝制成雄鸡状的"鸡鸣枕"相比，更显质朴简约。

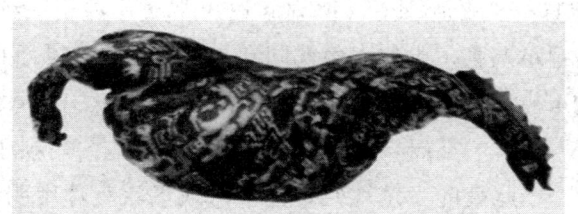

图一　新疆民丰尼雅东汉墓出土角枕

1995年新疆尉犁县营盘地东汉晚期墓（M15），棺内男性墓主头下置枕，面覆麻质面罩。枕长46厘米、宽8厘米，两端下垂，各缝缀4瓣形花叶状红色绢饰，每片叶端饰一缕丝线，其上各套一枚珍珠，以传统的锁

---

① （唐）李延寿：《南史》卷十二《后妃传》，中华书局，1975年，第342页。
② 新疆维吾尔自治区博物馆：《新疆民丰县北大沙漠中古墓葬区东汉合葬墓清理简报》，《文物》1960年第6期，第12页。
③ 新疆文物考古研究所：《新疆尉犁县因半古墓调查》，《文物》1994年第10期，第19-31页，第26-28页。

绣法在枕面上绣满四方连续的蔓草纹样，枕面两侧缝有绢带，系扎在前额上（图三）。① 1957年河南巩县（今巩义市）石家庄西晋初年墓（M11），出土2件石灰枕，状如菱角，两端呈尖状向上翘。考古发掘者推测原是将石灰装入特制的布袋中制成。② 日常生活中绝对不会使用填充石灰的枕具，因此这两件枕具应该属于明器，但其原型应该与以上两件枕具类似。这些枕具不同于常见的"中规中矩"的枕头，而呈类似菱角的外形，两端作尖角状，这或许正是"角枕"得名的原因。

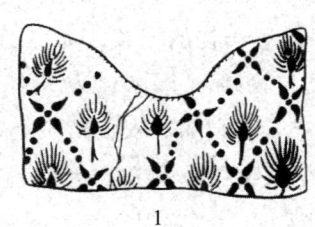 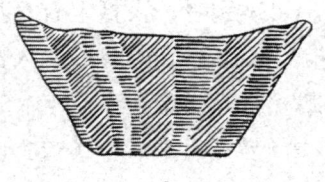

1. M1出土角枕　　2. M10出土角枕

图二　新疆尉犁因半库鲁克塔格出土角枕

图三　新疆尉犁营盘东汉墓出土角枕

---

① 新疆文物考古研究所：《新疆尉犁县营盘墓地15号墓发掘简报》，《文物》1999年第1期，第13页。
② 河南省文化局文物工作队：《河南巩县石家庄古墓葬发掘简报》，《考古》1963年第2期，第78页。

宋伯胤先生则从文字学角度分析，指出角枕之"角"就枕之形状而言，而非其材质。闻一多先生曾考释"角"字：古人造字，喙与角不分二物而喙即嘴。……古者角质一名兽角，与鸟嘴共之，并不为兽角所专。因此所谓"角枕"，或为一种似鸟嘴的枕头，两端尖出，一端像鸟嘴，一端似鸟尾，中间稍微下凹，以方便躺卧荐首。①《召南·行露》曰："谁谓雀无角。"角，即鸟喙。这也是"角"与禽鸟相关联之别一例。总之，角枕则是一种形状特殊的软枕，或许就是吐鲁番出土随葬衣物疏中常见的"鸡鸣枕"。

敦煌吐鲁番出土十六国至唐初的随葬衣物疏，其中凡齐全无残，或虽有残缺但仍可辨别者，大抵上有"鸡鸣枕"一物的记载。如北凉承平十六年（459年）武宣王沮渠蒙逊夫人彭氏衣物疏，上书："故帛练鸡鸣枕一枚珠□自副。"②高昌章和十八年（548年）光妃随葬衣物疏，上书："鸡鸣枕一枚。"③高昌延昌十六年（576年）信女某甲随葬衣物疏，上书："鸡鸣枕一只。"④唐西州初年唐憘海随葬衣物疏，上："鸡鸣一具。"⑤唐永徽二年（651年）杜相缺名随葬衣物疏，上书："鸡鸣審（枕）一枚。"⑥尽管衣物疏不同于遣册，所记物品并非真正用于随葬，但至少可以反映当时社会日常生活的一些片段。特别是一些衣物疏文末书写："右上所条，悉是平存所用物。"则更加能说明其中罗列的物品乃是真实使用的日常用品，这其中自然也包括鸡鸣枕。值得注意的是，北凉沮渠蒙逊夫人彭氏墓不但出土随葬衣物疏，还同墓伴出一件枕具，残长45厘米，略呈元宝形，两端做

---

① 南京博物馆编：《宋伯胤文集·针具卷》，文物出版社，2012年，第179-180页。
② 吐鲁番地区文管所：《吐鲁番北凉武宣王沮渠蒙逊夫人彭氏墓》，《文物》1994年第9期，第74-76页。
③ 国家文物局古文献研究室，新疆维吾尔自治区博物馆，武汉大学历史系：《吐鲁番出土文书》第二册，文物出版社，1981年，第64页。
④ 国家文物局古文献研究室，新疆维吾尔自治区博物馆，武汉大学历史系：《吐鲁番出土文书》第二册，文物出版社，1981年，第217页。
⑤ 国家文物局古文献研究室，新疆维吾尔自治区博物馆，武汉大学历史系：《吐鲁番出土文书》第四册，文物出版社，1983年，第32-33页。
⑥ 国家文物局古文献研究室，新疆维吾尔自治区博物馆，武汉大学历史系：《吐鲁番出土文书》第六册，文物出版社，1985年，第211页。

成翘起的尖状，一端如鸡头，一端似鸡尾，正可与衣物疏互为参证。① 这件形似雄鸡的枕具，名曰"鸡鸣枕"显然名副其实。

唐代以后，考古发掘少见鸡鸣枕实物，仅山东临朐北齐《高侨告神墓牌》和江西南城万历二十一年（1593年）明墓出土纸页清单中记载有"鸡鸣枕"。②

综上分析，以上所述枕具皆有类似菱角的外形，应该就是刘琨、祖逖所用之"角枕"，同时也即沮渠蒙逊彭氏夫人衣物疏中所记"鸡鸣枕"，"角枕"与"鸡鸣枕"可谓同物而异名。但"角枕"之名起源较早，先秦时代已然出现；至于"鸡鸣枕"之名则最晚在十六国时出现，并一直沿用至明代。

为了更加突出鸡鸣枕的特点，在制作过程中还特别加以装饰，将枕具制作成类似雄鸡的外观，吐鲁番博物馆收藏的阿斯塔那出土一件魏晋南北朝时期鸡鸣枕，高7.8厘米、长26厘米，用淡黄色麻布缝制，以红绢缀鸡冠，黑线绘眼、羽，形似雄鸡。③之所以选择雄鸡造型，大概与古时吉凶观念有关。《风俗通·祀典》"雄鸡"条载："鸡主以御死辟恶也。"④ 角枕（鸡鸣枕）因其特殊形制，故缝制起来亦颇为烦琐，研究者曾经对新疆尉犁营盘东汉角枕进行过复原，经过数次实验，最终找到了复原的最佳裁剪模式（图四）。⑤

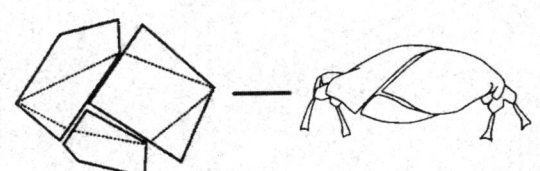

图四　新疆尉犁营盘东汉墓出土角枕复原图

---

① 吐鲁番地区文物保管所：《吐鲁番北凉武宣王沮渠蒙逊夫人彭氏墓》，《文物》1994年第9期，第74-76页。
② 薛尧：《江西南城明墓出土文物》，《考古》1965年第6期，第318-320页。
③ 包铭新主编：《西域异服——丝绸之路出土古代服饰复原研究》，东华大学出版社，2007年，第73-76页。
④ （汉）应劭撰，王利器校注：《风俗通义校注》，中华书局，1981年，第367页。
⑤ 包铭新主编：《西域异服——丝绸之路出土古代服饰复原研究》，东华大学出版社，2007年，第73-76页。

史料中关于鸡鸣枕的记载甚少，仅有明清人所记一些荒诞之言，如《蜀中广记》所记诸葛武侯鸡鸣枕一事，清人姚之骃《明元事类钞》卷三十《器用门》"鸡鸣枕"条亦录曰："《客座新闻》偶武孟为武冈州幕官，因凿渠得一瓦枕。枕之，闻其中鸣皷起擂，一更至五更次第不差，既闻鸡鸣亦三唱而晓，以为鬼怪。碎之，见其中设机局以应夜气，识者谓此武侯鸡鸣枕也。"著者显然没有见过鸡鸣枕实物，而望文生义将其附会为诸葛亮的发明。值得注意的是，考古所见鸡鸣枕（角枕）实物集中于汉晋时期，而两书亦将鸡鸣枕归于汉晋，这大概就是所谓"无巧不成书"吧。

论"胡粉"

2008—2009年河南安阳安丰乡东汉晚期西高穴2号墓的发掘不但是考古学界的重要活动，在社会各界亦引起极大的关注，影响力至今不绝。① 笔者作为江苏省博物馆学会成员之一，致力于考古文物的研究，不但能及时接触到考古界的最新成果，与业界同行交流心得，而且也有义务对社会公众关注的考古资料作出合理的推测和解释。本文便是由此出发，选择单西高穴2号墓出土的刻铭"胡粉二斤"石牌阐述个人心得。

西高穴2号墓后室南侧室门道部位集中出土了50余块六边形穿孔刻铭石牌，其中一枚刻铭为"胡粉二斤"四字。这些刻铭石牌具有"物疏"性质，是记录随葬品的清单，因此判断随葬品中即包括二斤胡粉。

胡粉，也称"铅粉"，古法烧铅即可得。晋·葛洪《抱朴子·内篇·论仙》言"胡粉是化铅所作。"② 其基原为以铅加工而成的碱式碳酸铅，外观呈白色粉末状，因此胡粉又名锡粉或粉锡。唐·梅彪《石药尔雅·卷上》"胡粉"条曰："一名锡粉、一名铅粉。"③ 据明·李时珍《本草纲目》释言："古人名铅为黑锡，故名。至于胡粉、粉锡则是铅之变黑为白者。"④

胡粉因涉"胡"字，总会使人望文生义，认为是域外的传入品。而历史上但凡外来的名物，又往往冠以"胡"名，如芝麻初名"胡麻"，黄瓜又名"胡瓜"，中华饮食中常见的调料"胡椒"等，都依从这样的定律。然而，"胡粉"其实却是地道的本土产品，东汉·刘熙《释名·释首饰》

---

① 潘伟斌，朱树奎：《河南安阳市西高穴曹操高陵》，《考古》2010年第8期，第40页。
② （晋）葛洪：《抱朴子》，上海书店出版社，1992年，第7页。
③ （唐）梅彪集：《石药尔雅》，中华书局，1985年，第2页。
④ （明）李时珍著，陈贵廷点校：《本草纲目》卷八，中医古籍出版社，1994年，第203页。

"胡粉"条曰:"胡,餬也。"① 可见"胡粉"本作"餬粉",因未经脱水处理,所以多呈糊状,这正是其得名的真正原因。德国学者劳费尔在其论著《中国伊朗编》中也明确指出胡粉之"胡"与胡人无关,用铅制粉完全是中国人自己的方法。②

历史上,胡粉的烧制起源甚早,《墨子》云:"禹造粉。"晋·张华《博物志》则言:"纣烧铅锡作粉。"③ 将胡粉的发明归功于上古三代的圣人或昏君,虽则不经不确,却从侧面反映出中国制胡粉工艺的渊源悠久。《太平御览》卷八一二《珍宝部》"铅"条引范子《计然》曰:"黑铅之错(醋)化为黄丹,丹再化之成水粉。"④ 反映出先秦时代,人们已经掌握利用铅、醋之间的化学反应产生碱式醋酸铅黄丹,再进一步转化成碱式碳酸铅——水粉(胡粉)的规律。⑤

然而古时制作胡粉的相关记载大多散录于炼丹家言,至宋人陈百朋所撰《龙泉县志》中始有较为详细的胡粉烧制工艺的记述。及至明代,相关著录大增,如宋应星《天工开物·五金》"胡粉"条、李时珍《本草纲目·金石部》"粉锡"条等。而陆容《菽园杂记》卷十四"韶粉"条则保留了《龙泉县志》中铅粉的烧制工艺流程。⑥《天工开物》与《本草纲目》所载烧制胡粉之法近乎一致,以《本草纲目》卷八《金石部》所载造胡粉之法为例,每铅百斤,熔化,削成薄片,卷作筒,安木甑内,甑下、甑中各安醋一瓶,外以盐泥固济,纸封甑缝。风炉安火四两,养一七,便扫入水缸内,依旧封养,次次如此,铅尽为度。不尽者,留炒作黄丹。每粉一斤,入豆粉二两,蛤粉四两,水内搅匀,澄去清水。用细灰按成沟,纸隔数层,置粉于上,将

---

① (汉)刘熙撰,(清)王先谦撰集:《释名疏证补》卷四,上海古籍出版社,1984年,第242页。
② (法)劳费尔著,林筠因译:《中国伊朗编》,商务印书馆,1964年,第21页。
③ (宋)李昉等撰:《太平御览》卷七一九《服用部》,中华书局影印本,1960年,第3185页。
④ (宋)李昉等撰:《太平御览》卷八一二《服用部》,中华书局影印本,1960年,第3610页。
⑤ 李亚东:《秦俑彩绘颜料及秦代颜料史考》,《考古与文物》1983年第3期,第62-63页。
⑥ 谢乾丰:《中国古代铅粉的制作工艺研究》,《广西轻工业》2007年第4期,第43页。

干，截成瓦定形，待干收起。① 可见，古人烧制胡粉，乃采用较为简单的工具进行长时间加热处理，铅受到醋蒸汽的作用，先转化为碱式醋酸铅，再与空气中的碳酸气相互反应，进而再转化为碱式碳酸铅，即胡粉。

胡粉在历史上用途多样，其中最为人所熟知的乃是作为韩冰岩敷面美白而用的化妆品。《释名·释首饰》"胡粉"条曰："脂合以涂面也。"② 汉·史游《急就篇》亦言："粉谓铅粉及米粉，皆以敷面，取光洁也。"③ 铅粉和以香脂被制成糊状，便是古时女子惯常敷面美白之"铅华"。东方民族自古推崇白皙为美，《诗经·卫风·硕人》曰："手如柔荑，肤如凝脂。"④《楚辞·大招》曰："粉白黛黑，施芳泽只。"⑤ 先秦时代的女子便已开始敷粉增白，即使现代社会，流行文化中的"白富美"也包括对女性美貌的基本描述（是否偏颇不在本文讨论之内）。

然而，不唯女子如此，古时男子也敷粉。《汉书·佞幸传》载："故孝惠时，郎侍中皆冠鵔鸃，贝带，傅脂粉。"⑥ 这大概是男子敷粉最早的记载。而汉末贵公子大多染此习气，《三国志·魏志·王粲传》邯郸淳注引《魏略》曰："临淄侯植得淳甚喜，延入坐，不先与谈。时天暑热，植因呼常从取水自澡讫，敷粉。"⑦ 而在崇尚女性美的魏晋六朝，男子敷粉施朱、行步顾影，其中最著名者莫若"粉侯"何晏。《世说新语·容止》记载其："何平叔美姿仪，面至白；魏明帝疑其敷粉。"《魏略》亦言："晏性自喜，动静粉帛不去手，行步顾影。"⑧ 至于名士王夷甫素手洁白，色与所执麈尾白玉柄无异；美男卫玠冠以"璧人"之名、裴楷号称"玉人"；杜弘治面

---

① （明）李时珍著，陈贵廷点校：《本草纲目》卷八，中医古籍出版社，1994年，第203页。
② （汉）刘熙撰，（清）王先谦撰集：《释名疏证补》卷四，上海古籍出版社，1984年，第242页。
③ （汉）史游撰：《急就篇》卷三，岳麓出版社，1989年，第188页。
④ （汉）郑玄笺，（唐）孔颖达等正义：《毛诗正义》收录于《十三经注疏》，上海古籍出版社，2007年，第322页。
⑤ （宋）洪兴祖撰，白化文等点校：《楚辞补注》，中华书局，2006年，第222页。
⑥ （汉）班固：《汉书》卷九三《佞幸传》，中华书局，1983年，第3721页。
⑦ （晋）陈寿：《三国志》卷二十一《王粲传》，中华书局，2004年，第603页。
⑧ （南朝宋）刘义庆著，（南朝梁）刘孝标注，余嘉锡笺注：《世说新语笺注》，中华书局，2007年，第714页。

如凝脂，眼如点漆；还有即使萎颓如嵇康、李丰之流，也以"玉山之将崩"加以形容，诸人莹白如玉的肤色应该也与涂抹胡粉不无关系吧！

胡粉因化铅而成性含微毒，沈括指出："擦妇人颊，能使本色转青。"①可见，长期使用含铅元素的胡粉，会使人面色青灰，更甚者还致皮肤溃烂。难怪俗言：人类的化妆史就是一部慢性中毒史。当然，古时妆粉除铅粉外还有米粉，《释名·释首饰》曰："粉，分也，研米粉使分散也。"②其法据《齐民要术》所载，是将梁米熟研后，再经过滤、沉淀、暴晒等一系列步骤制成。③相比微毒的铅粉，米粉显然安全无害。

考古发掘也不乏粉之痕迹。长沙马王堆一号汉墓辛追夫人的随葬品种也自然少不了化妆品，根据同墓出土竹简遣策，简226简文："小付奁三，盛节、脂、粉。"付奁指随葬品中的双层九子奁及单层五子奁内置的小盒，发掘者在双层九子奁内的两个圆形小盒内分别发现粉状物、丝质粉扑及油脂状物和粉扑，当为简文所载之"粉"。④1980年发掘的江苏邗江甘泉东汉墓（M2）出土的九子奁，已打开的几个小盒内，分别放置梳篦、铜镜、毛笔、粉状颜料等，这应该是东汉广陵王后的梳妆盒，这些粉状物大概正是广陵王后本人敷面用的妆粉。⑤

中原女子自不必言，即使边地也盛行敷粉饰面的风俗。朝鲜乐浪王盱墓出土的一套漆奁盒，其中小盒残留两种白色粉末，经测试分别为铅白和滑石粉，正是当时使用的妆粉。⑥新疆民丰东汉男女合葬墓，置于女子头侧的随葬藤奁盒中，盛放铜镜、木梳、粉袋、丝线等梳妆用具。⑦尼雅5

---

① （明）宋应星著，潘吉星译：《天工开物译注》，上海古籍出版社，1998年，第271页。
② （汉）刘熙撰，（清）王先谦撰集：《释名疏证补》卷四，上海古籍出版社，1984年，第242页。
③ 廖启愉，廖桂龙撰：《齐民要术译注》，上海古籍出版社，2006年，第366-368页。
④ 湖南省博物馆，中国科学院考古研究所编：《长沙马王堆一号汉墓》，文物出版社，1973年，第147页。
⑤ 纪仲庆：《江苏邗江甘泉二号汉墓》，《文物》1981年第11期，第7页。
⑥ [日]原田淑人：《古代人の化粧と装身具》，刀水书房，1987年，第144-145页。
⑦ 新疆维吾尔自治区博物馆：《新疆民丰北大沙漠中古遗志墓葬区东汉合葬墓清理简报》，《文物》1960年第6期，第11页。

号墓（M5），属于一名年轻女子，其腰侧木杈上附锦囊，中亦有铜镜、粉袋、丝线、带扣等梳妆及手工用具。①

新疆吐鲁番出土的4—6世纪的衣物疏大多保留胡粉的记录。如《高昌章和十八年（548年）光妃随葬衣物疏》载："烟支胡粉、青黛、黑黛。"②《高昌延昌卅六年（596年）某甲随葬衣物疏》载："烟米支糊粉具。"③《高昌义和四年（617年）张顺妻鞠玉娥随葬衣物疏》载："烟支糊粉具。"④《高昌重光元年（620年）清信女某甲随葬衣物疏》载："㠿支胡蚕（粉）具。"⑤《高昌延寿十四年（637）年张师兒妻王氏随葬衣物疏》载："米㠿米支胡粉具。"⑥根据衣物疏中指明的身份，能确定亡者大多为女性，因此推断十六国至高昌时期吐鲁番市的女子一直存在以胭脂、胡粉饰面修容之风。

此外，胡粉也作药用。《本草纲目·金石部》"粉锡"条引《神农本草经·下品》曰：（胡粉）"味辛，寒，无毒。治伏尸，毒螫，杀三虫。"⑦可见，胡粉用于治疗心腹刺痛、腹胀喘急，还可杀灭人体腹鳍腔内的寄生虫。晋·葛洪《肘后备急方》则记载了胡粉诸多药用方剂，如治疗头中恶疮、人体生恶疮似火自烂、妇人颊上疮、面上恶疮、瘑疽等，皆大有疗效。《本草纲目》载，胡粉尚有治疗疮伤水湿、诸蛇伤螫、三年目瞖、接骨续筋等疗效，甚至可以染白须发。古人对于胡粉的药理和药性的理解经现代医药学的证明仍然是有效的。其功效主治消积杀虫，治疗小儿疳积疳

---

① 王炳华主编：《新疆古尸：古代新疆居民及其文化》，新疆人民出版社，1999年，第120页。
② 国家文物局古文献研究室，新疆维吾尔自治区博物馆，武汉大学历史系编：《吐鲁番出土文书》（释文本）第二册，文物出版社，1981年，第62-63页。
③ 国家文物局古文献研究室，新疆维吾尔自治区博物馆，武汉大学历史系编：《吐鲁番出土文书》（释文本）第三册，文物出版社，1981年，第66-67页。
④ 国家文物局古文献研究室，新疆维吾尔自治区博物馆，武汉大学历史系编：《吐鲁番出土文书》（释文本）第三册，文物出版社，1981年，第9页。
⑤ 国家文物局古文献研究室，新疆维吾尔自治区博物馆，武汉大学历史系编：《吐鲁番出土文书》（释文本）第三册，文物出版社，1981年，第117-118页。
⑥ 柳洪亮：《新出吐鲁番文书及其研究》，新疆人民出版社，1997年，第47页。
⑦ （明）李时珍著，陈贵廷点校：《本草纲目》卷八，中医古籍出版社，1994年，第203页。

痢、虫积腹痛，化痰解毒，治疗痈疽、溃疡、口舌生疮、烫伤、收敛生肌，治下痢不正、痛疮瘘烂久不收口，燥湿止痒，治湿热疥癣痛痒不止。①

除作化妆品及药物外，胡粉还另作涂料使用。《太平御览》卷一八七《居处部》"墙壁"条引《汉官仪》曰："省中皆以胡粉涂壁，画古烈士。"②同书卷七一九《服用部》又引《邺中记》曰："石虎以胡粉和椒涂壁，曰椒房。"③有研究者曾对秦始皇陵兵马俑上残留的白色颜料进行X射线衍射分析，结果判断其为铅粉，可见胡粉亦是绘画涂料。④这表明至少在秦汉时期，胡粉已经被当作绘画颜料及涂料。但需要指出的是，胡粉价值不菲，无论是涂壁或绘画皆属奢靡之举，并非常态。南朝宋刘义庆撰《幽明录》中有一则"买胡粉女"的故事，买粉的男主角正是家资殷实子弟。⑤《北史·后妃传》载，隋文帝、独孤皇后雅性俭约，"帝常合止利药，须胡粉一两，宫内不用，求之竟不得。"⑥隋文帝与独孤皇后以帝后之尊，尚无胡粉一两在手，或可反映胡粉属于较为珍贵的消耗品。即使在李时珍生活的明代，胡粉依然属于高端药品，故使人感叹烧铅制粉"收利甚博"！

综上，再分析西高穴2号墓刻铭"胡粉二斤"石牌，作为记录随葬品名称、数量的清单，表明墓葬曾有胡粉二斤随葬。胡粉价值不菲，在当时属于较为珍贵的物品，而胡粉本身用途广泛，可作为化妆品、药品以及涂料使用。以二斤胡粉随葬，若是将其用作敷面化妆品，似乎计量过大；而作为涂料使用，又近乎奢靡。考虑到胡粉的药用价值，对治疗病痛药效显著，因此西高穴2号墓中的胡粉作为药物随葬似乎是较为合理的解释。

---

① （明）李时珍著，陈贵廷点校：《本草纲目》卷八，中医古籍出版社，1994年，第203页。
② （宋）李昉等撰：《太平御览》卷一八七《居处部》，中华书局影印本，1960年，第907页。
③ （宋）李昉等撰：《太平御览》卷七一九《服用部》，中华书局影印本，1960年，第3185页。
④ 李亚东：《秦俑彩绘颜料及秦代颜料史考》，《考古与文物》1983年第3期，第63-64页。
⑤ （南朝宋）刘义庆撰：《幽明录》卷一，文化艺术出版社，1988年，第3页。
⑥ （唐）李延寿：《北史》卷十四《后妃传》，中华书局，1974年，第532页。

何物"来通(Rhyton)"杯
——北燕"鸭形水注"探源

1965年辽宁北票西官营子北燕冯素弗墓出土一批玻璃器，其中有一件"鸭形水注"，形制独特，为世所罕见。该器长20.5厘米，腹径5.2厘米，张扁嘴如鸭，长颈鼓腹，细长尾，尾尖微残，腹底粘贴一枚玻璃饼，以便平稳放置（图一）。① 玻璃鸭形水注整体吹制成型，颈腹部另以玻璃条盘卷装饰，此法在罗马玻璃器中常用。阿富汗伯格拉姆遗址发现的2-3世纪的罗马玻璃器中也有类似装饰技法的玻璃制品，因此这件玻璃水注应该是自罗马传入北燕的外来品。② 辽宁北票地处东北，与罗马万里之隔，其传播途径可能是从中亚经中原转手而来，或是经由北方柔然人运至。③ 无论是何种途径，总之辗转不易。

图一　北燕"鸭形水注"

"鸭形水注"虽能确定其来源，但是其用途属性尚不明确。据考证，该器空体注满水后重心前倾，若水仅注半满则可平放，这种现象与《荀

---

① 杨伯达主编：《中国金银玻璃珐琅器全集》第4卷，河北美术出版社，2004年，第45页。
② 安家瑶：《中国的早期玻璃器》，《考古学报》1984年第4期，第416-417页。
③ 宿白：《考古发现与中西文化交流》，文物出版社，2012年，第49页。

子·宥坐篇》所载古时欹器注水原理相似，"宥坐之器者，虚则欹，中则正，满则覆。"① 故前贤或认为此器即文献中所载之"欹器"；但也有学者认为，此器虽则按欹器原理制作，但尚不能确定这就是欹器。②

以往研究者常将鸭形水注与阿富汗贝格拉姆宝藏中的舟形玻璃酒器相参照。而后者带有明显的罗马玻璃器制作风格，形制上也接近罗马的玻璃酒囊。③ 实际上，"鸭形水注"的形制及注水原理与古希腊饮酒器"来通"极为相似。来通（rhyton）是希腊人对于一种角状注酒器的称呼，其名源自希腊语rhēo，意为"流出"。④ 其体中空贯通，顶端为敞口，底端有细孔，使用时酒自上端喇叭状侈口注入，再从其下端的细孔中流出。具体方法可参照图二所示，这是一件收藏于纽约大都会艺术博物馆、约公元前1世纪至公元1世纪的波斯银质来通，顶端敞口，注酒时由此处注入；底端则被设计成野猫造型，其当胸处有一细孔，注酒后则从此处流出（图二）。⑤

作为贵族宴会及祭祀时的重要道具，来通最早出现于波斯，稍后传至希腊及罗马。维也纳艺术博物馆收藏一件约公元前4世纪的希腊红像陶罐（red-figure krater），其上绘制的内容即表现希腊贵族宴饮时的场景，其中一人右手高举来通，左手持敞口杯（phiale），来通被设计成马首形，马蹄处有细孔，酒水正由此流出，而倾注到敞口杯中（图三）。⑥

罗马古城庞贝（Pompeii）遗址中曾发现过绘有来通的壁画，例如朱丽亚·费利克斯宅邸建筑中出土的一幅名为《酒神狄俄尼索斯壁画》（fresco depicting Dionysiac cult），画中置于台阶中央的篮筐里摆放着一系列象征酒

---

① （清）王先谦撰，沈啸寰、王星贤点校：《荀子集解》卷二十，中华书局，1983年，第520页。
② 卢善焕：《北燕"鸭形玻璃注"名称商榷》，《北方文物》1996年第3期，第20-21期。
③ 林怡娴：《贝格拉姆宝藏中的非罗马玻璃器》，《南方文物》2018年第1期，第194-195页。
④ 孙机：《玛瑙兽首杯》，《中国圣火——中国古文物与东西文化交流中的若干问题》，辽宁教育出版社，1996年，第173-194页。
⑤ Elizabeth J. MIlleker: The Year One of the Ancient World East and West. The Mentropolitian Museum of Art, 2001. p.123.
⑥ Kim Benzel, Sarah B. Graff, Yelena Rakic, Eidth W. Watts: Art of the Ancient Near east A Resouce for Educators, The Mentropolitian Museum of Art, 2010.

神狄俄尼索斯（the wine god Dionysus）的物品，其中就包括一件盖着豹皮的角状饮器（来通）（图四）。①

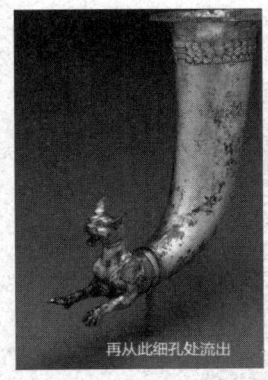 

图二　大都会艺术博物馆藏波斯银来通　　图三　维也纳艺术博物馆藏希腊红像陶罐彩绘

图四　庞贝壁画彩绘"来通"杯

考古所见来通实物有陶质、玻璃、金银等各种材质，纽约大都会艺术博物馆收藏的罗马文物中即有玻璃来通。其中一件约公元1世纪中期的来通，整体呈细长圆管状，高约16厘米，腹径约5.87厘米，短颈喇叭状口，末端尖细，曲折如兽角状，微残。另一件约公元3—4世纪罗马帝国晚期的来通，呈弯曲角状外形，高10.16厘米，侈口外撇呈喇叭状，尾端尖细。这两件罗马时代的玻璃来通与北燕"鸭形水注"的长度及腹径尺寸相差无几，又皆有中空呈角状的外形，顶端开口较大，而尾端尖细。这种形制恰好能够满足自顶端灌注液体而自尾端泄出的条件，因此推测这件源自罗马的玻璃"鸭形水注"实则来通，即玻璃角状饮器。

① Maxwell L: Anderson. Pompeian of feseves in the Metropolitan Museum of Art. The Mentropolitian Museum of Art, 2. Winter 1987188, vlo.xlv No.3.

1976年新疆和田地区曾发现过一件人面牛首陶质来通,年代约为公元3—5世纪,通长19.5厘米(图五)。① 这件来通具有典型的萨珊波斯风格,顶端敞口,细颈内收,器腹塑成胡人头像,底端呈牛首形,牛吻部有细孔。

图五　新疆和田出土陶质来通

源自罗马的玻璃器在公元5世纪前期的中国属于弥足珍贵的舶来品,玻璃"鸭形水注"被珍之重之地安置在北燕皇族冯素弗墓葬中,便足以为证。这件实为饮器"来通"的玻璃器,作为中西文化交流的见证,能够较为完整地保存下来,其意义更加深远。

---

① 新疆文物局主编,贾应逸等撰文,祁小山等摄影:《新疆文物古迹大观》,新疆美术摄影出版社,1999年,第97页。

折荷以为盏
——历史上的荷叶杯

荷叶杯，通常是指一类杯身似卷荷、附带吸流的酒杯。最初以天然荷叶为之，贯通梗茎供人啜酒消夏，故也称为"碧筒"或"吸杯"。后世模仿其形，创造出各种材质的荷叶杯，成为宴饮中异常风雅的酒器。

一、荷叶杯的使用

荷叶杯起源甚早，初取盛夏新鲜荷叶作酒杯，将叶茎相连处贯通，即可噏径而饮。据《酉阳杂俎·前集》卷七"酒食"条记载："历城北有使君林，魏正始中，郑公悫三伏之际，每率宾僚避暑于此。取大莲叶置砚格上，盛酒三升，以簪刺叶，令与柄通，屈茎上轮菌如象鼻，传噏之，名为碧筩杯。历下教（一作'学'）之，言酒味杂莲气，香冷胜于水。"①而《遵生八笺·四时调摄笺·夏时逸事》"暑饮碧筒"条则曰："袁绍与刘松，三伏时尽日饮酒，以避一时之暑。魏郑公暑饮，取大荷叶，以指甲去叶心，令与大柄通，屈茎轮菌如象鼻，传席间之噏，名碧筒酒。"②两则史料皆以荷叶杯始自三国，又均属后世追述，故暂不置可否，而类似的荷叶杯至隋确有所载。隋·殷英童《采莲曲》曰："荡舟无数伴，解缆自相催。汗粉无庸拭，风裙随意开。棹移浮荇乱，船进倚荷来。藕丝牵作缕（一作'结'），莲叶捧成杯。"③ 描述红粉佳人乘舟倚荷，随手采摘荷叶卷制成杯的情景，尽管不知杯中所盛是否为美酒，但"荷叶杯"却得名于此。

---

① （唐）段成式撰，方南生点校：《酉阳杂俎 前集》，中华书局，1981年，第67页。
② （明）高濂编：《遵生八笺》，巴蜀书社，1988年，第165页。
③ （宋）郭茂倩编撰，聂世美、仓阳卿校点：《乐府诗集》卷五十，上海古籍出版社，1998年，第565页。

唐人好以荷叶盛酒，取其香冷之气，极富旨趣快意。后世因袭成俗，常在盛夏取新鲜荷叶作杯，为消暑雅趣。唐人曹邺《从天平节度使游平流园》也咏道："乘兴挈一壶，折荷以为盏。"《因话录》卷二载："靖安李少师，虽居贵位，不以威重隔物。与宾僚饮宴谭笑，曲尽布衣之欢，不记过失。善饮酒，暑月临水，以荷为杯，满酌密系，持近人口，以篦刺之，不尽则重饮。燕散，有人言昨饮大欢者。公曰：'今日言欢，则明前之不欢，无论好恶，一不得言。'"[1] 宰相李宗闵宴饮宾僚，以荷叶盛酒，再以筷刺孔大饮，极其考验饮者酒量，显得非常粗犷。

《唐语林·雅量》亦载："靖安李少师宗闵，不以威重自处，好与宾客饮宴谈笑，善饮酒，暑月临池，以荷花为杯，满酌酒，密系持近口，以篦刺之而饮，不尽再举。"[2] 此处记载与前同为一事，唯酒杯变为荷花杯。后世不乏以荷花为杯的雅事，陶宗仪《辍耕录》"解语杯"条载："至正庚子秋七月九日，饮松江泗滨夏氏清樾堂上。酒半，折正开荷花，置小金卮于其中，命歌姬捧以行酒。客就姬取花，左手执枝，右手分开花瓣，以口就饮，其风致又过碧筒远甚。余因名为解语杯，坐客咸曰然。"[3] 用荷花包裹小金卮，美其名曰"解语杯"，比荷叶杯更有风致。

而无论使用荷叶杯还是荷花杯，均是夏日宴会中的怡情逸事。值得注意的是，荷叶杯容量较大，能盛酒三升，因此既可以单人独饮也能作为多人共饮的传杯。前《酉阳杂俎》和《遵生八笺》所载，即将荷叶杯作为席间共饮的传杯；陶宗仪的"解语杯"也是席间行酒传杯。《因话录》所载则是作为单人独饮的酒杯，饮不尽则受罚。宋·吴文英《风入松 寿梅壑》曰："连唤碧筒传酒，云回一曲双成。"[4] 一如唐代荷叶杯传酒而饮的风俗。同时，后世使用荷叶杯，或刺破荷叶豪饮或贯通荷径嚼饮，随性而为。宋·敖陶孙《放船》曰："更将绿叶穿碧筒，欲臣屈卮奴太白。"[5] 此即刺破莲叶碧筒饮酒，需一人饮尽，考验酒量。唐·戴叔伦《南野》一诗

---

[1] （唐）赵璘撰：《因话录》卷二，中华书局，1985年，第10页。
[2] （宋）王谠撰：《唐语林》卷三，上海古籍出版社，1978年，第90页。
[3] （明）陶宗仪著：《南村辍耕录》卷二十八，中华书局，1959年，第354页。
[4] 北京大学古文献研究所编：《全宋诗》，北京大学出版社，1993年。
[5] 北京大学古文献研究所编：《全宋诗》，北京大学出版社，1993年。

云:"茶烹松火红,酒吸荷叶绿。"宋·王阮《刘致政家东冈池莲甚盛昔尝饮焉赋引叙别二首其一》曰:"一枝曾吸碧筒杯,万丈潮头忽见催。"① 此则将莲茎贯通作为吸管啜饮。

二、荷叶杯与岁时风俗

唐宋以来,使用荷叶杯成为较为固定的岁时风俗,《岁时广记》卷二十五即录有"噏碧筒"条引《缙绅脞说》曰:"魏正始中,郑公悫三伏之际,率宾僚避暑于历城北。使君林取莲盛酒,以簪刺叶,令与柄通,屈茎轮菌如象鼻,传噏之,名碧筒酒。"② 内容与《酉阳杂俎》大致重合,而"碧筒"也逐渐成为荷叶杯的雅称。后世因循,将使用荷叶杯作为暑日不可或缺的高雅娱乐。

唐宋以来,文人墨客竞相以碧筒饮为雅事,后世仍以碧筒为雅,清人梁绍壬《两般秋雨庵随笔》载:"各种饮酒方式中以碧筒为最雅。"因此流传诸多吟咏碧筒杯的文字。唐·何坚《次韵答阳刺史城》诗曰:"多感君侯欢导引,临流遣兴醉碧筒。"《全唐诗补编》卷十一苏轼《中善松醪》诗自注曰:"唐人以荷叶为酒杯,谓之'碧筒酒'。" 宋·李纲《西轩小池荷花盛开,与宾客酌酒其上,以荷为杯,引满径醉》(《全宋诗》):"碧筒注酒晚风凉,浇得新诗字字香"。元·程端礼《碧筒饮转语一首》诗前小序曰:"六月二十二日,同诸公为避暑饮,临荷池,取荷为杯,故名。"

碧筒杯也逐渐成为固定的岁时清供,《骈字类编》卷一八五《草木门》"莲诞"条引《清间供》曰:"六月初伏,荞麦、瓜。中伏,碧筒劝、竹篠饮。"③ 即将碧筒作为中伏时的清供。

以荷叶盛酒既是雅事,更能增加酒香。《山家清供》卷下"碧筒酒"条记载:"暑月,命客泛丹莲荡中,先以酒入荷叶束之,又包鱼酢它叶内。

---

① (清)吴之振、吕留良、吴自牧选,(清)管庭芳、蒋光熙补:《宋诗钞初集》,中华书局,1986年,第2629-2643页。
② (宋)陈元靓编:《岁时广记》卷二十五,商务印书馆,1939年,第287页。
③ (清)张廷玉等编:《骈字类编》第九册,中国书店出版社,1984年,第650页。

俟舟回，风薰日炽，酒香鱼熟，各取酒及酢，真佳适也。"① 可见，以荷叶盛酒或包鱼酢，酒食均能沾染荷叶清香之气。明·杨升庵《艺林伐山》"碧桐杯"条录唐人《碧筒杯诗》曰："酒味杂莲气，香冷胜于水。轮囷如象鼻，潇洒绝青蝇。"② "碧筒"盛酒不但使美酒沾染荷香，还能隔绝飞蝇，实用功能绝佳。

同时，人们大多使用荷叶杯盛放白酒，如苏轼《泛舟城南会者五人分韵赋诗》曰："碧筒时作象鼻弯，白酒微带荷心苦。"宋·洪咨夔《念奴娇·老人用僧仲殊韵咏荷花横披，谨和》词曰："便好花里唤船，碧筒白酒，微吸荷心苦。"③ 以上荷叶杯中所盛，均为寻常白酒。此外，荷叶杯也偶尔用来盛放葡萄酒，元·汤舜民《［双调］湘妃游月宫 夏闺情》曰："冰盘贮果水晶凉，石髓和茶玉液香，碧筒注饮葡萄酿。"④ 冰镇水果、葡萄美酒，均是夏日里非同寻常的解暑美食，若非富贵之家，实难置办。

三、荷叶杯的仿造

受时令所限，荷叶杯只能在夏荷田田之时采制，为了弥补这一遗憾，仿制的荷叶杯应运而生。唐教坊有词调名《荷叶杯》，据任中敏考证："三字本唐酒器名……此曲疑亦酒令著词之调。"⑤ 温庭筠、韦庄、顾敻等均有名为《荷叶杯》的诗词。可见，荷叶杯在唐代已是固定的酒器，而不再是荷叶制成的简易酒杯。白居易《酒熟忆皇甫十》诗曰："疏索柳花碗，寂寥荷叶杯。今冬问毡帐，雪里为谁开。"⑥ 冬雪之时使用的荷叶杯显然已非荷叶所制，而是摹仿其器形和功用仿制的酒杯。陕西西安何家村窖藏中有

---

① （宋）林洪撰，乌克注释：《山家清供》，中国商业出版社，1985 年，第 95 页。
② （明）杨慎撰：《艺林伐山》卷十五，商务印书馆，1936 年，第 101 页。
③ 唐圭璋编：《全宋词》第四册，中华书局，1965 页，第 2469 页。
④ 郭志菊、马冀编集校注：《汤舜民散曲校注》，内蒙古大学出版社，2009 年，第 73-74 页。
⑤ （唐）崔令钦撰，任中敏笺订，喻意志、吴安宇校理：《教坊记笺订》，凤凰出版社，2013 年，第 106-107 页。
⑥ （清）曹寅，彭定求，杨中内等编：《全唐诗》卷四五五，中华书局，1979 年，第 5162 页。

一件鎏金银质荷叶杯（图一），高1.5厘米、径3.5厘米。① 杯身似八曲卷荷，杯底中心有一孔，与杯外壁吸管相通，在形制和功用上完全摹仿荷叶杯，或许与白居易所用荷叶杯有相似之处。《苕溪渔隐丛话后集·山谷上》载："八月十七日，与诸生步自永安城，入张宽夫园待月，以金荷叶酌客。"② 其中"金荷叶"很可能也是荷叶杯，形制或许与前类似。

仿制荷叶杯大多精工细作，1974年，浙江衢州咸淳十年（1274年）南宋墓曾出土一件白玉荷叶杯，杯高3厘米、长11.5厘米、宽9.8厘米，正面刻成两片荷叶，大片为杯身，小片为杯把顶饰，线刻叶脉。背面略同，并附浮雕莲花、荷叶，其茎卷曲成杯把（图二）。③《云仙散录》"酒器九品"条引《逢原记》曰："李适之有酒器九品：蓬莱盏、海川螺、舞仙盏、瓠子卮、幔卷荷、金蕉叶、玉蟾儿、醉刘伶、东溟样。蓬莱盏上有山，象三岛，注酒以山没为限。舞仙盏有关捩，酒满则仙人出舞，瑞香球子落盏外。"④ 九器之一"幔卷荷"，杯身用贵重材质制成卷曲的荷叶形，想必也与这件白玉杯类似。《黄氏日抄》卷六十七曰："砗磲大蚌之属殻可为荷叶杯。"⑤ 砗磲制成的荷叶杯，或许也与"海川螺"有相似之处吧。

苏轼也曾珍藏一件荷叶杯，东坡诗《和连雨独饮二首》诗前小序曰："吾谪海南，尽卖酒器以供衣食，独有一荷叶杯，工制美妙，留以自娱，乃和渊明连雨独饮。"⑥ 台北故宫藏明·陈洪绶《隐居十六观》图册，其中有典出苏轼的《浇书图》（图三），图中苏东坡手捧荷叶杯，畅快晨饮。⑦

---

① 陕西省博物馆、文管会革委会写作小组：《西安南郊何家村发现唐代窖藏文物》，《文物》1972年第1期，第32页。何家村窖藏荷叶杯曾被误认为是莲花形灯头，但经孟晖先生考证，其实是银质荷叶杯，详见孟晖：《唐代的荷叶吸杯》，《东方日报·艺术评论》，2013年7月15日。
② 胡仔：《苕溪渔隐丛话后集·山谷上》卷三十一，《海山仙馆丛书》本，道光己酉年，第125页。
③ 衢州市文管会：《浙江衢州市南宋墓出土器物》，《考古》第11期，第1005页。
④ （后唐）冯贽编，张力伟点校：《云仙散录》，中华书局，2008年，第46-47页。
⑤ （宋）黄震撰：《黄氏日抄》卷六十七，影印《文渊阁四库全书》，台湾商务印书馆，1986年，第54页。
⑥ （宋）王十朋撰：《东坡诗集注》卷三十一，《文渊阁四库全书》，台湾商务印书馆，1986年，第1204页。
⑦ 邓嘉德主编：《陈洪绶 隐居十六观册页》，四川美术出版社，1998年，第4页。

《娱书堂诗话》卷上记载:"东坡谓晨饮为浇书,黄门谓午睡为摊饭。"[①] 陆游《春晚村居杂赋绝句》之五曰:"浇书满挹浮蛆瓮,摊饭横眠梦蝶床。"自注曰:"东坡先生谓晨饮为浇书。"《浇书图》中荷叶杯整体呈卷荷状,杯饰莲花及荷径,其体量巨大,需双手捧杯,与考古所见荷叶杯相差甚远,或许是出于艺术家的夸张手笔。

 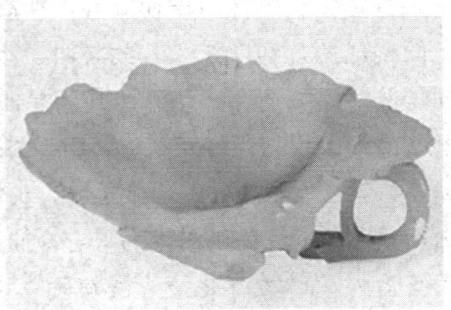

图一　陕西西安何家村窖藏鎏金银质荷叶杯　　图二　浙江衢州南宋墓曾出土白玉荷叶杯

图三　明·陈洪绶《隐居十六观》之《浇书图》

清人据荷叶杯可供噏饮的特征,又将其名为"吸杯"。《匋雅》曰:"近出莲实三采吸杯,莲实、莲叶各居其半数。于莲叶、莲实之外,别有莲茎。

---

① (宋)赵与虤撰:《娱书堂诗话》卷上,《文渊阁四库全书》,台湾商务印书馆,1986年,第4页。

茎细而中空，以口就茎而吸洒以饮，谓之吸杯。甚多，既非官窑，又未经人用。不知所自来。惟一种不带莲实，但作莲叶式。底缀三小螺，中蹲一小蟆者，亦别有莲茎仪通吸饮，较为细润。"①《清稗类钞》"物品类"亦曰："吸杯，做莲蓬、莲叶交互相连状，别有莲茎，茎之中有孔，可吸饮。"②荷叶吸杯多以陶瓷为之，造型常作荷叶、莲实状，杯内装饰螺、蟆，极富生趣。故宫博物院即收藏有类似的吸杯。如其中一件清德化窑荷叶杯，杯身做多曲卷荷状，莲茎曲折作吸流，杯内饰一小蟹（图四）。③另有一件清宫旧藏粉青莲实吸杯，高6厘米、口径7厘米，杯身似曲茎莲蓬，中空柄茎弯曲作流（图五）。④以上两件瓷吸杯与文献所载荷叶、莲实杯相类。

图四　故宫博物院藏清德化窑荷叶杯　　图五　故宫博物院藏清粉青莲实吸杯

　　清代吸杯既有荷叶杯，也有荷花杯，传世实物颇多。河北省博物院收藏光绪粉彩莲花秋操纪念杯，长14.5厘米、宽12.7厘米、高6.8厘米，杯身整体作莲花形，成器规整，花瓣层叠为杯身、花梗为器柄，杯底花瓣间有一小孔与中空的花梗相连，柄后墨书"大清光绪三十四年安徽太湖附近秋操纪念杯"，说明这件荷花杯是光绪时期军队秋季操练的纪念品。⑤湖北省博物馆也有一件类似的光绪粉彩荷花吸杯，其长15.1厘米、宽13.1厘

---

① （清）陈浏著：《匋雅》卷下，陈雨前主编：《中国古陶瓷文献校注》，岳麓书社，2015年，第1004页。
② 徐珂编撰：《清稗类钞》，中华书局，1984年，第6048页。
③ 故宫博物院藏清代德窑白釉荷叶吸杯，https://digicol.dpm.org.cn/cultural/detail?id=f47cc15039a8461db3dee34d666fb7b0。
④ 张荣，赵丽红主编：《文房清供》，紫禁城出版社，2009年，第241页。
⑤ 叶佩兰主编：《珐琅彩·粉彩》，上海科学技术出版社，商务印书馆（香港），1999年，第249页。

米、高6.4厘米，杯身作荷花状，杯底花蕊小孔与花梗连通（图六）①。荷花杯，杯身作花瓣层叠的荷花，与陶宗仪的"解语杯"有异曲同工之意，或许就是受其启发。

与前代相比，清代吸杯选材多样、不惜工本，故宫博物院即收藏多件以犀角、美玉精工雕琢的吸杯。如，其中一件明代晚期的犀角雕折枝荷叶杯，高15.8厘米，最大口径19.3厘米（图七）。②荷叶杯由整只犀角雕就，作一把莲式，杯身作荷叶状，装饰有莲蓬、莲花及小蟹，杯侧弯曲一茎蓼草，中心贯通至杯身作流。另有一件青玉荷叶吸杯，高14.6厘米、宽12.2厘米，杯身做卷荷状，梗茎弯曲一侧作吸管（图八）。③这件青玉吸杯曾被误认为花插，但通过对比不难发现其本来面目。

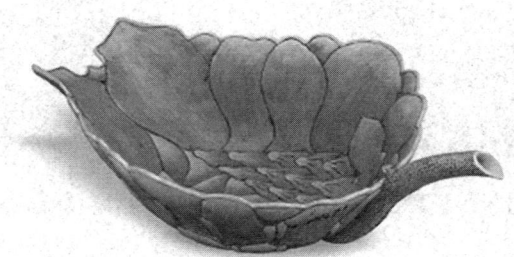

图六　湖北省博物馆藏光绪粉彩莲花杯

---

① 湖北省博物馆馆藏粉彩荷花吸杯，http://www.hbww.org/Views/ArtGoodsDetail.aspx?PNo=Collection&No=TCQ&Guid=672426d6-166e-494e-a458-ef4e74f30b17&Type=Detail。
② 张荣，刘岳主编：《故宫竹木牙角图典》，紫禁城出版社，2010年，第291页。
③ 故宫博物院编：《故宫博物院藏品大系：玉器编》，紫禁城出版社、安徽美术出版社，2011年，第215页。

 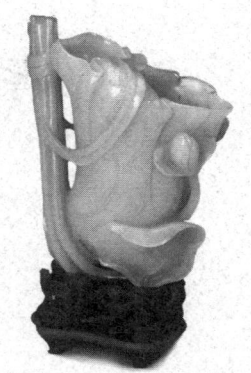

图七　故宫博物院藏清犀角荷叶吸杯　　图八　故宫博物院藏清青玉荷叶吸杯

四、结语

后世荷叶杯除继续作为酒杯外，讲究的茶客更将其作为饮茶之器。《潮州茶经·功夫茶》记载潮州功夫茶，"春宜牛目杯，夏宜栗子杯，秋宜荷叶杯，冬宜仰钟杯。杯亦宜小宜浅，小则一啜而尽，浅则水不留底。"①功夫茶四季用杯各有不同，夏季使用的栗子杯，据《云仙散录》"栗杯"条引《邺郡名录》曰："邺郡产巨栗，脱其壳可以为杯。"②说明是用较大的栗子壳制成。而《匋雅》卷上载："胭红小碗，以荷包式六字圆款者为佳，其碗口微侈者，谓之栗子杯。"③清代的"栗子杯"已是仿栗壳大小之形而制的瓷杯，其杯身小巧、杯口微侈。"荷叶杯"则应是仿荷叶之形之浅小茶杯。至于"牛目杯""仰钟杯"等，其形也应各如其名。

---

① 林少亮：翁辉东的《潮州茶经·工夫茶》及发表附记，潮安县政协文史委员会编：《潮安文史》创刊号，1996年，第150页。
② （后唐）冯贽编，张力伟点校：《云仙散录》，中华书局，2008年，第119页。
③ （清）陈浏著：《匋雅》卷上，陈雨前主编：《中国古陶瓷文献校注》，岳麓书社，2015年，第953页。

华錥与拨型簪

一、华錥

钗是古时女子最常用的首饰之一，根据钗脚长短不同，可将其分成长钗和短钗两大类。长钗通常在 20 厘米左右，亦有长达 30 厘米以上者；短钗则约略其半，甚至更短，"錥"即是一类形制小巧的短钗。

錥，《玉篇》释其为"小钗"，《增字汇》释曰："錥，小钗承鬓者。"恰说明錥形制短小之特点，以及拢承鬓发之功用。1965—1966 年贵州平坝马场南朝墓群出土了一批发钗[①]，其中包括各式通长不足 6 厘米的金、银、铜质短钗。如 M45 出土的金短钗，通长约 4.8 厘米，钗首呈半环状（图一：1）。M50 出土的银短钗，通长约 5.8 厘米，宽约 3 厘米（图一：3）。这些表面光素无纹的短钗，大多出土于墓葬中位于头部的位置，且与长钗伴出，可见其为当时女子盘发绾髻所使用的发饰，其作用大约类似现代女子用于拢发的小发夹。从形制和功能两方面分析，这些短钗即为"錥"。

古时女子发式或繁或简，故用于承鬓拢发之錥其数量亦随之增减。1973 年，广东曲江南华寺南朝墓（M3）出土的一对银钗，整体呈"U"型，素面无纹，通长仅有 5.2 厘米，是为短钗之属，故亦可称为"錥"（图一：2）。[②] 镇江象山东晋墓中曾出土三件形制相同的金质短钗，均素面无纹，钗首锤呈宽扁圆形（图一：3）。[③]

---

① 贵州省博物馆考古组：《贵州平坝马场东晋南朝墓发掘简报》，《考古》1973 年第 6 期，第 45-55 页。
② 广东省博物馆：《广东曲江南华寺古墓发掘简报》，《考古》1983 年第 7 期，第 604 页。
③ 镇江博物馆：《镇江出土金银器》，文物出版社，2012 年，第 113 页。

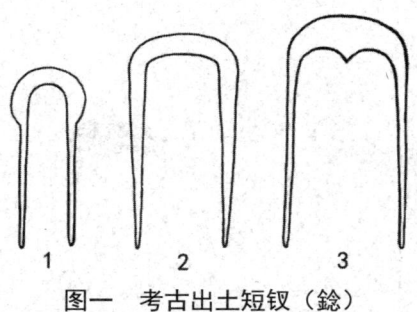

图一　考古出土短钗（镊）

其插戴方法或可以参考武汉岳家嘴隋墓出土的女俑。1982年武汉东湖岳家嘴隋墓出土的女俑（M29：21），其发梳双鬟髻，垂鬟至耳，双髻对称斜插一对小钗，U型钗首微露（图二）。双鬟髻属于较为简单的发式，故仅需一对小钗（镊）即可；然倘若是造型复杂的发式则需更多，故有"头上短金钗，轻重还相压"之谓。（语出宋·韩玉《生查子》）所谓"短金钗"即金镊，因使用数量很多，故造成发髻沉重。前述贵州马场南朝墓中亦常见长短钗大量并出，足见南朝女子发式繁复。

考古出土之镊，大多光素无纹，盖因其用以拢发承鬟，故仅求实用而不求装饰。然据文献所载，镊除素面外亦不乏装饰华丽者，曹魏·王粲《七释》曰："杂华镊之葳蕤。"先唐·孔炜《七引》又曰："紫镊承鬟而骋辉。"① "华镊"与"紫镊"或是精雕细琢或是用料考究，皆是上乘精品。宋人苏汉臣绘《秋庭婴戏图》《冬日婴戏图》这两幅题材内容相近的作品，其中皆有描绘发簪华镊的女童形象。《秋庭婴戏图》中的白衣女童，左右耳后各梳一鬟髻，双髻间各插一枚小钗。钗首作"U"型，表面錾刻花纹，钗脚细短，此亦为"华镊"（图三：1）。而《冬日婴戏图》中的女童头梳三角髻——即于额间、双耳后各梳一髻，作三角状排列。三髻间皆插戴短钗，形制与前述白衣女童之华镊相仿（图三：2）。清人周星誉《东鸥草堂词》中有"华镊斜簪小鸦髻"之语，恰可用以形容苏汉臣笔下的女童。

---

① （唐）虞世南撰，（明）陈禹谟：《北堂书钞》卷一三六《服饰部五》，影印《文渊阁四库全书》，台湾商务印书馆，1983年，第17-18页。

图二 武汉岳家嘴隋墓出土戴镎女佣

1.《秋庭婴戏图》女童　2.《冬日婴戏图》女童

图三 宋·苏汉臣绘戴钤女童

二、拨型钗

西安西郊张家坡唐中晚期墓葬（M201）曾出土四枚扇形鎏金银铜发簪，分为Ⅰ、Ⅱ两型。① 其中Ⅰ型铜簪一式两枚，长约23.2厘米，单股扁长柄。簪首呈扇形，中部镂刻花朵，花朵周围饰有鱼鳞状镂空纹饰。边缘作圆点纹地花朵纹带（图四：1）。居中之镂刻花朵及周缘鎏金，其余部分则皆鎏银。Ⅱ型铜簪亦一式两枚，其一长约26.3厘米，另一枚已残损。其形制与Ⅰ型铜簪类似，唯簪首作花边扇形，并透雕飞鹊缠枝纹饰（图四：2）。飞鹊及周缘花纹皆鎏金，其余部分则鎏银。

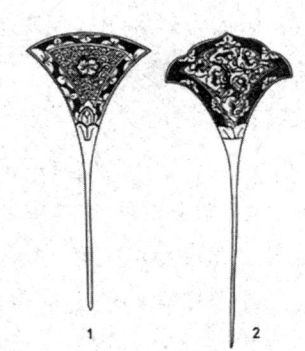

1. Ⅰ型铜簪　2. Ⅱ型铜簪

图四 西安西郊唐墓（M201）出土铜簪

此四枚铜簪经孙机先生考证，认为很可能正是唐代文献中所谓"玉拨"之类的发簪。元人陶宗仪所撰《说郛》卷六十六下引唐人冯贽《南部烟花记》载："隋炀帝朱贵儿插崑山润毛之玉拨，不用兰膏而鬓鬓鲜润。"②

---

① 中国社科院考古研究所：《西安郊区隋唐墓》，科学出版社，1966年。
② （元）陶宗仪撰：《说郛》卷六十六下引唐人冯贽《南部烟花记》卷三十二下，台湾商务印书馆，1972年。

"玉拨"究竟是否有如兰膏般神奇的美发功效，今实不得而知；但考证其形，应该类似古时弹奏琵琶所用拨子，兼以美玉精工而作，想必这便是其得名之由吧。传世五代顾闳中绘《韩熙载夜宴图》中即有表现琵琶奏乐之场景，画中众人目光聚焦于一位奏乐女子，其左手按弦，右手所执即拨子。通过对比，不难发现两者形制上近似，所以上述四枚扇形铜簪亦可名为"拨型簪"。同时，考虑到拨型簪均作一式两件出土，故推测其使用时亦是成对佩戴。

考察唐代以前考古资料发现，拨型簪的历史至少可以上溯至汉魏之时。1991年洛阳市东北郊朱村曾发掘一座时代大致为东汉晚期——曹魏时期壁画墓（BM2）。[①] 其中墓室北壁西部绘有墓主夫妇宴饮图，壁画除表现正襟危坐的墓主人夫妇外，另有二侍女立于女主人右侧。两人装扮相类，均头梳双髻，发髻间各插戴两枚红色发饰（图五：1）。当时的发掘者虽未对红色发饰进行详细的考证，但仔细观察其形状若扇面，且对称佩戴，因此推测此发饰或许就是拨型簪（图五：2）。

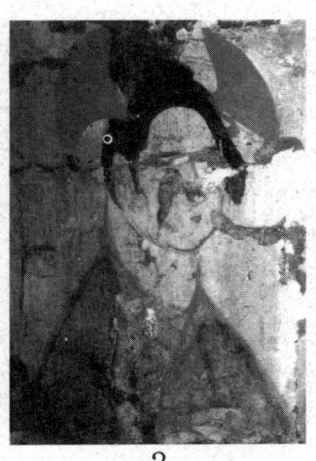

1　　　　　　　　　2

图五　洛阳朱村壁画墓（BM2）二侍女图像

南北朝时期，尤以北朝女子盛行佩戴拨型簪。1928年河南洛阳张凹村

---

① 洛阳市第二文物工作队：《洛阳市朱村东汉壁画墓发掘简报》，《文物》1992年第12期，第18页彩图二。

出土的北魏永安二年（529年）尔朱袭墓志盖，上有线刻画像表现仙人驾驭四方神兽遨游天际的场景，其中女仙盛饰严装、衣袖飘举，发髻间插戴的头饰中即有一对拨型簪。尽管是女仙形象，其装扮未尝不是俗世女子的真实写照。1977年洛阳市郊漯河公社附近出土一具北魏石棺，石棺上亦有线刻图像，其中左、右两帮部分分别刻绘墓主人夫妇升仙图。女主人像位于石棺右帮中部，其头戴宝冠，旁插一对拨型簪（图六）。[①]

图六　洛阳漯河北魏石棺右帮线刻升仙图（局部）

此外，1977年出土于洛阳、现藏洛阳古代艺术馆的一件北魏石棺床，其围板上线刻《孝子图》，其中丁兰孝行、郭巨孝行图中的女子形象与上述漯河画像石棺以及尔朱袭墓志盖线刻人物相近。由此可见，头梳高髻、发髻间对称插戴两枚拨型簪，是北朝贵族女子的惯常装扮。

值得注意的是，此时的拨型簪多作双股，如洛阳漯河北魏石棺线刻墓主人升仙图，女主人插戴的一对拨型簪，露在发髻外的部分明显呈双股形制。所谓"单股为簪、双股为钗"，因此称之为"拨型钗"似乎更妥。

---

① 《中国画像石全集》编委会：《中国画像石全集》卷八，河南美术出版社，山东美术出版社，2000年，第45页。

希腊式蛇形手环考

人类早期文明中普遍存在灵蛇崇拜，先民观察到蛇年复一年、周而复始冬眠及蜕变的自然属性，便认为其拥有青春重现、永生不死的神力。同时，蛇作为爬行动物穴居地下、接近水源的生存习性，则象征旺盛的生命力，昭示土地丰饶。① 在此基础上，又进一步衍生出其治愈疾病的灵力。

一、爱琴海地区的灵蛇崇拜与蛇形饰物的源流

爱琴海地区的古代文明中也存在灵蛇崇拜。克里特岛上的米诺斯人崇拜女神波尼雅，她既被奉为至高神，也是城市和家宅的守护神，灵蛇就是其象征之一。② 20世纪初，克里特岛克诺索斯神殿遗址中曾出土数尊大小、材质各异的持蛇女神（女祭司）雕像。其中一尊现收藏波士顿美术馆的持蛇女神象牙雕像（时代约为前17世纪晚期至前16世纪早期），通高约16.1厘米，女神直身而立、双臂前伸，两手各握一条金蛇，金蛇昂首吐信，身躯作螺旋状，缠绕于女神前臂（图一）。③ 风格类似的女神像，在克里特岛考古发掘中屡见不鲜，反映出爱琴海地区的灵蛇崇拜由来已久。

受米诺斯文化影响，希腊人也有灵蛇崇拜。希腊女神雅典娜，很可能衍生自米诺斯持蛇女神，同样以灵蛇作为其标志之一。④ 蛇也被希腊人视

---

① E. Douglas Van Buren: Entwined serpents. Archiv für Orient for schung 10. Bd. (1935—1936), pp. 53-54.
② Rodney Castleden: Life in Bronze Age Crete. Routledge, 1993. pp.124-125.
③ Reynold Higgins: Minoan and Mycenaean Art. New York and Toronto Oxford university press. 1981, pp.34-35.
④ John Chadwick: The Mycenaean World. Cambridge University Press. 1976, p.37. Arthur Bernard Cook. Zeus. A Study in Ancient Religion. Vol.III. Cambridge University Press. 1940. p.189.

为地母之子,具有治愈疾病的神力,因此灵蛇主题的装饰品常作为随身佩戴的护身符。古希腊悲剧大师欧里庇得斯剧作《伊翁》,叙述伊翁出生时,人们按照传统习俗为其佩戴金蛇项圈作为护身符。金蛇被视为"雅典娜的礼物,她叫用来保佑小孩长大的,这是模仿古时埃里克托尼奥斯的蛇做的……作项圈,给新生婴儿戴的。"① 埃里克托尼奥斯是古希腊神话中雅典人的始祖,他尚在襁褓之时,雅典娜女神曾在其身旁安置两条巨蛇守护,可见,这一习俗与古老神话密切关联。

除婴儿佩戴的金蛇项圈外,希腊人也钟情于各类灵蛇造型的装饰品,诸如耳环、戒指、发饰、手环,等等。世界各大博物馆中均有相关珍藏:希腊塞萨洛尼基考古博物馆收藏一对银耳环(时代约为前5世纪),耳环两端即装饰蛇首(图二:1);② 雅典国家考古博物馆收藏一件金戒指(时代为前3世纪晚期至前2世纪早期),整体一条作多层缠绕的金蛇,蛇颈及尾部蜷曲(图二:2);③ 美国波士顿美术馆收藏一件嵌宝金戒指(时代为前2世纪),整体作昂首绞缠的双蛇,中心镶嵌一枚绿宝石(图二:3);④ 洛杉矶盖蒂博物馆收藏一件希腊古风时代(前7—前6世纪)的银发饰,整体呈螺旋蜷曲状,两端饰蛇首(图二:4)。⑤

库克认为自希腊古风时代而始,基于人们对灵蛇辟邪神力深信不疑,各类蛇形造型的装饰品层出不穷。⑥ 其中,尤以蛇形手环最为流行。希腊陶器彩绘上,常有表现佩戴缠绕式手环的女子形象。大英博物馆收藏一件

---

① [古希腊]欧里庇得斯著,张竹明译:《古希腊悲剧喜剧全集·欧里庇得斯悲剧上》,译林出版社,2015年,第320页。

② D.V. Grammenos: The Archeaeological Museum of Thessaloniki .Olkos.2001, p.170 .

③ Despina Ignatiadou, Alexandra Chatzipanagiotou: Jewellery used and symbolism from the Geometric to Roman period. The countless aspects of beauty in ancient art. pp.273-275.

④ Coenelius c. Vermuule III. Greek, Etruscan, Roman gold and Siler II:Hellenistic to Late Antique Gold and Silver. The Burlington Magazine. Vol.113, No.020,1971. P397. Fig.41.

⑤ Elizabeth Trimble Buckley: A Set of Archaic Greek Jewelry. The J. Paul Getty Museum Journal.Vol. 1(1974), p.31. Fig.15.

⑥ Arthur Bernard Cook: Zeus. A Study in Ancient Religion. Vol.III. Cambridge University Press. 1940,pp.765-768.

希腊彩绘带柄陶酒罐（时代约为前490—前480），在白底器腹上绘有纺线女子像，其双腕处各戴一枚缠绕式手环（图三：1）。① 此外，洛杉矶盖蒂博物馆收藏的一件希腊红绘双耳陶酒杯残件（时代约为前4世纪后期），器腹上描绘古希腊先祖凯克洛皮戴神话故事：居左的雅典娜女神全副武装、手持长矛，右腕佩戴一枚缠绕式手环；居中者为雅典城邦君主克洛普斯之女潘德罗索斯，装扮得珠光宝气，前伸的右手腕部有一枚缠绕式手环；其身侧则是她的两个姐妹阿格劳洛斯和赫尔塞，在保存较为完整的图像部分，清晰可见女子双腕处的一对缠绕式手环（图三：2）。②

图一　米诺斯持蛇女神像

1. 塞萨洛尼基考古博物馆藏银耳环　2. 雅典国家考古博物馆藏一件金戒指　3. 波士顿美术馆藏嵌宝金戒指　4. 盖蒂博物馆藏银发饰　5. 贝纳基博物馆藏一枚金戒指　6. 赫库兰尼姆出土金戒指　7. 库兰尼姆出土一对金手环

图二　希腊罗马蛇形饰物

① Beth Cohen: The Colors of Clay Special Techniques in Athenian Vases . The J.Paul Getty Museum. 2006,p.218.
② Oliver Taplin: Pots &Plays interactions between Tragedy and Greek Vase-painting of thr Forth Century B.C. The J. Paul. Getty Museum. 2007,pp.221-222.

1. 大英博物馆藏陶酒罐 2. 盖蒂博物馆藏陶酒杯残件 3. 盖蒂博物馆藏银手环 4. 波士顿美术馆藏金手环

图三　希腊陶器彩绘及蛇形手环实物

　　以上陶器彩绘描绘的缠绕式手环，也许正是荷马《阿弗洛狄忒颂歌》中所描述的爱神阿弗洛狄忒的金手环的同款[①]，同时，也与盖蒂博物馆收藏的一件希腊古风时代的银手环形制相类。这件银手环为扁平带状、多层缠绕的造型，两端饰蛇首，材质及工艺均简约质朴（图三：3）。[②] 而与之形制相类但更奢华的手环也数量众多，如波士顿美术馆收藏一件希腊金蛇手环（时代约为前3世纪），直径7.5厘米，整体为一条双层蜷曲的金蛇，外壁錾刻圈点纹饰，内壁有点刻铭文 LYSAGORAS（图三：4）。[③] 希腊珠宝工匠，常有在其成品上标识姓名的传统，LYSAGORAS 是希腊常见的人名，或许就是工匠本人留名。

　　希腊式蛇形装饰品后被罗马人传承，在罗马文化中，灵蛇被视为土地丰饶的象征和家庭守护神，因此以戒指、手环为代表的蛇形装饰品备受推崇。雅典贝纳基博物馆收藏一枚金戒指（时代为1世纪），整体设计为多

---

① 荷马《阿弗洛狄特颂歌》中描述女神装扮瑰丽、金光闪闪，手臂佩戴缠绕式金手环。
② Elizabeth Trimble Buckley: A Set of Archaic Greek Jewelry. The J. Paul Getty Museum Journal. Vol. 1,1974, p.32. Fig.14.
③ Cornelius C. Vermeule, III. Greek Estruscan Roman Gold and Silver II. The Burlington Magazine, Vol.113,No.820, p.825.

重蜷曲的金蛇（图二：5）；① 现藏于那不勒斯国家考古博物馆、出自赫库兰尼姆的金戒指（时代为1世纪），整体塑造为一条衔尾蛇，双目原有宝石镶嵌，今已脱落（图二：6）。同样出自赫库兰尼姆的一对蛇形金手环，双目处也有宝石镶嵌（图二：7）。②

与此同时，自公元前4世纪兴起的希腊缠绕式蛇形手环，也同样受到罗马女子青睐，庞贝古城遗址中曾发现多处相关文物，在金镯之屋遗址花园墙壁上曾发现一块红陶浮雕饰板。浮雕居右为狄安娜女神，居左则为胜利女神。女神狄安娜作狩猎装扮，右手手腕处佩戴一枚缠绕式蛇形手环（图四：1）。③ 相关研究者根据浮雕主题和形制判断其或原为庞贝城内阿波罗神庙里的装饰板，神庙废弃后则被用来装饰私宅。此外，在博斯科雷亚莱考古区（Room H）发现的一幅壁画，描绘一位持盾女子立像，其右上臂佩一枚金臂环，右腕则戴一枚金蛇手环（图四：2）。④ 庞贝遗址中发现多处类似同款，其中一件出自莫吉内建筑（Moregine）的金手环（图四：3）⑤，整体为带状缠绕式金蛇，直径约7.6厘米。金蛇双目嵌玻璃、表面刻鳞纹及曲线，内径錾刻铭文"Dominus suae amilla"，意为主人赐予女奴隶。由此推测，这件金蛇手环是庞贝富裕的奴隶主给予女奴隶的馈赠。

值得注意的是，罗马时期的蛇形手环大率因袭希腊传统，传世实物数量相当可观，说明其在继承希腊艺术风格的基础上，已经出现大规模商品化生产。也正因如此，此期的金蛇手环也存在样式缺乏新意以及成品粗制滥造的情形。

---

① Angelos Delivorrias, Dionisis Fotopoulos: Greece at The Benaki Musuem ,Bernaki Musuem.1997,p.162.
② Bettina Bergmann: Final Hours: Victims of Vesuvius and Their Possessions. American Journal of Archaeology 110（2006），p.497.
③ [英]玛丽·比尔德著，熊宸、王晨译校：《庞贝：一座罗马城市的生与死》，民主与建设出版社，2019年，第40页。
④ The Metropolitan museum of Art: Pompeian Frescoes in the Metropolitan museum of Art. The Metropolitan museum of Art Bulletin. Winter 1987/88 Volume XLV.No.3. p.30.
⑤ Mary Beard: A History of Ancient Rome. 2016, p17.

1. 红陶浮雕　2. 彩绘持盾女子像　3. 金蛇手环

图四　庞贝出土蛇形手环图像及实物

二、希腊——罗马蛇形手环的基本样式

传世希腊——罗马蛇形手环形制多样、设计精巧，其中工艺上乘者，多以黄金为主要材质，模仿蛇自然蜷曲的姿态，兼用雕刻、镶嵌、焊接、制粒等金属工艺精心打造。根据形制区分，大体可分为圆环型和缠绕型两型。

（一）圆环型手环

圆环型手环，整体呈一圈圆环或近圆环状，根据开口有无，又可细分为闭合式、开口式和开阖式三式。

1. 闭合式手环

闭合式手环　形制较为简约，整体呈一圈闭合的圆环。庞贝黄金手镯宅邸出土的一件金蛇臂环即属此式（图五：1），其直径约 10.5 厘米，重达 610 克，两蛇相对，口衔金盘，浑然一体，显然是佩戴于上臂的臂环。闭合式手环，宽窄大小固定，佩戴有所局限，传世实物数量也相对较少。

2. 开口式手环

开口式手环，整体呈圆环状，上有一明显开口，常被设计为一条蜷曲的金蛇。雅典贝纳基博物馆收藏一件金手环，整体设计模仿金蛇蜷曲一圈的姿态，表面錾刻鳞片，栩栩如生（图五：2）。[①] 手环直径约 9 厘米，重约

---

① Angelos Delivorrias, Dionisis Fotopoulos, Greece at The Benaki Musuem, 1997. p.160.

500 克，由此推测，这可能也是佩于上臂的臂环。现藏大英博物馆、出自庞贝遗址的一对金手环（时代约为前 1 世纪—1 世纪），整体作盘曲一圈金蛇造型，其首尾蜷曲，表面饰鳞片，身躯纤细、平滑无纹，直径 6.7～7.3 厘米（图五：3）。① 开口式手环，宽窄可随意调节，故佩戴灵活，既能作臂环也能当腕环。

3. 开阖式手环

开阖式手环，整体虽呈闭合圆环状，但有开阖自如的销钮搭扣设计，同样方便佩戴。洛杉矶盖蒂博物馆收藏一对金手环（时代约为前 225—前 175），直径 6～7 厘米，整体作金蛇缠绕状，镯身一侧开口，连接销扣，确保其能开阖自如（图五：4）。② 纽约布鲁克林博物馆收藏的一件金手环（约 3 世纪），整体作两蛇相对状，环身以两股金丝绞扭而成，蛇口相对处连接销扣（图五：5）。③

纽约大都会美术馆收藏的一件金手环（时代为前 1 世纪—1 世纪），造型更富丽繁琐。主体以双蛇交错、缠绕构成的赫克勒斯结为中心，其上站立伊西丝和阿弗洛狄忒两位女神，两侧一作铰链结构、另一侧置销钮，直径约 5.5 厘米（图五：6）。④ 雅典贝纳基博物馆有一对类似藏品，金手环共一式两件（时代约为 1 世纪），由人身蛇尾的伊西丝女神和萨拉皮乌斯、蛇尾交错缠绕构成赫克勒斯结。手环左右各设铰链、销钮，直径约 6.1 厘米（图五：7）。⑤ 装饰赫克勒斯结的开阖式金蛇手环，传世数量极少，大多出自埃及。其设计杂糅希腊-罗马、埃及文化中的典型符号和神祇，体现出多文化相互交融的特点。

---

① Walker & Higgs, Cleopatra of Egypt: from History to Myth. The Brithish Museum, 2001, p.334.
② Michael Pfriommer, Elana Towne Markus: Greek gold from Hellenistic Egypt . The J. Paul Getty Trust. 2001.p.6.
③ Unpubilished Greek Gold Jewelry and Gems: American Journal of Archaeology. Vol.57. No.1,1953. p.30.
④ The Metropolitan Museum of Art: The Year One of the Ancient World East and West. Yale University Press 2001, p.96-97.
⑤ Angelos Delivorrias, Dionisis Fotopoulos: Greece at The Benaki Musuem, Bemaki Musuem, 1997, p.162.

（二）缠绕型手环

整体呈带状缠绕式样，模仿蛇自然蜷曲的体态，设计繁复，工艺精湛。从珍藏于世界各大博物馆中的实物看，缠绕型手环自公元前4世纪始贯穿整个罗马时代，一直是非常流行的款式，该式数量最为丰富，往往成对保存，也最为世人熟知。

那不勒斯博物馆收藏的一对出自庞贝农牧神之家的金手环，整体呈扁平带状，呈螺旋缠绕，直径约10厘米，可能是成对佩戴在上臂的臂环（图六：1）。[①] 维多利亚与阿尔伯特博物馆收藏的一件金手环（时代约为公元1—4世纪），扁平带状缠绕状，两端蛇首蜷曲（图六：2）。[②]

除纯金制作外，更有镶嵌宝石的奢华设计。希腊雅典国家考古博物馆收藏一对出自卡尔派西尼宝藏（Karpenini Treasure）的金手环（时代约为前3世纪晚期—前2世纪早期），整体作多层缠绕的金蛇，颈、尾蜷曲处均镶嵌宝石（图六：3）。[③] 贝纳基博物馆也有一对类似的嵌宝金蛇手环，出自塞萨利，时代约为公元前3世纪。[④] 大都会艺术博物馆收藏一对希腊黄金臂环（时代约为前3世纪），则是在保留缠绕形制的基础上，另增加希腊神话元素。手环上端为怀抱厄洛斯的海怪特里同半身像，下端则为缠绕蛇身（图六：4）。[⑤] 在古希腊神话中，特里同是人身鱼尾的海中怪兽，厄洛斯则是背生双翼、常以裸身小童形象出现的小爱神[⑥]，这些金手环不仅是价值连城的佩饰，更是精美绝伦的艺术品，体现了古希腊金属工艺的至高水平。

---

① [意]迪雷塔·哥伦布编著，崔娥译：《那不勒斯国家考古博物馆》，译林出版社，第40-43页。
② Filippo Coarelli: Greek and Roman Jewellery. Hamlyn, 1970.
③ Nikolaos Kaltsas: The National Archaeological Museum. John S. Latsis Public Benefit Foundation.2007, p.399.
④ Filippo Coarelli. Greek and Roman Jewellery. Hamlyn, 1970.pp.104-105.
⑤ The Metropolitan Museum of Art. Greece and Rome. New York. The Metropolitan Museum of Art, 1987, p.83.
⑥ [美]齐默尔曼著，张霖欣编译，王曾选审校：《希腊罗马神话辞典》，陕西人民出版社，1987年，第373页、第123页。

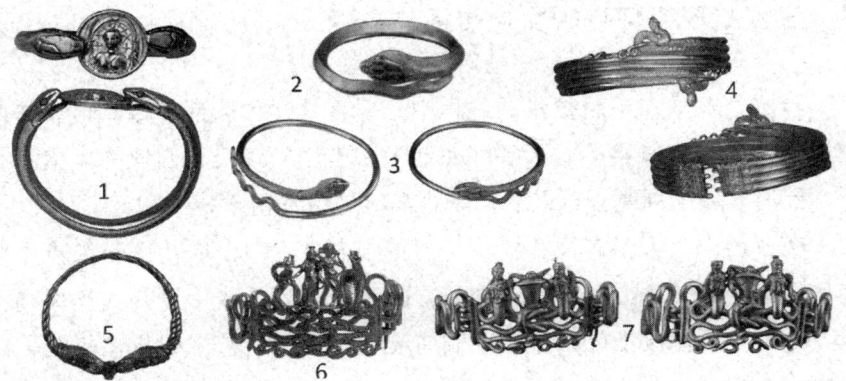

1. 庞贝出土金臂环　2. 贝纳基博物馆藏金手环　3. 大英博物馆藏金手环　4. 布鲁克林美术馆藏金手环　5. 盖蒂博物馆藏金手环　6. 大都会博物馆藏金手环　7. 贝纳基博物馆藏金手环

图五　希腊罗马蛇形金手环

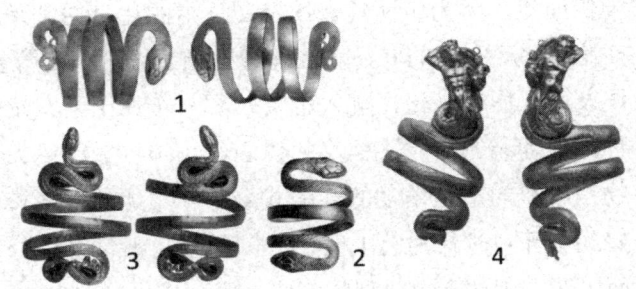

1. 那不勒斯博物馆藏金手环　2. 维多利亚与阿尔伯特博物馆藏金手环　3. 雅典国家考古博物馆藏金手环　4. 大都会艺术博物馆藏金手环

图六　希腊罗马缠绕式蛇形金手环

希腊-罗马蛇形手环，整体风格一脉相承，自公元前4世纪开始，终极整个罗马时代，始终盛行不衰。时人以蛇形装饰品为驱邪辟病的护身符，女性佩戴蛇形手环则更有丰产多子的象征意义。蛇形手环根据尺寸不同，佩戴位置各有差异，直径较大者佩于上臂作为臂饰，较小者则戴于腕部作为腕饰，然而，据相关考古图像资料显示，通常情况下，仍以佩戴于手腕部位居多。同时，手环数量也不一而定，既可成对佩戴，也可单独佩戴。此外，除文中所述贵金属材质外，也有大量造价低廉的铜、铁质手环，说明希腊、罗马世界中的各阶层女性均对这类兼有象征意义和美感的手环珍爱不已。

三、蛇形手环反映文化传播与交融

希腊、罗马在不断扩张的进程中,更将其文化远播异域。代表其精湛金属工艺和装饰风格的蛇形手环在地中海南岸的埃及、西亚的美索不达米亚、黑海北部的斯基泰以及巴尔干半岛等地区均留下相关印记。

在亚历山大大帝东征和罗马势力扩张的进程中,埃及深受希腊-罗马文化影响。在装饰方面,埃及人一方面完全接纳希腊-罗马文化风尚,另一方面则在此基础上融入了本土固有文化。大都会艺术博物馆收藏一件埃及木乃伊彩绘面罩(时代约为1世纪),描绘一位头戴埃及式假发,身着罗马式竖条紧身红袍的埃及贵妇形象,其配饰中新月形吊坠项链、蛇形手环均为典型罗马风格(图七:1)。[1] 塑造成优美S形的手环,或许象征希腊神话中的医药之神阿斯克勒庇奥斯(即罗马医药神埃斯库拉庇奥斯),而非埃及女神伊西丝,因为伊西丝在埃及文化中的化身通常是眼镜蛇。由此可见,包括蛇形手环在内的罗马风尚深刻影响了埃及人的着装。

此外,埃及本土固有文化也融入希腊-罗马金属工艺,出自埃及的罗马式蛇形手环,往往装饰埃及人信奉的伊西丝女神,如前述大都会博物馆和贝纳基博物馆收藏的造型繁复的开阖式金手环。此外,洛杉矶盖蒂博物馆收藏的开口式手环(时代为前1世纪—1世纪),两端开口分饰伊西丝女神半身像,而工艺上则体现出典型的希腊—罗马风格(图七:2)[2],风格相似的戒指亦然.大都会艺术博物馆收藏的金戒指,采用希腊-罗马金属工艺造就,是伊西丝女神缠绕式戒指(图七:3、4)。[3]

继亚历山大大帝东征后兴起的塞琉古王朝,对促进希腊文化在两河流域传播发挥了巨大推动作用。除都城塞琉西亚外,巴勒贝克、塔德木尔、杜拉欧罗巴、佩特腊均是希腊文化色彩浓厚的城市。现收藏于芝大东方研究所的一对出自叙利亚的缠绕式金手环,即为典型的希腊风格。相关研究

---

[1] The Year One of the Ancient World East and West. The Metropolitan Museum of Art. Yale University Press, 2001.pp.94-97.
[2] Acquisition/ 1984,The J.Paul Getty Musuem Journal 13(1985),P.172.
[3] The Year One of the Ancient World East and West. The Metropolitan Museum of Art. Yale University Press 2001,pp.97-97.

者以为，这是希腊化时期叙利亚本地的产品，样式与前3世纪的希腊式手环相似，显然仿自希腊样式。

自公元前6世纪开始，与黑海北方海岸接壤的希腊城邦逐渐与斯基泰人往来互动，希腊金属匠人也将其金属工艺和制品传至斯基泰，并对其产生深刻影响。考古所见斯基泰金属制品均能找到其模仿的希腊原型，其中即包括在借鉴希腊式蛇形手环的基础上，结合草原动物主题纹饰而创造的兼具希腊－斯基泰风格的金手环。俄罗斯艾尔米塔什博物馆收藏各式斯基泰金手环，既有仿希腊开口式、开阖式，也有仿缠绕式同类品，均是在秉承希腊金属工艺、模仿基本形制基础上，以欧亚草原固有的兽纹主题代替原有的蛇形装饰（图八：1、2、3）。①

自公元前4世纪以来，希腊、罗马势力先后渗透至巴尔干半岛，对定居巴尔干半岛以北沿多瑙河沿岸及喀尔巴阡山脉的达契亚人产生深刻影响，以工艺精湛著称的达契亚金属制品，即表现出希腊－罗马风格。罗马尼亚国家历史博物馆收藏的古典达契亚文化时期（前200—前50年）的金手环，出自萨米泽盖图萨（这里很可能是古罗马－达契亚时期最大且最复杂的定居点），多层缠绕结构，两端饰扁平蛇首（图八：4）。②

1. 木乃伊彩绘面具　2. 蛇形金手环
3. 蛇形金戒指　4. 蛇形金戒指

图七　埃及蛇形装饰品

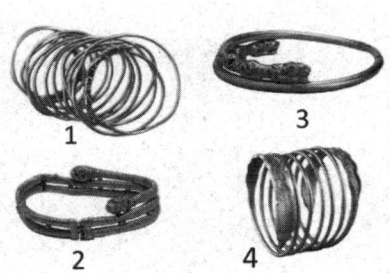

1. 缠绕式金手环　2. 开阖式金手环
3. 开口式金手环　4. 缠绕式金手环

图八　斯基泰金手环

---

① St John Simpson and Sveliana Pankova. Scythians Warriors of Ancient Siberia. The Brithish Museum.2007, pp.60-68.
② 吕章申主编：《罗马尼亚珍宝》，北京时代华文书局，2015年，第183页。

由此可见，希腊－罗马式蛇形手环自创造伊始即广受推崇，尤其是缠绕式手环，在世界范围内大放异彩。

四、余论

希腊－罗马式蛇形手环也给予千年后的人们以无尽灵感，随着18世纪中期罗马古城庞贝及赫库兰尼姆的先后发掘，欧洲的艺术家创作了大量油画，抒发其对古典辉煌时代的憧憬与想象。珠宝匠人更以此为契机，制作出一系列复古式蛇形手环取悦达官显贵。时至今日，灵蛇造型的手环依然是时尚界炙手可热的宠儿，不断重现古典与现代交融之美。

辩"珠襦"

珠饰起源悠久，与人类文明进程相伴随，世界各地古老文明发源地都曾发现各类珠饰，考古所见人类历史上迄今最早的珠饰源自法国拉齐纳（la Quina）尼安德特人遗址，距今约38000年，由动物骨骼、牙齿制成。中国北京周口店山顶洞人遗址中也曾发现距今约18000年的7件表面染成红色的钻孔石灰岩珠。大量珠饰被编缀成一体用于服饰或殓葬，在中外历史上均屡见不鲜。尽管文献中对这类珠饰制品记载简略，但考古资料却提供了较为翔实的实物材料。

一、服饰"珠襦"

"珠襦"在中国历史上分别指两种性质和使用截然不同之物。其一，"珠襦"指贯珠为饰的襦服，为贵族女子盛服。其二，珠襦（珠服）除为生人所服外，也作为一种高规格的葬具。

《史记·殷本纪》载：纣王兵败后"入登鹿台，衣其宝玉衣，赴火而死。"《正义》注引《周书》云："纣取天智玉琰五，环身以自焚。"[①] 所谓"宝玉衣"即装饰美玉的衣服，因商纣王骄奢无度，想必其也是极其奢侈的服饰，装饰手法或许类似后世的"珠襦"。

作为服饰穿着的"珠襦"，据《汉书·霍光传》载："太后被珠襦，盛服坐武帐中。"颜师古注引晋灼曰："贯珠以为襦，形若今革襦矣。"[②] 珠襦又称"珠服"，东晋左思《吴都赋》曰："矜其宴居，则珠服玉馔。"李善注曰："珠服，珠襦之属，以珠饰之也。"[③] 徐州北洞山西汉楚王墓出土的跽

[①]（汉）司马迁：《史记》，中华书局，2003年，第108-109页。
[②]（汉）班固：《汉书》，中华书局，1983年，第2939页。
[③]（南朝梁）萧统，李善：《文选》，中华书局，1982年，第220页。

坐女俑，其深衣领缘即贯以珠饰，前襟和领后另垂缀串珠缨络（图一）。① 这种贯以珠饰的深衣，很可能是文献所载之"珠服"。襦，《急就篇》卷二释曰："短衣曰襦。"② 由此推测《汉书》载太后所服珠襦，可能正是指饰有珠饰的短上衣。然而，这些珠饰是缝缀在衣服之上，还是单独编缀成形后再穿戴在衣服外，不可确知。

图一　徐州北洞山西汉楚王墓出土跽坐女俑

后世服饰也有类似珠襦的装饰手法，如伊犁昭苏县古墓（时代下限6—7世纪前后）曾出土一件缀金珠绣织物残件，其上仍旧可见缝缀金珠的痕迹（图二）。③ 这也许与富有的粟特巨贾康婆墓志中记载的"世袭衣缨，生资丰渥，……锦衣珠服，入必珍馐"④ 的"珠服"是同一物，但是这种带有西域特色的装饰，属于西突厥时代的遗物。宋·冉居常有诗云："珍珠络结绣衣裳。"⑤ 似乎就是在描述由珍珠编结而成的精美服饰。宋代皇室贵妇均有装饰珍珠的礼服，《师友谈记》"孙敬之言禁中礼数"条载："太妃暨中宫皆……衣红背子，皆用珠为饰。"⑥《武林旧事》"公主下降"条亦载：公主妆奁涵"真珠大衣背子、真珠翠领四时衣服"。⑦ 明·冯梦龙在《喻世明言》中有《蒋兴哥重会珍珠衫》一篇，提及"珍珠衫"暑天穿着则清凉透骨，推测是珍珠编缀而成的一件可单独

---

① 中国国家博物馆，徐州博物馆：《大汉楚王》，中国社会科学出版社，2005年，第177页。
②（汉）史游：《急就篇》，岳麓书社，1989年，第142页。
③ 安新英：《伊犁出土的金银器》，《东南文化》2000年第4期，第9-13页。
④ 周绍良，赵超：《唐代墓志汇编》，上海古籍出版社，1992年，第96页。
⑤（明）周复俊：《全蜀艺文志》，《四库全书》影印本·集部1381，台湾商务印书馆，1983年，第18页。
⑥ 李鹰，孔凡礼：《师友谈记》，中华书局，2002年，第17页。
⑦ 四水潜夫：《武林旧事》，西湖书社，1981年，第26页。

穿着的成衣，也是一件价值连城的传家宝。慈禧太后也有一件珍珠衫，《清稗类钞》记载：孝钦后"项下披肩，形似渔网，以三千五百粒珍珠缀之，粒大如鸟卵，圆而且光。"① 美国弗利尔美术馆收藏了女画家凯瑟琳·凯尔（Katharine Carl）所绘慈禧油画肖像，正襟危坐的慈禧太后即身着一件珍珠披肩。披肩由大量珍珠交叉编缀而成，长宽可覆双肩及胸背，末端饰珍珠流苏，这件珠衫可能正是《清稗类钞》中记载的那件形似渔网的珍珠披肩。此外，故宫所藏清宫旧影，慈禧与外国公使夫人合影时也身披一件珍珠披肩（图三）②，两相比较，应该与油画中的珠衫为同一件。

图二　伊犁昭苏县古墓出土缀金珠绣织物残件　　图三　清宫慈禧着珠披旧影

二、殓葬"珠襦"

珠襦（珠服）除为生人所服外，也作为一种高规格的葬具。珠襦用于殓葬，始见于春秋时代，《吴越春秋·吴王阖闾内传》载吴王阖闾葬女滕玉，"金鼎、玉杯、银樽、珠襦之宝皆以送女。"③ 珠襦与珍宝均作为王女的随葬品，其性质是王女生前穿服的华贵衣饰，还是专用于殓葬，今已不得而知。此外，《墨子·节丧》曰："存乎诸侯死者，虚府库，然后金玉珠玑比乎身。"④ 此处的"金玉珠玑"是用于编缀珠襦的材料，还是奢华的随葬装饰品，也不确定。《史记·齐太公世家》唐张守节《史记正义》引

---

① （清）徐珂：《清稗类钞》，中华书局，1984年，第3292页。
② 刘北汜，徐启宪：《故宫珍藏人物照片荟萃》，紫禁城出版社，1994年，第40页。
③ 周春生：《吴越春秋辑校汇考》，上海古籍出版社，1997年，第53页。
④ 张纯一：《墨子集解》，成都古籍出版社，1988年，第158页。

《括地志》亦载：晋永嘉末，有人挖掘位于临淄县南二十余里牛山的齐桓公墓，墓中有"金蚕数十薄、珠襦、玉匣、缯彩、军器不可胜数。"[①] 文献中有关珠襦的记载过于简略，但结合考古所见春秋战国大型墓葬中出土的大量珠料，似乎可以在一定程度上证明存在珠襦殓葬之俗。

春秋战国时期诸侯墓葬中常见数量众多、材质各异的珠饰，如陕西宝鸡益门村M2春秋墓，出土金珠908颗、金管形珠130颗、玛瑙管形珠108颗、绿松石珠40颗、料珠1615颗等；河南淅川下寺春秋楚墓乙组M2棺内出土石珠746颗、料珠49颗、玛瑙珠42颗；浙江东阳前山春秋晚期越国贵族墓，棺床中部直径一米范围内，分布1000余件细小珠饰；安徽寿县春秋晚期蔡侯墓出土多达1518颗绿松石珠；浙江绍兴战国初贵族墓，尸骨位置出土了1003颗绿松石珠，另有35件玛瑙管形珠、13颗水晶珠以及5颗琥珀珠；湖北随县擂鼓墩战国中期墓（M2）出土角质环珠形饰2153颗，另有料珠24颗、玛瑙珠3颗以及若干蚌珠。以上墓葬中的珠饰虽具有明显的殓葬性质，但均零落分散、难以复原其形。这些散落的珠饰数量众多，很可能就是珠襦。

1979年发掘的河南固始县侯古堆一号墓和1995年发掘的苏州浒墅关真山大墓都曾发现珠襦残件。两墓出土珠饰数量之多，位列春秋诸侯墓葬之最。河南固始侯古堆一号墓，内棺中散落有数以万计的珠料，遍布墓主遗骸。这些珠料磨制非常工整，最小者直径仅0.2厘米，推测原经串联，后穿线朽败，以致完全散落。[②] 苏州浒墅关真山大墓（D9M1），墓内棺床上亦遍布大量绿松石、玛瑙质珠、管饰件等，清理后获得完整的料珠多达10323件，其中以珠形大小类似油菜籽的珠料数量最多。[③] 两墓均为春秋时期吴国大墓，固始堆一号墓陪葬坑出土的铜簠上有铭文"有殷天乙唐（汤）孙宋公䜌乍（作）其妹勾敔（吴）夫人季子固（媵簠）"，据此推测该墓主人即春秋时期宋景公之妹勾敔夫人季子。通过对照史料进一步考

---

① （汉）司马迁：《史记》，中华书局，2003年，第1459页。
② 固始侯古堆一号墓发掘组：《河南固始侯古堆一号墓发掘简报》，《文物》1981年第1期，第1-8页。
③ 苏州博物馆：《江苏苏州浒墅关真山大墓的发掘》，《文物》1996年第2期，第12-19页。

证，勾敔夫人即吴王夫差尚为太子时屯兵守楚期间的夫人。① 真山大墓则为春秋中晚期吴王墓。

两汉时期，珠襦、玉匣并为汉代天子、王侯级贵族高规格殓葬用品。《西京杂记》"送葬用珠襦玉匣"条载："汉帝送死，皆珠襦玉匣。"② 《北堂书钞》卷九四注引作："帝及侯王送死，皆珠襦玉匣。"③《太平御览》卷五五五引作："汉帝及诸王侯葬，皆珠襦玉匣。"④ 汉帝也会将珠襦玉匣下赐权臣佞幸以示恩宠，《汉书·霍光传》曰："光薨……赐金钱、缯絮，绣被百领，衣五十箧，璧珠玑玉衣……"颜师古注引卫宏《汉旧仪》云："以玉为襦，如铠状连缀之，以黄金为缕，要已下玉为札，长尺，广二寸半为甲，下至足，亦缀以黄金缕。"⑤《汉书·董贤传》曰："及至东园秘器，珠襦玉柙，豫以赐贤，无不备具。"颜师古注引《汉旧仪》云："珠襦，以珠为襦，如铠状，连缝之，以黄金为缕，要以下，玉为柙，至足，亦缝以黄金为缕。"⑥ 由此推测，珠襦是由若干玉珠仿照铠甲的编缀方式，用金缕编缀而成殓服。然而，珠襦究竟是金丝串联玉珠编制成衣服样式供亡者穿着，还是如后世考古所见金缕玉衣般包裹尸身、具有人体轮廓的样式，尚不可断定。

与举世瞩目的玉衣相比，"珠襦"稍显逊色，而考古发掘西汉时期出土有珠襦的墓葬也多集中于西南地区。云南晋宁石寨山墓群、江川李家山墓群中的大中型墓葬大多随葬珠襦。大型墓葬的棺内的珠襦用黄金、玉、玛瑙和数以万计的绿松石、琉璃等制成各种珠、管、扣、片等缝缀在布帛上。部分中型墓内也适用形式较为简单的珠襦敛尸。⑦

---

① 欧潭生：《固始侯古堆吴太子夫差夫人墓的吴文化因素》，《中原文物》1991年第4期，第35-40页。
② （汉）刘歆，葛洪：《西京杂记》，上海古籍出版社，1991年，第37页。
③ （唐）虞世南辑录，（清）孔广陶校注：《北堂书钞》，学苑出版社，1998年，第360页。
④ （宋）李昉：《太平御览》，中华书局，1980年，第2513页。
⑤ （汉）班固：《汉书》，中华书局，1983年，第2949页。
⑥ （汉）班固：《汉书》，中华书局，1983年，第3734页。
⑦ 云南省文物考古研究所，玉溪市文物管理所，江川县文化局：《云南江川县李家山古墓群第二次发掘》，《考古》2001年第12期，第33-40页。

石寨山 M71 所见珠襦置于棺内，覆盖在墓主人身上，其中近头端位置的珠襦以各种大小珠子穿缀而成，质地分为金、玉、玛瑙、绿松石，近胸部以下各种圆形玛瑙扣由大到小按顺序排列，其下为两条乳白色长条形玛瑙管和玉管饰材穿缀而成，排列整齐（图四）。推测墓主人身份可能是西汉中期偏晚的某任滇王。① 江川李家山墓群大型墓葬的棺内亦常用"珠襦"作为葬具殓葬，珠襦以黄金、玉、玛瑙和数以万计的绿松石、琉璃等制成各种珠、管、扣、片等缝缀在布帛上。李家山 M47 出土珠襦经过复原，大致呈长方形，长 40 厘米、宽 30 厘米。珠襦以金、玉、玛瑙、绿松石、琉璃质料的管、珠、扣、片等 1047 件穿缀成许多行横串，串串相连，再缝缀在一块帛布上（图五）。部分中型墓内则使用形式较为简单的珠襦敛尸。② 这些珠、管、扣等往往出自棺椁内，珠管扣相连，纵横有序地串联成一个整件，略近长方形珠衣，这种珠衣往往覆盖在死者的骨架上，因而断定是古滇王室成员或贵族专门用于丧葬的珠襦，又称为"尸帘"。

图四　云南晋宁石寨山 M71 珠襦出土时的情况

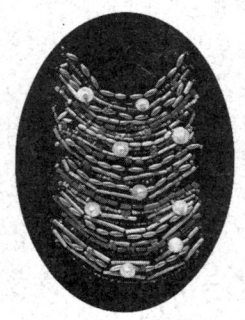

图五　云南江川李家山 M47 出土玉珠襦复原图

此外，1983 年广州解放北路象岗西汉初年南越王赵眜（胡）墓中甚至出土了较为完整的珠襦玉匣（玉衣）。主棺室中墓主人身穿丝缕玉衣，玉衣的胸腹部位覆盖着许多玉饰件，其中珠襦位于上胸部位，长宽尺寸已不

---

① 云南省文物考古研究所，昆明市博物馆，晋宁县文物管理所：《晋宁石寨山——第五次发掘报告》，文物出版社，2009 年，第 29 页。
② 云南省文物考古研究所，玉溪市文物管理所，江川县文化局：《云南江川县李家山古墓群第二次发掘》，《考古》2001 年第 12 期，第 33-40 页。

可测量，形制类似珠巾，即在一块丝织物上分上下两段缝缀不同的饰件，上半部缝缀的是一串串的浅蓝色玻璃珠，下半部则是三条横列纹带，每条纹带用玻璃贝、焊珠金花泡、素面的金泡、银泡等缝缀在织物上，构成多个菱形图案。这符合文献所载"珠襦玉匣"殓葬制度。尽管考古发掘已发现相当数量的玉匣（玉衣）殓葬的王侯墓葬，但同时出土珠襦、玉衣者尚属首例。由此推测，《汉旧仪》所载珠襦，或许就是编连成珠帘状，再覆盖于玉衣殓葬的尸身。

东汉末年战乱频发，社会经济遭严重破坏，自曹魏以来统治者力行薄葬——"饭含无以珠玉，无施珠襦玉匣"[①]，对汉代厚葬奢靡之风进行了批判和纠正。自此而后，珠襦玉匣便不再用于殓葬，珠襦殓葬遂绝。

三、珠襦殓葬的起源

前辈学者大多认为珠襦是中原地区的殓葬风俗，西汉时期云南滇人的珠襦（尸帘）等均是受汉人殓葬风俗影响的产物。然而，目前已知考古资料所示，珠襦大多出于南方高等级墓葬，并大量使用中原罕见的绿松石等材料，同时期中原地区的高等级墓葬则均以玉衣殓葬，反而不见珠襦。

（一）文献记载与考古发现

前文所述，文献中有关珠襦的最早记载出自《吴越春秋》，侯古堆一号墓和真山大墓同属春秋吴国王室贵族墓葬，代表了吴国鼎盛时期的物质文化，体现出吴文化的因素，因此两墓中随葬的珠襦虽历经千年消磨原貌不存，却足以证明《吴越春秋》所载吴王以珠襦殓葬确有其事，而珠襦则很可能正是源自南方吴人的殓葬风俗。

珠襦实物绝大多数发现于南方地区，年代较早者除苏州真山春秋吴王大墓外，另有时代约战国中晚期的呈贡天子庙滇墓M41，属于西汉时期者有云南晋宁石寨山古滇王室贵族墓群、云南江川李家山墓葬等[②]，属于西汉中期的广州象岗南越王墓等。石寨山、李家山墓群中以珠襦殓葬的墓葬，

---

① （晋）陈寿：《三国志》，中华书局，1973年，第81页。
② 云南江川李家山M11、M17、M18、M22、M23，以及M21、M24均出土珠襦。

墓葬的时代多集中在西汉中期以前，随葬品大多具有滇文化的特点，推测墓主人身份是滇王或滇地上层贵族。滇人以珠襦殓葬之俗由来已久，1985年发掘的昆明呈贡天子庙战国中晚期滇墓M41即出土珠襦。珠襦以数以万计呈薄片状绿松石珠编缀而成，大部分散落在椁盖面上，范围约1.2～0.7平方米之间，推测珠襦原本是覆盖于棺盖上、以绿松石等编缀而成的长方形帘状物。绿松石珠与玉、玛瑙制成的珠、管等，呈南北向平行排列，绿松石珠大多为10～50片串缀，以穿孔相连，推测原以丝线传缀。[①]带穿孔的珠扣等在中原丧葬用玉罕见，应该是古滇地区的特色，且丧葬用玉杂以绿松石、玛瑙、金珠等，也是中原地区不常见的做法。可见，殓葬用珠襦是南方地区常见风俗，而同时代的北方地区至今尚未发现类似的珠襦。

春秋时期吴国墓、战国末期至西汉中期的滇人墓以及西汉初年的南越王墓中均出土珠襦，而在同时期的中原墓葬中至今尚未发现类似的葬具，这似乎可以说明珠襦殓葬并非中原的葬俗，而与南方百越密切相关。春秋吴、越两国，同俗并土，在族属上同属百越。南越国时代稍后，然亦为百越支系，南越王赵氏虽汉人而从越俗。至于滇人，亦属越人一支。尽管滇国民族成分复杂，但占据统治地位的主体民族却是越系民族之一。因此，珠襦殓葬是南方越系民族的葬俗。

（二）珠襦的材质

考古所见珠襦实物都残存数量可观的绿松石珠，年代较早的寿县春秋晚期蔡侯墓、真山大墓、昆明呈贡天子庙滇墓M49出土的珠襦残件，均有大量的绿松石珠。云南晋宁石寨山、江川李家山古墓群、呈贡天子庙M41号墓等较大的墓葬中均大多以绿松石、玉、玛瑙珠、管、扣串纵横有序地串联成一个长方形帘状物，覆盖于墓主人骨架之上。李家山古墓群出土的珠襦时代较早，珠扣质地为玛瑙、绿松石以及软玉，而石寨山出土的珠襦则增加了许多金质的珠、扣。

绿松石是编缀珠襦的主要珠饰，器形都较小且数量庞大，往往数以万

---

① 昆明市文物管理委员会：《呈贡天子庙滇墓》，《考古学报》1985年第4期，第528-529页。

计。云南江川李家山 M24 出土的珠襦保存状况较好，骨架痕迹上有一件用数以万计的玛瑙、软玉、绿松石串联编缀成，长约2米、宽约1.05米的长方形覆盖物。绿松石珠直径在 0.3～0.5 厘米之间。该墓在文化属性上带有强烈的地方色彩，从其出土的青铜随葬品等可以看出具有滇文化的特点。①

我国是世界范围内较早开发绿松石的国家之一，裴李岗文化最早使用绿松石饰物，仰韶文化、大汶口文化、马家窑文化、齐家文化以及龙山文化都有绿松石饰物出土。同时，绿松石矿产储藏丰富、分布广泛，主要集中于湖北竹山、郧阳区、郧西，陕西白河、安康、平利，青海、新疆、甘肃、河南、云南等地也有发现。②尽管如此，中国历史上却始终以玉为贵，无论是用于装饰还是殓葬，玉石始终处于崇高的地位。

中原地区殓葬用玉，除有彰显身份的作用外，也体现出保护尸身不朽的意味。春秋时代，诸如"难老""勿死"这样的嘏辞在金文始见，这些词的使用标志着躯体不朽观念的产生。③汉代人同样相信玉能防朽，《汉书·杨王孙传》载杨王孙言："口含玉石，欲化不得，郁为枯腊，千载之后，棺椁腐朽，乃得归土，就其真宅。"④《后汉书·刘盆子传》载赤眉军发西汉诸陵，"有玉匣敛者率皆如生。"⑤汉代流行的仙道思想，更加坚定了人们对于保存尸身不朽的意识，殓葬玉衣也是王侯贵族为追求尸身永恒不朽而存在的。因此，《汉官仪》所载殓葬珠襦"以玉为襦"，也应该如玉衣一样，包含防腐的目的。而对比两汉时期南方墓葬中出土的珠襦，却是以绿松石、玛瑙、玻璃珠等为主要材料，完全体现不出防腐的意味。由此，文献中的殓葬珠襦和南方地区考古发现的珠编尸帘实为形制相近但文化意义不同的两类葬具。

---

① 云南省博物馆：《云南江川李家山古墓群发掘报告》，《考古学报》1975年第2期，第144-145页。
② 孔德安：《浅谈我国新石器时代绿松石器及制作工艺》，《考古》2005年第5期，第74-75页。
③ 徐中舒：《金文嘏辞释例》，《国立中央研究院历史语言研究所集刊》第六册（抽印本），商务印书馆，1936年，第25-26页。
④ （汉）班固：《汉书》，中华书局，1983年，第2908页。
⑤ （南朝宋）范晔：《后汉书》，中华书局，1983年，第484页。

（三）珠襦与玉衣

中原地区常见的殓葬用玉，早期是缀玉面幕和缀玉衣服的传统，这种呈铠甲状的玉片，缝缀在织物上再覆盖于墓主人面部或身体，发展至两汉则为玉衣，两者之间存在渊源关系。

两汉时期中原玉衣殓葬逐渐成为严格的等级制度，《后汉书·礼仪志》载，天子葬以"金缕玉衣"，诸侯王、列侯始封、贵人、公主葬以"玉柙银缕"，大贵人、长公主则以"铜缕"。[1] 金缕、银缕、铜缕玉衣在考古发掘中均有出土，前辈学者亦对玉衣进行了较为全面且深入的研究和考证。然而，作为汉代与玉衣（玉柙）并提的"珠襦"，文献中却没有关于其使用规格、使用者身份等级的相关记载。同时，中原地区也没有发现两汉时期珠襦的考古材料。尽管南越王赵眜墓中同时出土了玉衣及珠襦，但是，作为偏居于南越、与汉庭若即若离的独立王国的君主，其殓葬究竟是完全保留中原地区的制度还是掺杂吸取南越的风俗，也是值得深入探讨的问题。

四、域外殓葬珠服

珠襦殓葬并非中国独有，美索不达米亚和古埃及地区也曾发现珠饰编缀的殓葬具。1929年，英国考古学家伦纳德·伍利在苏美尔时期的城市乌尔（Ur）发现了时代约为前2550—前2400女王普阿比（Pu—abi）的陵墓（PG800）。女王众多的随葬品中有一件由大量珠饰编缀而成的披肩，这件披肩经过复原现藏于美国宾夕法尼亚大学考古学与人类学博物馆（图六）。[2] 珠披由数千颗珠饰编缀成55条珠串组成，披挂于脖颈和双肩，包裹前胸及后背。珠饰材质多样、形状各异，用黄金、青金石、绿松石等制成半球形珠、管形珠、圆柱形珠以及双锥形珠。[3] 考古资料显示，乌尔早期墓葬也曾发现大量珠饰，如在 Tepe Gana（今伊拉克北部），乌鲁克 Uruk

---

[1]（南朝宋）范晔：《后汉书》，中华书局，1983年，第3153页。

[2] Kim Benzel. Puabi's Adornment for the Afterlife: Materidals and Technologirs of Jewelry at Ur in Mesopotamia. Colmbia University, 2013: 236.

[3] Kim Benzel. Puabi's Adornment for the Afterlife: Materidals and Technologirs of Jewelry at Ur in Mesopotamia. Colmbia University, 2013:140-142, 111-113.

时期晚期（时代约前 3500 至前 3000 年）的墓葬中出土一件由 24000 颗半宝石珠饰编缀而成的珠毯，覆盖于尸身之上。此外在叙利亚 Tell Banat 一座约为青铜时代的早期墓，墓内棺椁上也发现了类似的珠毯，珠毯由数百颗金珠和半宝石珠饰装饰，原先可能是缝缀在织物或皮革上。据考证，这些珠毯也许出于巫术保护的魔力或是其他类似原因，用以保护尸身不受损害。[1] 而普阿比女王本人也许就是祭祀的身份。

古埃及墓葬中曾出土费昂斯珠编缀的珠裙。目前，世界各地博物馆保存有 20 件费昂斯珠裙，其中波士顿艺术博物馆收藏的埃及古王朝时期（公元前 2551—前 2528 年）吉萨墓（G 5520 D）出土的一件直身双肩带高腰珠裙，通体由 7000 余颗蓝色和蓝绿色的费昂斯珠饰编制而成，珠饰主要呈管状和环状珠，编成菱形方格网状纹路（图七）。[2] 此外，伦敦佩特里博物馆收藏的埃及第五王朝时期 Qau（Tjebu）古墓出土的一件费昂斯珠裙，形制与前者类似，裙摆下另有一圈海贝编成的流苏。[3] 这种直身双肩带高腰裙，也称为卡拉西里斯（kalasiris），是古埃及女性较为正式的礼服，古埃及壁画以及雕像中也曾出现过身着类似网状裙装的女神形象。[4] 学者研究这类费昂斯珠裙，并非供日常生活穿着，而是专门用于殓葬。因为由大量费昂斯珠编缀的珠裙过于沉重，更谈不上舒适。而古埃及女性实际穿着的卡拉西里斯多为皮革编制而成的网状裙，且搭配在亚麻衬

图六　乌尔女王普阿比珠披复原

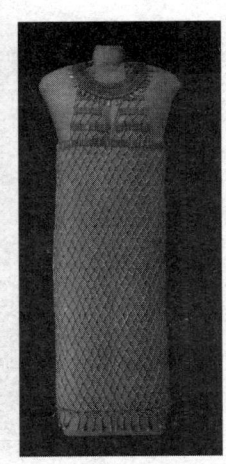

图七　埃及吉萨墓出土珠裙复原图

---

[1] Kim Benzel: Puabi's Adornment for the Afterlife: Materidals and Technologirs of Jewelry at Ur in Mesopotamia. Colmbia University, 2013: 143.
[2] Metrpolitan Museum of Art: Egyptian Arts in the Age of Pyramids Metrpolitan Museum of Art ,1999,p.306.
[3] Alice Stevenson: Petrie Museum of Egyptian Archaeology UCL Press, 2015:46.
[4] 李当岐：《西洋服饰史》，高等教育出版社，1995 年，第 28 页。

裙之上。

　　珠饰虽是世界范围内普遍存在的蕞尔小物,但与人类历史关系密切,因此具有极高的研究价值。珠饰在人类文明发展过程中发挥了重要作用,在装饰和殓葬方面应用广泛,透过对其深入研究,可以对相关社会生活背景有所了解。由于文化和价值观的不同,相对于国外珠饰研究,中国的研究起步较晚,但自夏鼐先生开始从科技史和中外文化交流的角度出发,为我国珠饰的研究开创出一片新天地。

银鸾睒光踏半臂

"银鸾睒光踏半臂"是唐朝诗人李贺《唐儿歌》描写孩童服饰的诗句，银鸾就是佩戴在童子脖颈的錾刻鸾鸟纹饰的银项圈。《中国服饰名物考》一书中收录有一件传世唐代银项圈，状如弦月，其上装饰唐代盛行的缠枝对鸟纹，恰可与《唐儿歌》中所谓"银鸾"项圈相合（图一）。[①] 给孩童戴项圈的风俗不但历史上盛行，时至今日依然不衰。然而，人们也许不会想到，向来被视为传统佩饰的项圈，实则并非国货。

项圈在世界各大古老文明遗迹中均可觅其踪影，自美索不达米亚、地中海流域至欧亚草原青铜时代的骑马民族遗存都有项圈存世。希腊历史学家阿里安（Arrian）曾经在《亚历山大远征记》中记录，波斯国王居鲁士葬于帕萨伽代成的陵墓，其尸身上原装饰有大量的黄金制品，包括颈饰、臂饰以及镶嵌宝石的黄金缀饰。[②] 希罗多德也曾说过，波斯王薛西斯的一万精兵，均披挂大量的黄金饰物，以昭示其英武过人。类似的传统在欧亚大陆青铜时代的草原骑马民族也存在，无论男女均披金戴银。2000年俄罗斯吐瓦共和国北境南西伯利亚萨彦—阿尔泰地区发掘的一座贵族夫妇合葬墓葬（阿尔赞2号坟冢），该墓的绝对年代在公元前7世纪，主椁室中出土了数量丰富的金器，其中就包括男女墓主人随身佩戴的金项圈。男性墓主所戴金项圈上部呈圆柱状，表面浮钓山羊、野猪、虎等搏斗的复杂场景，前部为弯曲的四方体；女性墓主人的项圈则呈月牙形，两端由金链相连（图二）。[③]

[①] 高春明：《中国服饰名物考》，上海文化出版社，2001年，第457页。
[②] ［古希腊］阿里安著，［英］E.伊利夫·罗布逊英译，李活译：《亚历山大远征记》，商务印书馆，2017年，第250-251页。
[③] 马健：《黄金制品所见中亚草原与中国早期文化交流》，《西域研究》2009年第3期，第52-53页。

类似的弯月状项圈,在乌克兰第聂伯罗彼得罗夫斯克州也曾出现。此件希腊工艺的金项圈时代约为公元前4世纪,造型精美绝伦,整体呈宽扁的月牙形,分成三条花纹带,装饰有透雕纹饰,两端末装饰狮头,狮口附环,狮颈饰花纹带,连一段金丝编制的短链子,用合页将两末端接到项圈本体上。透雕纹饰包括表现斯基泰人的生活场景,如制羊皮、挤羊奶等,以及源自西亚的有翼神兽——飞翔的格里芬,两两相对的嘶哑骏马,体现出斯基泰人的审美取向——不同于希腊人对于骏马的珍爱,斯基泰人却将其置于格里芬的爪牙之下(图三)。①

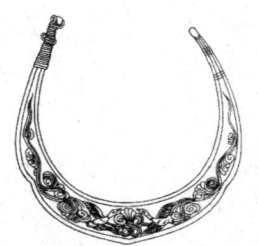  

图一　传世唐代对鸟纹银项圈　　图二　阿尔赞M2出土金项圈　　图三　斯基泰金项圈

骑马民族普遍存在佩戴大量装饰品的风俗。大英博物馆所藏青铜时代的凯尔特人的遗存,宽大的金项圈是较为常见的金银饰品。古罗马历史学家狄奥多罗斯(Diodorus)曾记录欧洲的凯尔特人喜欢聚敛大量的黄金打制成各种装饰品,不但女人佩戴,男人也不例外,他们在手臂和手腕处套上臂环,脖子上也戴着硕大的金项圈。欧亚草原的骑马民族披挂贵重饰物的传统与其游牧迁徙居无定所的生活习俗密切相关,他们将贵金属制成精美的装身具,等于将财富随身携带。而对于热衷征战攻伐的武士而言,厚重的黄金项圈不但是财富和荣耀的象征,也是不可或缺的护身装备。

在我国境内考古发掘北方匈奴和西南羌人的遗存均发现有项圈实物,说明匈奴人和羌人也存在佩戴包括项圈在内的装饰品的传统,这应该与骑马民族的影响有关。但是中原地区佩戴项圈的传统,就目前所见资料显示

---

① Boris Piotrovsky: From the Lands of the Scythians Ancient Treasures from the Museums of the USSR 3000.BC—100.BC, The Metropolitan Museum of Art Bulletin.V.32, No.5, 1973-1974, pp.92-93.Plate.32.

则最迟始于唐代，作为颈部装饰品，佩戴者以未成年的婴孩居多；成年男子则未见有佩戴者，这一点与西方明显不同。

1958年陕西耀县（今耀州区）柳林唐代窖藏出土一批时代约唐宣宗大中年间（即公元9世纪中期）的银器。这批唐代银器包括一件银项匿，呈薄身月牙形状，两端云头，长14.5厘米、宽3厘米，与开篇所示传世唐代银项圈形制类似，唯此通体光素，无任何纹饰。[①] 说明中原地区至晚在唐代已经有佩戴项圈的风俗。

中原汉人佩戴项圈很可能与佛教的传播有关，随着佛教的东渐，带有犍陀罗风格的佛教造像也逐渐出现在人们的视野中。受希腊影响的犍陀罗造像，在服饰方面也继承了地中海风格，美国弗吉尼亚美术馆收藏的一件公元前2—3世纪的贵霜时代弥勒造像，整体带有强烈的希腊－罗马艺术风格，上身袒露，下身着裙，肩披天衣，足蹑攀带鞋，右手抬举，左手持瓶，其脖颈间的项饰有两种，一种为较长的项链，另一种则为宽扁状项圈（图四：1）。[②] 自西晋、十六国时期开始，我国佛教造像活动兴起，类似的造像多有存世，日本藤井有邻馆收藏了一件陕西三原出土的十六国时代的鎏金菩萨立像，其颈部饰物繁复，包括一条下垂的长项链和一件宽扁状项圈（图四：2）。[③] 通过比较，不难发现两者的相似之处。

造像活动产生了大量佛教偶像，这些外来的神祇在接受人们膜拜的同时，其异域装扮也令人

1　　　　　　　2
1. 弗吉尼亚美术馆藏贵霜时代弥勒造像
2. 藤井有邻馆藏西晋、十六国时期鎏金菩萨像

图四　佛教造像

---

① 刘向群，朱捷元：《陕西省耀县柳林背阴村出土一批唐代银器》，《文物》1966年第1期，第4页。
② Vincent Arthur Smith, Art of India. Parkstone Press, 2003.p.171.
③ 黄春和：《汉传佛像时代与风格》，文物出版社，2010年，第42页。

大开眼界，项圈很可能由此被人们所认知，而时至唐代，便已然变成俗世的装饰品。唐代的项圈大多呈宽扁的月牙状，在形制上与斯基泰项圈、犍陀罗菩萨佩戴的项圈类似，其直接来源应该正是犍陀罗菩萨造像。因其别具一格的优美形制，又属菩萨庄严，给孩童佩戴则自然而然带有菩萨护身的意味，后世民俗认为项圈能保佑孩童健康成长、远离疾病灾祸，大概也由此衍生。

除作为孩童辟邪的护身符外，年轻女子也将项圈作为颈间的装饰品。虽然在《簪花仕女图》中出现一位颈戴项圈的宫妃，但相关研究者或认为该画绘制时代晚于唐代，且画面中或混入后人补笔，鉴于此，便不能确定画面反映的内容是唐代的真实情况。然而，从服饰史的角度分析，自唐而始，女子开始逐渐重视颈部装饰。西安韦顼墓石椁线刻图，其中就有一位颈配珠串的侍女（图五：1）。① 此外，1985年陕西咸阳长武县郭村唐墓出土的一件彩绘双环髻女俑，在颀长的脖颈间也有一件珠串饰物（图五：2）。② 白居易《霓裳羽衣舞歌》有"钿璎累累珮珊珊"之言，用以描绘盛饰华服的大唐仕女，或可与之相互印证。也正是因为唐代女子开始佩戴颈饰，才使项圈逐渐成为大众化的装饰品。

宋元时期，项圈形制上大体继承唐代宽扁状的特点，佩戴项圈者仍以孩童、仕女居多。与此同时，另有一类项圈，整体趋向纤细，在此基础上又增加一枚长命锁，将这件外来的装饰品与固有的民俗集合起来，成为带有辟邪护身意味的吉祥物，传世的宋元婴戏类绘画中常见童子项戴长命锁项圈的形象。明清时期则以此类长命锁项圈最为常

1. 韦顼墓石椁线刻侍女
2. 咸阳郭村唐墓出土彩绘女俑

图五 佩戴项饰的唐女

---

① 李杰著：《勒石与勾描：唐代石椁人物线刻的绘画风格学研究》，人民美术出版社，2012年，第35页。
② 陕西省咸阳市文物局编：《咸阳文物精华》文物出版社，2002年，第87页。

见，唐伯虎绘《洞箫侍女图》中美人颈配金锁项圈，金锁缀于胸前，与满头珠翠相互呼应，装饰效果显著（图六）。此外，清代爱竹轩年画中的童子也佩戴类似样式的长命锁项圈，对儿童而言这是保佑其长命百岁的护身符（图七）。[①] 项圈和长命锁的固定组合，具有长命富贵的美好意义，这种民俗深入人心、绵延至今。

图六　唐伯虎《洞箫侍女图》　　　图七　爱竹轩清代年画

[①] 天津博物馆编：《安和祥乐：吉祥文物陈列》，文物出版社，2013年，第42页。

汉代的雁足铜灯

雁又称大雁、鸿雁，是我国常见的候鸟，受群居迁徙的本能驱使，秋季南迁、春季北还，行进有序且应时。古人观察鸿雁行为属性进而赋予其深刻的人文寓意，晋羊祜《雁赋》总结雁之美德，赞曰："鸣则相和，行则接武，前不绝贯，后不越序。齐力不期而并至，同趣不要而自聚。当其赴节，则万里不能足其路，苟泛一壑，则众物不能易其所。"[1] 由是，鸿雁被视为良禽信鸟。

一、考古所见雁足灯

古匠"观象制器"，器物的制作往往模仿自然物，其中多有拟动物之形而造就的像生器。雁既是自然生物，又背负人格道德意义，自然也成为模仿来源。考古不乏见以雁为造型的器物，大型青铜灯具则以雁衔鱼造型最为典型，山西朔县十八庄西汉墓[2]、陕西神木汉墓[3]、山西襄汾吴兴庄西汉墓[4] 各出土一件雁衔鱼铜灯。

山西朔县十八庄西汉墓出土的雁鱼灯，高 53 厘米、长 34.5 厘米，雁颈与雁体以子母口相接，鱼身、雁颈、体腔均中空。灯盘呈圆形，直壁、浅腹，内有两道直壁圈沿，一侧附灯柄，可控制灯盘的转动，盘下有圈足，与雁背上的直壁圈沿以母子口套接。雁首、雁体、灯盘、灯罩四部分套合，均可自由拆装。陕西神木出土的西汉铜彩绘雁鱼灯、山西襄汾吴兴

---

[1]（唐）欧阳询撰：《艺文类聚》卷九十一"鸟部中"，上海古籍出版社，1985 年，第 1580 页。

[2] 雷云贵：《西汉雁鱼灯》，《文物》1987 年第 6 期，第 69-70 页。

[3] 榆林地区文管会，神木县文管会：《神木县出土一件铜彩绘鹅鱼灯》，《文博》1986 年第 6 期，第 64 页。

[4] 李学文：《山西襄汾吴兴庄汉墓出土铜器》，《考古》1989 年第 11 期，第 981-983 页。

庄西汉墓出土的雁鱼灯，形制皆与朔县所出无二，均作铜铸中空、雁回首衔鱼造型，灯体部分可自由拆合组装，下附带銎圈状灯盘。因取雁全形为器型，故高度均在55厘米左右，属于形制较大的"高灯"。

此外，还有一类铜灯，形制近似豆形灯，唯灯柄铸成雁足状，灯铭自名"雁足镫"。目前考古发表或公布的雁足灯实物资料共有18件，简况见下表：

表一　雁足灯出土简介表

序号	图片	时代	出处	数量	尺寸（厘米）	形制特征
1	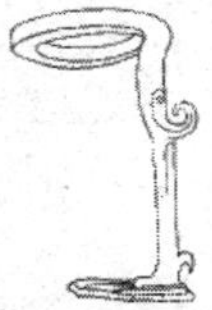	秦代	陕西咸阳塔儿坡出土	2	通高40	环形灯盘、三支灯炷、四桃形灯座
2	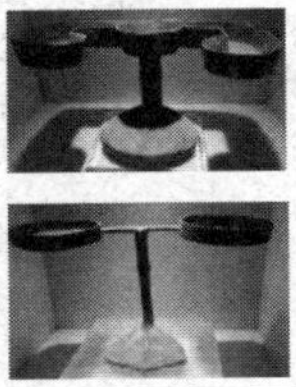	西汉初年	江苏盱眙大云山江都王墓出土	2	尺寸未详	圆状双灯盘、圆状三联灯盘
3		西汉中期	陕西宝鸡卧龙寺六甲村M1出土	1	通高14.2 灯盘径12	环状灯盘
4	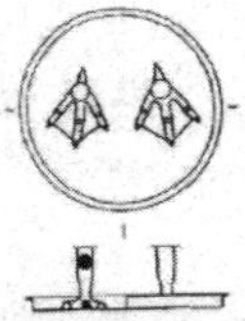	西汉中晚期	湖南望城风篷岭M1出土	1	残高10.3 底盘径30	灯盘残缺、双雁足立于浅腹底盘
5		西汉晚期	山西朔县汉墓出土	1	通高13	环形灯盘
6		西汉晚期	山东临淄汉墓出土	1	通高35 灯盘径21	环形灯盘、三支灯炷、雁足立于方形座

（续表）

7		西汉时期	陕西旬邑汉墓出土	1	通高 14.3 灯盘径 14.3	圆形灯盘、灯盘三隔、三支灯柱、雁足立于鳖背
8		东汉建武廿八年（52）	江苏邗江甘泉 M1 出土	1	通高 14 灯盘径 11 底盘径 24	环形灯盘、雁足立于托盘中
9		东汉建武廿八年（52）	江苏邗江甘泉 M2 出土	1	通高 22.4 灯盘径 11.2 底盘径 24.5	环形灯盘、雁足立于托盘中
10		东汉前期	徐州睢宁刘楼出土	1	通高 20 灯盘径 12.4 底盘径 15.2	环形灯盘、雁足立于托盘中
11		东汉	山东临淄金岭镇 M1 出土	1	通高 8.9 灯盘径 6.9 底盘径 13.8	环形灯盘、雁足立于托盘中
12		东汉晚期	江苏徐州土山汉墓出土	1	通高 26 底盘径 13.6	环形灯盘、柄端三叶状支架、雁足立于托盘中
13		东汉末期	安徽合肥西郊乌龟墩墓出土	1	通高 17.5 底盘径 20.3	圆形灯盘、柄端三叶状支架、雁足立于托盘中
14		东汉晚期	山东章丘	1	通高 23.4 灯盘径 12 底盘径 23.4	圆形灯盘、中有一炷、柄端三叶状支架、雁足立于托盘中
15		东汉	河南偃师秋高龙乡牛沟村汉墓出土	1	通高 24.5 灯盘径 12.3 底盘径 24	圆形灯盘、中有一炷、柄端三叶状支架、雁足立于托盘中

（续表）

| 16 | | 魏晋 | 辽宁锦州市凌河区安和街 M2 出土 | 1 | 通高 13 灯盘径 9.4 | 圆形灯盘 |

通过表一可知，考古发现的雁足灯绝大多数是汉代遗物，少量为秦器及出自魏晋墓葬，或可说明雁足灯主要流行于两汉，此间，其形制虽略有变化，但作为其主要特征的雁足灯柄却始终是其标志性构件。

西汉时期的雁足灯，灯盘多为环状，雁足柄偏于灯盘下一侧，以足蹼为底座，或踏于方板，如山东临淄汉墓出土雁足灯；[①] 或立于鳖背上，如陕西旬邑西汉墓出土雁足灯。[②] 大多无承盘，但也有例外，如湖南望城凤篷岭 M1 出土雁足灯，则为双足并列立于一浅腹圆盘中。但考虑到此件为残器，因此尚不能确定完整结构。[③]

东汉时期的雁足灯，除环状灯盘外，盘形灯盘数量增加。与西汉相比，最明显的变化是雁足股部增加三叶形构件及附加承盘。江苏徐州土山墓[④]、安徽合肥东汉墓[⑤]、山东章丘平陵故城[⑥]、河南偃师东汉墓[⑦]出土的雁足灯均为雁足柄股部设三叶支架、承托灯盏、灯下置承盘的形制。这种灯柄前端设三叶形支柱与灯盘相接的结构，在西汉中后期即出现，陕西白鹿原

[①] 中国青铜器全集编辑委员会：《中国青铜器全集》12《秦汉卷》，文物出版社，1998 年，图 106。
[②] 关双喜：《旬邑出土鳖座雁足灯等一批文物》，《文博》1987 年第 2 期，第 90-91 页。
[③] 长沙市文物考古研究所，望城县文物管理局：《湖南望城凤篷岭》，《文物》2007 年第 12 期，第 24 页。
[④] 南京博物院：《徐州土山东汉墓清理简报》，江苏《文博通讯》第 15 辑，1977 年。
[⑤] 安徽省博物馆筹备处清理小组：《合肥西郊乌龟墩古墓清理简报》，《文物》1956 年第 3 期。
[⑥] 宁荫棠，牛祺安：《山东章丘市东平陵故城出土汉代铜器》，《文物》1997 年第 4 期，第 78-79 页。
[⑦] 郭洪涛：《河南偃师商城博物馆馆藏青铜器》，《考古与文物》1997 年第 1 期，第 73-74 页。

西汉中期墓（绕M36）出土一件铁灯，灯柄上部作折角三叉托住灯盘，灯座为分叉三足状，通高17.8厘米（图一：1）。① 重庆临江支路西汉后期墓（M3）出土一件铜豆形灯，环状灯盘，中有三支钉，盘下三叉形支架与柄相连，灯柄上部呈球形，中部曲鼓，喇叭形灯座（图一：2）。② 东汉带三叉支架的雁足灯，应该是效仿此法，因为有三叉支架托住灯盘，雁足柄一改以往偏置于灯盘一侧的结构，而移位至灯盘中央正下方，解决了视觉上的不平衡感。如此，无论是从视觉角度还是在实际应用方面，都增加了雁足灯放置的稳固性。也正是因为有了这一形制上的变化，灯盘下由三叉支柱支撑，为了增加稳固性，环状灯盘不再流行而改用盘状灯盘。例如，1975年秋山东章丘高龙乡石牛沟村汉墓出土的雁足灯，高24.5厘米。③ 灯盘、中柱、灯座、灯盘为平口、折沿、卷唇，盘中心有1厘米支钉，灯盘下由三根弧形圆柱支撑，集于圆形中柱之上，中柱为雁足形，柱中部有凸弦纹一道，雁足蹼踏于一前宽后窄的椭圆形底座上，底座中心处一圆锥正好嵌入灯座的圆环内。灯座为平口、折沿、浅腹，灯盘口径12.3厘米，灯座口径24厘米。

东汉雁足灯还附加承盘，雁足立于盘中央，盘径均超过灯盘直径，这也是效法西汉灯具。自西汉中后期始，陶质豆形灯下置承盘逐渐成为较普遍的现象，如湖南怀化西汉中晚期墓（M5）出土一件陶豆灯，浅平灯盘、圆柱形实柄、平底盘状灯座，通高12厘米。④ 与此同时，青铜灯下也开始有承盘，河北满城汉墓出

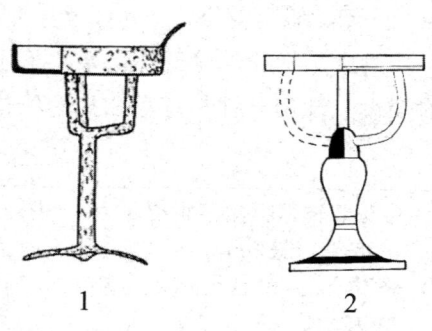

1. 陕西白鹿原汉墓出土铁灯　2. 重庆支江汉墓出土铜灯

图一　西汉带三叉支架雁足灯

---

① 陕西省考古研究所编著：《白鹿原汉墓》，三秦出版社，2003年，第55页。
② 重庆市博物馆：《重庆市临江支路西汉墓》，《考古》1986年第3期，第234页。
③ 郭洪涛：《河南偃师商城博物馆馆藏青铜器》，《考古与文物》1997年第1期，第74页。
④ 怀化地区文物工作队：《湖南怀化西汉墓》，《文物》1988年第10期，第60页。

土的一批铜灯具中也有附加承盘者，例如铜檠灯（2∶3101），在豆形灯下有底盘，盘中有插头伸入灯柄内，再以铜钉铆接。通高11.4厘米、灯盘径9.5厘米、底盘径14.4厘米。铜拈灯，由铜灯和底盘两部分组成，铜灯直壁、浅腹、三蹄足，壁侧附一叶形鋬，底盘敞口、浅腹、外折沿，下腹折为下平底，口沿上铭文："铜镫盘一，中山内府，第霜鸟。"[①] 雁足灯下加承盘，大概是出于用火安全及保持舍内环境清洁的考量，故在灯下设底盘用以承接燃灯时落下的灰烬以及灯油溢出的油花，或是灯炷燃烧时溅出的火星，同时，这一实用的设计也能增加灯具放置时的稳定性。

  灯盘中的支钉，用以安放"麕炷"，即剥去麻皮的麻秸以充当灯炷。支钉又称为"火主"或"炷钎"，其数量不等，少则一枚，多则三枚。偃师秋高龙乡汉墓出土的雁足灯，灯盘中仅一枚支钉，而咸阳塔儿坡出土的雁足灯，则有三枚支钉，可同时点燃三支灯炷，增加照明亮度。[②] 山东临淄汉墓出土的雁足灯亦有三枚支钉。也有灯盘不设支钉者，如盱眙大云山汉墓出土的两件雁足灯，推测其灯炷为软质纤维制成，故无须支钉加以固定。[③] 此外，灯盘中或有隔槽，如旬邑西汉墓出土的雁足灯，灯盘设三隔槽而三等分，各中皆有一支钉。

  两汉时期的雁足灯，秉承战国以来的灯具铸造技术，兼取各类灯具之长，无论是豆型外形、环状或盘状灯盘，还是灯盘中三支钉设置，都能在战国铜灯中找到类似的例子。灯盘下的三叉支架、灯下置底盘，也能在汉代灯具中找到先例。

二、前人对雁足灯的研究

  历代金石学者在其相关著作中录有汉雁足灯，如宋·吕大临《考古图》、清·刘体智《小校经阁金文拓本》、清·吴大澂《愙斋集古录》等书

[①] 中国社会科学院考古研究所，河北省文物管理处编：《满城汉墓发掘报告》，文物出版社，1989年，第71-74页。
[②] 孙机：《中国圣火——中国古文物与东西文化交流中的若干问题》，辽宁教育出版社，1996年，第6-7页。
[③] 南京博物馆：《大云山汉墓出土文物精品展》，2012年。

或描摹形制、记录刻铭考其渊源。《考古图》卷九图文并录"首阳宫雁足灯"曰："右不知所以得，高六寸三分、面径四寸有半、足缩四寸、衡三寸七分，铭廿有四字。"又录铭："蒲反首山宫铜雁足八寸，盖重六斤，永始四年二月工贾庆造。"（图二）①考证此雁足灯为汉宣帝时器。

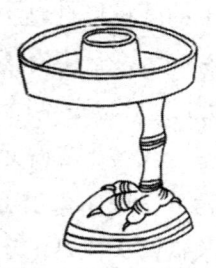

图二 《考古图》录"首阳宫雁足灯"

宋代的文人士大夫也使用、收藏及仿制雁足灯。陆游《秋思》诗曰："眼明尚见蝇头字，属退初亲雁足灯。"②黄庭坚《与党伯舟帖》言："雁足灯，汉宣帝上林中灯，制度极佳，至今士大夫家有之。"③黄庭坚谪居宜州时曾向党伯舟求造一枚雁足灯，并详述其尺寸规格："高七寸，盘阔六寸，足作三雁足，不须高。受盏圈径二寸半，盏面径三寸，着柄，盏作小圈，如钗股屈之。"④黄庭坚所求之雁足灯，与汉代传世之古物略有差别，或参考古灯之型加以仿制也未可知。

古之学者对于雁足灯虽有著录考证但研究皆止于此，至于为何取雁足为器则不在研讨之列。其著录中描摹雁足灯之图像，皆为西汉样式——环状灯盘，雁足柄偏于一侧，下无承盘。由此推测时人尚未见东汉时代的传世物，故未加著录。

前贤对于此灯曾作考证，且有各自不同的见解。叶小燕先生《战国秦汉的灯及有关问题》⑤认为雁足灯属汉宫常用灯，其上铭文中常有"桂宫""中宫""中宫内者""中尚方造""山阴邸"等字样，且大多标明为"内者造"。带"内者"铭雁足灯为宫中内者所用，当是以雁飞成列比喻职在奉命、能自正以事君之意。总之，雁足灯之造型是取鸿雁守时有序的习

---

① （宋）吕大临撰：《考古图》卷九，中华书局，1987年，第149页。
② （宋）陆游著，钱仲联校注：《剑南诗稿校注》，上海古籍出版社，1985年，第4213页。
③ （宋）黄庭坚著，刘琳、李勇先、王蓉贵点校：《黄庭坚全集·别集十六》，四川大学出版社，2001年，第1803页。
④ （宋）黄庭坚著，刘琳、李勇先、王蓉贵点校：《黄庭坚全集·别集十六》，四川大学出版社，2001年，第1803页。
⑤ 叶小燕：《战国秦汉的灯及有关问题》，《文物》1983年第7期，第81页。

性为喻,以激励使用者自律。梁白泉先生《雁足灯探原》一文,则认为此类灯具的造型与使用,除具汉人对雁的全部传统观念外,还特别反映了汉与匈奴关系这一重大历史事实以及佛经本生故事的影响。①

过去较为通行的一种观点,认为雁足灯的铸造与汉代著名的雁足传书故事相关。《汉书·苏武传》载,汉武帝天汉元年(前100年)苏武羁留匈奴,直至昭帝始元六年(前81年)方得以归汉。此中另有曲折——苏武在羁留期间曾经向汉使传书,故有汉使言于匈奴"天子射上林中,得雁足有系帛书,言武等在某泽中"之事。②此条史料也是关于"雁足"的最早记录,兼考古所见雁足灯自西汉中晚期始大量出现,由此推测雁足灯的起源与苏武雁足传书一事有直接关联。

考雁足传书发生于西汉昭帝即位初年,即公元前1世纪前后,假设雁足灯的制作灵感确实来源于此,则必然只能出现于其后,但西安坎儿坡出土雁足灯,年代判定为秦器。江苏盱眙大云山西汉初年墓中出土的两件雁足灯,虽然灯盘形制独特,但以雁足作灯柄、足蹼为底座,故仍属雁足灯范畴,在时代上也早于雁足传书,如此则出现了时代先后逻辑顺序颠倒的状况。且根据器物演变发展规律而言,早期器物大多粗疏,成熟期日臻完美,末期则流于粗率。考古所见西汉中、晚期的雁足灯,在制器方面均已达纯熟,说明此前已经过一段初造期的发展,而非昭帝时期在雁足传书这一偶发事件的影响下临时铸造的灯具,是故雁足灯的出现应该要早于苏武传书之时。

相对于以禽鸟整体形象制作的化兽灯具,如雁鱼灯之类,仅选取雁足部分制作的灯具,无论在尺寸规格还是美观方面显然都要略逊于前者。然而,这种制器风格并非特立独行,仿禽鸟部分肢体而制器亦非罕见,晋《东宫旧事》记载有"鸭头灯",宋吕大临《考古图》卷九录有"一华鸡足灯",皆属此例。由此想见,雁足灯专以雁足为型,亦在情理之中。而匠人制器独以雁足为灯,亦似非出于追求美感的考量,《尔雅》释曰:"凫、雁丑,其足蹼。其踵,企。"晋·郭璞注曰:"脚趾间有幕蹼属相著,飞即

---

① 原文成稿于1996年,2013年收录于《梁白泉文集·博物馆卷》,文物出版社,2013年。
② (汉)班固:《汉书》卷五十四《苏武传》,中华书局,1962年,第2459-2460页。

伸其脚跟企直也。"① 可见，古人虽不以雁足为美，但仍以雁足为灯，其中固然有鸿雁为信鸟良禽的寓意，但似乎还隐藏其他方面的深层内涵，或许就与古老的太阳崇拜有关。

三、太阳、阳燧与"履火之鸟"

太阳崇拜与太阳神话是原始时代的主要宗教信仰与宗教崇拜，世界上几乎所有的民族都有其遗迹；太阳崇拜又往往与鸟图腾结合起来，视飞鸟为太阳神的动物象征，在世界古文明中具有普遍性。②

上古先民的太阳崇拜与飞鸟密切关联，我国亦然。陕西华县泉护村泉护一期文化堆出土的彩绘卷唇红陶盆（H165：402），腹部黑色彩绘载日之鸟纹（图三：1）。③ 现收藏于美国弗利尔美术馆的一件良渚玉璧，璧身刻纹为鸟与日合二为一的图像组合，西方学者认为这一图像表示太阳加上了鸟翼和鸟尾，是太阳与鸟的传统组合。类似图像在浙江省博物院收藏的良渚玉璧以及良渚博物院收藏的良渚玉璧上亦有发现（图三：2）。④ 牟永抗、吴汝祚先生亦认为鸟身中部为圆形，前首后尾、两侧展翼的图像，代表神化了的太阳的符号。⑤ 至于古文献中大量关于鸟与日的记载，兹不详列。

太阳崇拜的另一种形式表现为火崇拜，"一切火崇拜都起源于太阳崇拜。"⑥ 因太阳取得的火种，变得神圣而清洁，《周礼·秋官·司烜氏》曰："掌以夫遂取明火于日，以鉴取明水于月，以共祭祀之明齍。"贾公彦疏

---

① （晋）郭璞注，（宋）邢昺疏：《尔雅注疏》，《十三经注疏》，上海古籍出版社，2007年，第2650页。
② 高福进著：《太阳崇拜与太阳神话——一种原始文化的世界性透视》，上海人民出版社，2002年，第一至三章相关论述。
③ 北京大学考古系著，中国社科院考古研究所编：《华县泉护村》（黄河水库考古报告之六），科学出版社，2003年，第35页。
④ 良渚博物院编著：《瑶琨美玉——良渚博物院藏良渚文化玉器精粹》，文物出版社，2011年，第365页。
⑤ 牟永杭，吴汝祚：《水稻、蚕丝和玉器——中华文明起源的若干问题》，《考古》1993年第6期，第549-551页。
⑥ ［德］利普斯著，江宁生译：《事物的起源》，四川人民出版社，1982年，第328-329页。

曰："明者，洁也。日月水火为明水明火，是取日月阴阳之洁气也。"①

向日取火的工具为"燧"，一作阳遂、夫遂、金遂等，其形制及使用方法以沈括记录最为确实，《梦溪笔谈》卷三《辩证一》"阳燧照物"条曰："阳燧面洼，向日照之，光皆聚向内。离镜一二寸，光聚为一点，大如麻椒，著物则火发，此则腰鼓最细处也。"②阳燧引火其实利用了圆形凹透镜的光学原理，一些西周至西汉时期墓葬曾出土过青铜阳燧实物③，其直径均不超过10厘米，燧面内凹，背有小纽（图四：1、2）。

 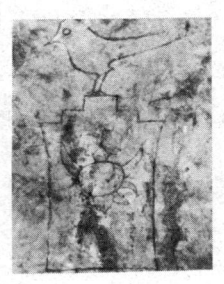

1. 泉护一期文化堆陶盆所绘载日之鸟纹　　2. 良渚玉璧刻画太阳与飞鸟纹饰

图三　上古时期太阳与飞鸟纹饰

 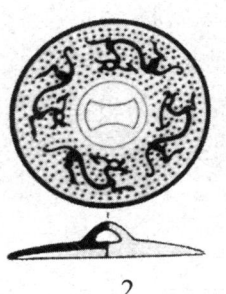

1. 河南三门峡上村岭春秋虢国墓出土　　2. 浙江绍兴狮子山战国墓 M306 出土

图四　阳燧

---

① （唐）贾公彦疏：《周礼注疏》卷三十六《秋官》收录于《十三经注疏》，上海古籍出版社，2007年，第885页。
② （宋）沈括撰，胡道静校注：《新校梦溪笔谈》，中华书局，1957年，第37-38页。
③ 陕西扶风黄堆西周墓 M60，北京昌平白浮周墓 M2、M3，河南山门峡上村岭春秋墓 M1052，浙江绍兴狮子山战国墓 M306，广州象岗西汉南越王墓均有阳燧出土。

古人却不以物理学的角度看待阳燧取火，反而认为通过向日取火的方式，阳燧自然而然地与太阳相联，因此也便具有了后者的神力，成为神物。在这种观念作用下，以阳燧随葬便有了镇墓驱邪的意味，同时"阳燧"一词也逐渐演变为祥瑞吉语，汉晋墓葬及铜器上都曾现类似字铭。1982年陕西绥德永元八年（96年）东汉墓，过洞西门坎左角下阴刻"阳燧"二字。①1990年山东嘉祥满硐乡宋山出土两方东汉桓帝永寿三年（157年）画像石，其中一石居左侧铭为"阳遂富贵，此中人马皆食大仓，饮其江海。"②1985、1986年间浙江嵊县西晋太康九年墓（M75）出土刀形砖侧有"左阳遂、右富贵"铭文。③1956年湖北鄂州樊口孙吴黄武六年（227年）墓（M21）出土一面神兽铜镜，镜背内圈铭文中亦有"宜子孙、阳遂、富贵老寿"。④

阳燧亦与太阳的物化象征物——鸟结缘，《禹贡》载："彭蠡既豬，阳鸟攸居。"注曰："随阳之鸟，鸿雁之属。"唐·孔颖达疏曰："此鸟南北于日俱进，随阳之鸟，故称阳鸟。"⑤朝鲜平安南道大安市德兴里高句丽永乐十八年（408年）壁画墓，前室墓顶东侧所绘神鸟，旁题："阳燧之鸟，履火而行。"⑥神鸟伸展双翅，双足踏于漩涡纹线条之上，根据文意，这些漩涡线条应该代表火焰（图五）。

图五　高句丽永乐十八年壁画墓图像及旁题

---

① 绥德县博物馆：《陕西绥德汉画像石墓》，《文物》1983年第5期，第30页。
② 中国画像石编辑委员会编：《中国汉画像石全集2·山东汉画像石》，山东美术出版社，2000年，第100-101页，
③ 嵊县文管会：《浙江嵊县六朝墓》，《考古》1988年第9期，第802-804页。
④ 湖北省博物馆，鄂州市博物馆编：《鄂城三国六朝铜镜》，文物出版社，1986年，第34页。
⑤ （唐）孔颖达注疏：《尚书正义》卷六《禹贡》收录于《十三经注疏》，上海古籍出版社，2007年，第148页。
⑥ 朝鲜民主主义人民共和国社会科学院，朝鲜画报社：《德兴里高句丽壁画古坟》，讲坛社，1986年。

此外，1977年，安徽阜阳双古堆汉墓出土一批西汉早期竹简，内容涉及医药、物理和物性等方面，其中编号为wo57的竹简，上书"为莹莹之火以鸟爪也"。① 对于其文意解释，或以为是利用鸟类的爪趾，将其尖端磨出一个小孔，前后打通，穿以灯芯，以鸟爪小端之孔眼甚小，故可控制灯火不致放大，亦能防止灯火引燃灯油，是为"为莹莹之火"。这一发明也许是陶土或金属制作的同类物品的基础构思（图六）。② 这种观点尽管只是推测，但其中火与鸟的联系却是显而易见的。

以鸟爪为灯具，体现出履火之鸟的意义，这也似乎可以解释古灯中缘何多有以禽鸟足爪为型的传统。除雁足灯外，尚有以鸡足为型者。宋吕大临《考古图》卷九录"一华鸡足灯"曰："右不之所以得，高六寸三分、面径四寸有半、足缩四寸、衡三寸七分，铭廿有四字。"（图七）③ 据梁白泉先生介绍，日人梅原末治编《欧米搜支那古铜精华》卷七《杂器部》中录有一件鸡足灯，造型与《考古图》所录相类，推断为六朝遗物，至于何以采鸡足为型则没有作解。④ 以上鸡足灯，也应该是基于随阳、履火之鸟的观念制作而成的，体现出鸟与火的关联。

图六　鸟爪灯炷臆测图　　　图七　《考古图》所录鸡足灯

四、余论

雁足灯是汉代流行的铜灯种类之一，西汉晚期和东汉前期则是其最为

---

① 阜阳汉简整理组：《阜阳汉简·万物》，《文物》1988年第4期，第38-39页。
② 胡平生，韩自强：《〈万物〉略说》，《文物》1988年第4期，第49页。
③ （宋）吕大临撰：《考古图》卷九，中华书局，1987年，第155页。
④ 梁白泉：《梁白泉文集·博物馆卷》，文物出版社，2013年，第124页。

兴盛的时间段。人们选择雁足作为灯柱造型，除了看重鸿雁的人文道德意义外，更隐含了古老的太阳崇拜思想，鸟既是太阳的象征物，又是火之使者。鸿雁自古被视为随阳之鸟，故以雁足为照明灯具之饰，凸显出履火而行的意味。随着灯具的日趋简化，自战国至两汉流行的铜灯逐渐衰落，并为魏晋南北朝时期的陶瓷灯具所取代，而雁足灯自然也在灯具的变迁中逐渐成为过往。

汉代折合灯考

自战国以来，中国青铜灯具不乏造型绝妙，通过翻合、扭转、折叠、拆装、升降等活络关节自由组合的灯具，这类铜灯既是照明的实用器，也是极具设计感的工艺品。结构精巧的青铜灯具中，还有一类小型折叠灯具，灯身自带关捩，灯盏开阖自如，是两汉时期较为流行的特殊灯具。

一、定名及其相关问题

宋代金石学家将附带关捩、开阖自如的铜灯称为"辘轳灯"，南宋吕大临《考古图》列举两件辘轳灯，一件为耳杯形，上有"宜子孙吉"铭文以及龙虎纹饰，另一件则为盒形，尺寸有详细记录："高七分、径缩四寸半、衡二寸一分、容量七合，重一斤。"（图一：1、2）① 两件灯具灯盖正中均设辘轳活轴，由销钉连接带穿子母活栓组成，故名。

罗振玉先生在《贞松堂吉金图》所列一件青铜折叠灯，形制与《考古图》列盒形辘轳灯类似。灯身作椭圆盒状，盒身对称附双系，下有四蹄足，盖分两半、正中设活轴，一半与底同铸，一半可反置如匜作灯盘。灯身口沿有十九字铭"十六年工从为内者造铜行灯重二斤十两第八"（图二）。② 据《汉官仪》所载，内者主"主帷帐。"③ 内者是汉宫廷内的官职，根据铭文所示，这件铜灯是汉宫廷内者使用的行灯。

---

① （宋）吕大临：《考古图》，中华书局，1987 年，第 156 页。
② 罗振玉辑：《贞松堂吉金图》，民国二十四年上虞罗氏墨缘堂影印本，1935 年，第 15 页。
③ （清）孙星衍等辑，周天游点校：《汉官六种》，中华书局，1990 年，第 139 页。

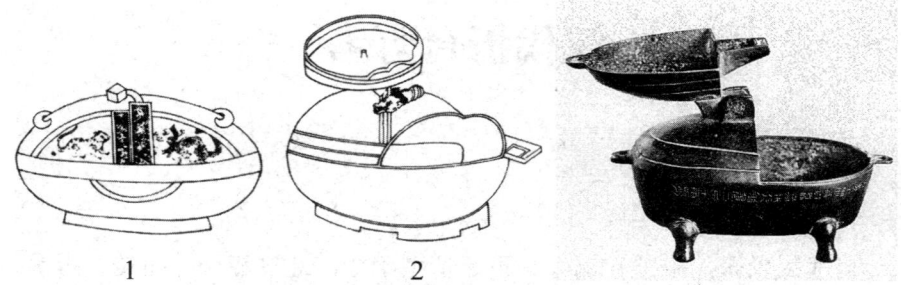

图一 《考古图》所列两件辘轳灯　　图二 《贞松堂吉金图》所列折叠灯

"行灯",顾名思义是行走中手提的照明灯具,以往考古所见汉代自铭"行灯"的青铜灯具,如山西平朔汉墓（GM51）出土一件铜行灯,灯盘直壁,浅腹平底,下附三蹄形足,旁出一叶形鋬。盘外壁铭文"成山宫行燈重二斤五凤二年造第卅三"。① 盱眙大云山江都王墓（M1）出土铜行灯,浅盘直壁、盘内中部饰一圆锥状烛钎,盘壁外侧刻有铭文"江都宦者重三斤容一升半升六年哺陵造",盘下饰三蹄足,口沿外饰龙形柄。② 河北鹿泉高庄汉墓（M1）出土铜行灯,浅圆灯盘,直口平底,盘下有三蹄足,盘侧有执柄,灯盘底内侧刻铭文"常山宦者铜金行烛豆一容一升重一斤十三两"。除行灯本体外,另有配套使用的托盘。③ 满城汉墓M1出土的铜拈灯,其形制与高庄汉墓出土行灯近似,灯具由铜灯和承盘组成,灯身敞口直壁、浅腹平底,三蹄足,器壁侧出一叶形鋬,有十四字铭文"御铜拈锭一,承盘俩,中山内府,第鸘"。④ 据《释名·释姿容》所释:"拈,粘也,两指翕之,粘着不放也。"⑤《说文解字》段玉裁注曰:《篇韵》皆云,指取

---

① 平朔考古队:《山西朔县秦汉墓发掘简报》,《文物》1987年第6期,第39页。
② 南京博物院编:《长毋相忘：读盱眙大云山江都王陵》,译林出版社,2013年,第271-273页。
③ 河北省文物研究所,鹿泉市文物保管所编著:《高庄汉墓》,科学出版社,2006年,第39-42页。
④ 中国社会科学院考古研究所,河北省文物管理处编:《满城汉墓发掘报告》,文物出版社,1980年,第71页。
⑤（汉）刘熙:《释名疏证补》第三卷,上海古籍出版社,1984年,第134页。

也。① 拈灯，即手执之灯，因此本质上也属于行灯。《贞松堂》所列折叠行灯与汉代最常见的行灯形制明显不同，由此可见，所谓"行灯"，仅是功能的定名，而非特指某种固定形制的灯具，凡随持灯者自由移动的便携灯具均可名为"行灯"。

陈梦家先生研究流散海外的中国青铜器，其中也有一件折叠铜灯，灯身类似耳杯，灯盖附活轴，开阖自如，翻折于顶作带流灯盘，根据其构造特征将其命名为"折合灯"（图三）。②

图三　白金汉藏折叠铜灯

关于折叠铜灯的命名，前辈研究者或依金石学家的命名，多将折叠灯称为"辘轳灯"。章炳麟《新方言·释言》解释"辘轳"为："古人谓物可转及形圆腰细者。"③ 关捩是折叠铜灯最重要的部件，亦可称之为辘轳，但人们惯常以井上汲水的滑车或绞盘为辘轳，极易产生歧义。若依照折叠灯"行灯"自铭，则又易与带柄行灯混淆，因此本书选择陈梦家先生的命名，称其为"折合灯"。

二、折合灯的类型

小型灯具上使用关捩、自由开阖是战国以来的制器传统，甘肃平凉庙

---

① （汉）许慎撰，（清）段玉裁注：《说文解字注》，上海古籍出版社，1988年，第2390页。
② ［美］凯莱、陈梦家著，田率译：《白金汉所藏中国青铜器图录》，金城出版社，2015年，第193-194页。
③ 章炳麟：《新方言》，见《章太炎全集》卷七，上海人民出版社，1999年，第26页。

庄战国秦墓（M7）出土的一件铜鼎形灯，灯身作圆鼎状，双耳上侧有键槽，使用时将双键支起，可插入鼎盖中心的圆銎中，此时鼎盖即反折作灯盘（图四），出土时灯身内尚残存如泥状的油脂。①此外，战国中山国灵寿城"成公"墓（M6）出土的一件簋形灯，器身一侧为开闭簋盖的合页，可将灯盖扣合于簋口。灯器盖顶端设钮，钮口内有一活动支柱，用于支撑作为灯盘的簋盖（图五）。②

图四　平凉庙庄战国秦墓出土铜鼎形灯

两汉时期流行的青铜折合灯多承小型盛器之形，常以盒、卮、耳杯等作为灯身，灯上附盖，盖居中设关捩，一半与灯身相连，一半开阖自如，翻转反折即为灯盘，中心具烛钎。这一时期考古所见及传世折合灯数量众多。

1. 盒形折合灯

图五　中山国灵寿城"成公"墓出土簋形灯

湖南长沙市博物馆收藏的西汉折合灯，灯身呈椭圆盒状，下有四足，通高13.8厘米，直径13.2厘米（图六：1）。③陕西宝鸡眉县常兴镇出土一件折合灯，灯身作长方圆盒形，通高20.4厘米，重0.45公斤。④徐州博物馆收藏的汉盒形折合灯，高10.8厘米，长17.8厘米，宽9厘米（图六：2）。⑤三件盒形灯形制相近，唯关捩尺寸高低不同。

---

① 魏怀珩：《甘肃平凉庙庄的两座战国墓》，《考古与文物》1982年第5期，第27-30页。
② 河北省文物研究所编：《战国中山国灵寿城 1975—1993 年考古发掘报告》，文物出版社，2005年，第154页。
③ 周英主编：《长沙市文物征集集锦》，湖北省美术出版社，2007年，第22页。
④ 高次若：《宝鸡市博物馆藏青铜器介绍》，《考古与文物》1991年第5期，第11-16页。
⑤ 徐州市文物局编：《揽珍：徐州市第一次全国可移动文物普查》，江苏凤凰出版社，2016年，第122页。

1. 湖南长沙市博物馆藏西汉折合灯　　2. 徐州博物馆藏汉盒形折合灯

图六　盒形折合灯

2. 卮形折合灯

四川开县红华村崖墓（M1）出土一件折合灯，灯身作卮形，下附三蹄足，侧出单耳。① 类似的卮形折合灯在重庆也有发现（图七：1）。② 徐州博物馆收藏的西汉卮形灯，通高17.8厘米，直径8厘米，卮形灯体，两个豆形灯盘可旋开分别使用。灯体储存燃料，卮底有一孔以插板锁闭，开启后可以承接燃料，合成后成为一卮灯，集灯和储存燃料功能于一体（图七：2）。③

1. 四川开县红华村崖墓（M1）出土折合灯　　2. 徐州博物馆西汉卮形灯

图七　卮形折合灯

---

① 陈显双，朱世鸿：《四川开县红华村崖墓清理简报》，《考古与文物》1989年第1期，第37页、第41页。
② 孙机：《汉代物质文化资料图说》，文物出版社，1991年，第353-354页。
③ 徐州博物馆编：《古彭遗珍：徐州博物馆馆藏文物精选》，国家图书馆出版社，2011年，第242页。

3. 耳杯形折合灯

江苏连云港赣榆县城西镇寺后村汉墓出土的折合灯，灯身作耳杯状。长13厘米，宽11厘米，高8厘米（图八：1）。[①] 江苏盱眙博物馆收藏的汉代折合灯，灯身作耳杯状，长10.2厘米，宽8.9厘米。周身装饰阴刻龙虎纹，灯盖顶部刻"宜子孙吉"四字。[②] 江苏宿迁博物馆收藏的汉代折合灯，灯身作耳杯形，上刻龙纹三角纹及"宜子孙"铭文。[③] 安徽合肥大禹山东汉墓出土的折合灯，灯身作耳杯状，周身刻有卷草纹和虎纹。[④] 安徽寿县茶庵马家古坟东汉墓（M3）前室出土的折合灯，灯身作耳杯状，长12.5厘米、腹宽7厘米、深4.5厘米。盖和耳上均刻三角纹花边及龙纹，盖前端有"宜子孙"三篆字。[⑤] 河北石家庄市东岗头村发现东汉墓出土的折合灯，灯身作耳杯状，圈足，灯身刻划龙、虎斗兽纹饰，灯盖有"宜子孙吉"四字铭。长12.5厘米、宽10.7厘米，高4.8厘米。[⑥] 江西南昌市南郊东汉墓（M1）后室出土的一件折合灯残件，灯体似耳杯，底有四乳足，刻画青龙白虎等纹饰。[⑦] 广州东汉墓（M5060）出土一件折合灯，灯身作耳杯状，盖高4.2厘米长12厘米。灯身饰龙凤及叶状纹。[⑧] 朝鲜平壤乐朗古坟分布区域内发现一件汉代折合灯，灯身作耳杯状，灯身装饰阴刻纹饰。[⑨] 山东临淄金岭镇东汉墓（M1）出土折合灯，灯身呈椭圆耳杯形，长12.8厘米，宽11.1厘米，通高7.3厘米。盖、

[①] 周锦屏主编：《连云港馆藏文物精粹》，荣宝斋出版社，2006年，第47页。
[②] 盱眙县博物馆编：《盱眙馆藏文物精品》，第27-29页。
[③] 宿迁文化网，http://www.suqian.gov.cn/swhgd/wwbl/201409/06b4dc6e833342538681d19959f8227f.shtml.
[④] 安徽省博物馆：《合肥东汉墓出土漆器等文物》，《文物》1960年第1期。
[⑤] 安徽省文化居文物工作队，寿县博物馆：《安徽寿县茶庵马家古堆东汉墓》，《考古》1966年第3期，第150-151页。
[⑥] 王海航：《石家庄市东岗头村发现汉墓》，《考古》1965年第12期，第656页。
[⑦] 江西省博物馆：《江西南昌市南郊汉六朝墓清理简报》，《考古》1966年第3期，第150-151页。
[⑧] 广州市文物管理委员会，广州市博物馆，中国社会科学院考古研究所编：《广州汉墓》，文物出版社，1981年，第439页。
[⑨] 顾传文译：《朝鲜平壤附近发现汉代的珍贵遗物——青铜"辘轳"灯》，《文物》1953年第7期，第100页。

耳部位装饰神兽纹，灯身底部也装饰一龙首兽纹，已被磨蚀得不甚清晰，推测这是一件带有使用痕迹的实用器（图八：2）。①

 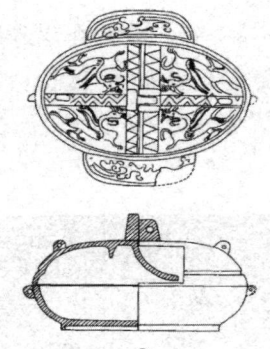

1. 连云港赣榆寺后村汉墓出土折合灯　　2. 临淄金岭镇东汉墓出土折合灯

图八　耳杯形折合灯

折合灯以耳杯形灯身最为常见，考古所见此类铜灯又主要出自东汉中晚期墓葬，偶见于晋墓，敦煌佛爷庙—新店台晋墓（70M4）出土一件耳杯形折合灯，长7厘米、宽4.5厘米、高8.5厘米，出土时灯内尚存油迹，表明此灯是实用器。② 此类灯具大多制作精良，灯盖、双耳装饰刻划纹饰，金岭镇东汉墓（M1）出土的折合灯甚至在底部也有纹饰，而部分折合灯还有"宜子孙"之类的吉语铭文。

4. 卧（伏）兽形折合灯

此外，还有灯身做仿生卧（伏）兽状的折合灯，其背部可翻折为灯盘。四川涪陵西汉墓（M2）出土了一件铜牛灯，整体作犀牛造型，颈部设关捩，背部可翻折为灯盘，高9.7厘米、长15.5厘米，灯盖打开时高13.5厘米（图九：1）。③ 河北满城汉墓（M1）出土的铜羊形灯，整体呈卧羊式，脖后置活钮，可将背部向上翻开，平放于头部作为带流灯盘，通高18.6厘

---

① 山东省文物考古研究所：《山东临淄金岭镇一号东汉墓》，《考古学报》1999年第1期，第111页。
② 敦煌文物研究所考古组：《敦煌晋墓》，《考古》1974年第3期，第197页。
③ 四川省文物管理委员会，涪陵县文化馆：《四川涪陵西汉土坑墓发掘简报》，《考古》1984年第4期，第343页。

米、长23厘米，出土时腹腔内残留变色沉积物，经相关研究，确认为油脂类燃料（图九：2）。① 此外，江苏淮安灌云县龙苴镇也曾出土一件铜羊灯，羊作蹲卧状、背部打开后即为灯盘，与羊头部有关捩相连，通高9.5厘米、长13.5厘米。② 河南南阳东汉墓出土一件卧牛形折合灯，卧牛背峰设关捩，背上有一盖，开后即为灯盘，盘内铸有一钎，长19.2厘米，宽8.5厘米，高11厘米，重1125克。③

1. 四川涪陵西汉墓（M2）出土铜牛灯　　2. 河北满城汉墓（M1）出土铜羊形灯

图九　卧兽形折合灯

以往对于仿生形折合灯的命名，一般各依其形态名之为"羊灯""犀灯"等，但其本质上仍属于带关捩、可开阖的折合灯，只不过较之盛器作灯身，卧兽灯在制作工艺和造型美观方面更胜一筹。

各类折合灯也散见于境外博物馆，大英博物馆、美国弗利尔美术馆、日本大阪市立美术馆等均有类似收藏，可见它是汉代流行的一类灯具。

三、折合灯的使用

折合灯被视为"行灯"，汉代行灯用于临时照明，故储油量小，容积一般不超过两升。高庄汉墓（M1）出土的铜行灯自铭"容一升"，大云山汉墓

---

① 中国社会科学院考古研究所，河北省文物管理处编：《满城汉墓发掘报告》，文物出版社，1980年，第66-67页。
② 张瑾主编：《淮安馆藏文物精粹》，吉林人民出版社，2002年，第28页。
③ 包明军：《河南南阳市出土一件卧姿牛形铜灯》，《文物》1996年第3期，第81页。

（M1）铜行灯自铭"容一升半升"。满城汉墓（M1）出土的长信宫灯，其铭文标明的容积为"一升少半升"，实测数据为265毫升，据此推测，汉代容积一升约相当于现代标准的177ml。① 故行灯灯油容量通常不会超过354ml。而折合灯容量更少，《考古图》所录盒形折合灯自铭"容量七合"。"合"，是容量单位，为一升的1/10，《说苑·辨物》曰："十合为升。"② 一合约等于17 ml，因此这件容量仅"七合"的折合灯大约只能储119 ml的灯油，是以燃灯照明的时间有限，功能类似现代的手电筒。③

折合灯尽管形制小巧，却设计精妙，具备一般铜灯的基本构造，有灯盘、烛钎、储油空间，但整体设计又充分体现实用原则：开阖自如的灯盘，形制如匜，一端带流，如此设计与灯油密切相关。

古人燃灯主要使用生物质油脂，包括动物油脂和植物油脂两类。《礼记·内则》孔颖达疏曰："凝者曰脂，释者为膏。"④ 动物油脂富含饱和脂肪酸，其熔点在60℃以上，常温条件下凝固呈固态，故称"脂"。植物油脂富含不饱和脂肪酸，熔点不超过16℃，常温条件下呈液态，即"膏"。⑤ 汉代仍以脂、膏燃灯，《急就篇》卷四曰："笔研筹算膏火烛。"⑥《新论·祛蔽篇》曰："夜燃脂火坐语，灯中脂索，而炷燋秃，将灭息。"⑦ 然而，汉代尚未大量使用压榨技术提取植物油，因此油灯燃料大部分是动物油脂。考古出土的汉代铜灯，常有油脂残迹。满城汉墓（M1）出土的卧羊折合灯，用来储灯油的腹腔内残存色沉积物，经化验，含有油脂成分，其为油

---

① 中国社会科学院考古研究所，河北省文物管理处编：《满城汉墓发掘报告》，文物出版社，1980年，第258页。
② （汉）刘向撰，向宗鲁校证：《说苑校正》卷十八《辨物》，中华书局，1987年，第454页。
③ ［美］凯莱、陈梦家著，田率译：《白金汉所藏中国青铜器图录》，金城出版社，2015年，第191-194页。
④ （汉）郑玄注，（唐）孔颖达疏：《礼记正义》卷二十七《内则》，《十三经注疏》，上海古籍出版社，1997年，第1461页。
⑤ 张磊：《中国古代灯具形制和照明燃料演变关系考》，《南京艺术学院学报》2009年第6期，第191页。
⑥ （汉）史游撰：《急就篇》卷四，岳麓书院，1989年。
⑦ （汉）桓谭撰，朱谦之校辑：《新辑本桓谭新论》卷八《祛弊篇》，中华书局，2009年，第33页。

质燃料无疑。此外，同墓出土的一件青铜卮锭，出土时杯内残存灰绿色块状物，在常热下呈固体状态，不溶于水，经中国科学院化学研究所用红外光谱法剖析鉴定，属于动物脂类，红外光谱谱图与牛油一致。① 此外，还有更为珍贵的燃料。《西京杂记》卷四载："闽越王献高帝石蜜五斛，蜜烛二百枚。"② 蜜烛是用蜂巢提炼的蜂蜡制作的蜡烛，与现代的蜡烛不同，稀罕异常，故能博高祖"大悦"。长沙沙湖桥 A45 西汉木椁墓，位于头部正中的底板上有一件铜灯，旁边尚有残余的白蜡。③ 这也应该是作燃灯之用。

然而，无论是动物油脂还是蜜蜡、白蜡，均属价格较为昂贵的燃料，并不普及。《史记·货殖列传》曰："贩脂，辱处也，而雍伯千金。"④ 说明以贩脂为业收益不菲。匡衡夜读，"勤学而无烛，邻舍有烛而不逮，衡乃穿壁引其光，以书映光而读之。"⑤ 说明汉代燃烛照明是件奢侈的事情。《艺文类聚》卷八十"薪炭灰"条引晋《中兴书》曰："范汪，家贫好学，燃薪写书，写书既毕，诵读亦竟。"又引《汝南先贤传》曰："侯瑾甚孤贫，依宋人居，昼为人佣赁，暮辄燃柴薪以读书。"⑥ 汉晋贫士夜读只能凿壁借光或燃薪照明。

麻赛平老师依据《西安龙首原汉墓》《长安汉墓》《西安东汉墓》3 本资料分析陕西地区汉代灯具的普及程度，在 279 座汉墓中，共出土陶灯 68 件、铁灯 10 件，墓葬出土灯具总量占墓葬数量的 28% 左右。⑦ 可见，即使在经济富庶的政治中心灯具也并非普及，其直接原因或许就是因为灯油价值高昂。

---

① 中国社会科学院考古研究所，河北省文物管理处编：《满城汉墓发掘报告》，文物出版社，1980 年，第 66-69 页、第 71 页。
② （晋）葛洪撰，周天游校注《西京杂记校注》卷四，三秦出版社，2006 年，第 172 页。
③ 李正光，彭青野：《长沙沙湖桥一带古墓发掘报告》，《考古学报》1957 年第 4 期，第 50 页。
④ （汉）司马迁：《史记》卷一二九《货殖列传》，中华书局，2001 年，第 3283 页。
⑤ （晋）葛洪撰，周天游校注：《西京杂记》卷二 "匡衡勤学能说诗"，三秦出版社，2006 年，第 98 页。
⑥ （唐）欧阳询撰，汪绍楹校：《艺文类聚》卷八十，上海古籍出版社，1985 年，第 1377 页。
⑦ 麻赛萍：《汉代灯具研究》，复旦大学博士论文，2012 年，第 83-84 页。

折叠的带流灯盘，在灯具用讫后能够将灯油倒回灯身内腔，既保持灯盘内的洁净，又避免浪费灯油。灯盘折叠收纳成封闭的整体，灯具体积也随之缩小，既防止灯油外溢、挥发，也有防尘功能。灯盘中央有一烛钎用以灯芯，这样的设计也与灯油有关。汉代最主要的燃灯油料是价格昂贵的动物油脂，通过灯芯来控制火焰大小，减缓燃烧速度，减少因不充分燃烧而产生的黑烟，同时延长照明时间，使火焰趋于稳定和明亮。后世使用菜籽油之类植物油料作为照明燃料，促使灯具也随之发生变化：之前由于主要以动物油脂作为灯油，故灯捻位于灯盘中央位置。而以植物油作为燃料，灯芯则可使用较为软质的灯捻，挂靠在灯盘边缘位置，而不再需要烛钎。[1]

四、结语

折合灯是汉代灯具中较为特殊的种类，造型小巧、结构精妙，具有普通青铜灯具没有的特点，方便随身携带、临时照明。尽管考古出土及传世数量众多，但折合灯的使用者却是相对固定的群体，焚膏继日本身就是高消费的行为，因此包括折合灯在内的青铜灯具基本是汉代王侯贵族、官僚富户专用的奢侈品。魏晋时期，随着制瓷业的发展，陶瓷灯具逐渐流行，士族墓葬中也以青瓷灯具较为常见，至此青铜灯具逐渐走向没落。

---

[1] 张磊：《中国古代灯具形制和照明燃料演变关系考》，《南京艺术学院学报》2009年第6期，第191页。

"筌蹄"名义考
——坐具所见胡风东渐与起居变迁

筌蹄是魏晋南北朝时期应胡风东渐之势,传入中国的新型坐具。1996年山东青州龙兴寺发现的佛教造像窖藏,其中有一尊北齐时代的贴金彩绘思维菩萨坐像,菩萨半跏倚坐于一件束腰座上,此束腰坐具即为筌蹄(图一)。① 通过观察这尊略残的菩萨坐像,可以较为清晰地了解筌蹄的基本形制——其上下两端各有一圆面,上端是供人坐之处,下端则接地,两圆面间以线条连接,中部留有束腰。

图一 山东青州龙兴寺窖藏思维菩萨正、背面像

① 青州市博物馆编:《青州龙兴寺佛教造像艺术》,山东美术出版社,2014年。第184-185页。

一、"筌蹄"释义

"筌蹄"最早见于《庄子·外物篇》,其曰:"荃者所以在鱼,得鱼而忘荃;蹄者所以在兔,得兔而忘蹄;言者所以在意,得意而忘言。"[①] 荃作筌,是捕鱼的竹笼,蹄则是猎兔之弶,庄子以筌蹄比喻其哲学道理,筌、蹄乃是各有所指的两物,而非一词。故此处所言筌与蹄,乃是两件渔猎工具,与坐具相差甚远。

然而,古人将这种束腰型坐具名之为"筌蹄",必然事出有因。唐段公路《北户录》卷三"五色藤筌蹄"条曰:"新州作五色藤筌台,皆一时之精绝。梁刘孝仪《谢太子五色藤筌蹄一枚》云:炎州采藤,丽穷绮缛。得非筌台与筌蹄语讹欤?"[②] 可见,筌蹄乃是一类藤编制品。方以智《通雅·器用篇》曰:"筌蹄,谓鱼笱与兔蹄也,后人合称之,遂以名籭。"[③] 《康熙字典》"竹"部释曰:"《正韵》:籃,大筦筐也。《广雅》:籃,一名籚,一名篝,一名筐。"[④] 籃多以藤条、竹篾等天然植物纤维编制而成,与筌蹄材质相近;且筌作为渔具,在外形上更接近于坐具。

筌蹄,除作"筌台"外,在佛经中又有"先提""迁提""筌提""荃提"等同音异名。萧齐僧伽跋陀罗译《善见律毗婆沙律》曰:"婆罗门自初从梵天下,犹好净洁,……以床席先提以白洁裹,悬置屋间而去。"注曰:先提一作迁提。[⑤] 隋阇那崛多译《佛本行经集》卷八《从园还城品》曰:"复有五百诸天玉女,各各执持多罗树叶所作筌提,在菩萨前,引道而行;复有五百诸天玉女,各各手持诸天胡床,在菩萨前,引道而行。"注曰:筌提一作荃提。[⑥] 故清人严可均注《全梁文》按:筌蹄、筌台、筌提,

---

① (清)王先谦集解:《庄子集解》卷七《外物》,上海书店,1992年,第181页。
② (唐)段公路纂:《北户录》卷三《五色藤筌蹄》,商务印书馆,1941年,第41页。
③ (明)方以智撰:《通雅》卷三十四《器用》,中国书店,1990年,第406页。
④ (清)张玉书等编:《康熙字典》,上海书店,1994年,第1001页。
⑤ (南朝齐)僧伽跋陀罗译:《善见律毗婆沙律》卷一,见《大藏经》第24册,台北新丰出版公司影印本,1983年,第679页。
⑥ (隋)阇那崛多译:《佛本行经集》卷八《从园还城品》,见《大藏经》第3册,台北新丰出版公司影印本,1983年,第691页。

同物异名，六朝以后，无此器物矣。① 由此推测"筌蹄"本为一外来语的汉语音译，故有以上诸多读音近似的异名。

筌蹄，梵语为 tri-phala，音底哩颇罗。② 从读音上比较，筌蹄、筌提、筌台、先提、迁提等与 tri-phala（底哩颇罗）相近，故极有可能是其汉语译音。再考察 tri-phala 一词的本意，tri，即数量词三，phala，意为果实、果树、果树叶。③ 因此，将其理解为某种以树叶制成的器具似乎是较为合理的解释。上文所引《佛本行经集》卷八《从园还城品》中有五百诸天玉女各持由多罗树叶所制筌蹄之例，亦可作为旁证。多罗树，又名贝多罗，属棕榈科乔木，宋法云《翻译名义集》卷三《林木》曰："多罗，旧名贝多罗，此翻岸，形如此方棕榈。"④《大唐西域记》卷十一"恭建那补罗国"条曰："城北不远，有多罗树林，周三十余里。其叶长广，其色光润，诸国书写，莫不采用。"⑤ 贝多罗树叶常被用来抄写经文，故佛经也称为"贝叶经"。除作为书写工具外，多罗树叶用途亦十分广泛，上文所引《从园还城品》经文中即有"天妙多罗树叶之扇""多罗树叶所作筌提"的记载。由此可见，人们因地制宜，使用当地常见的多罗树叶制作各种器具。所以，用多罗树叶编制成筌蹄（tri-phala）这种束腰型坐具，便也不足为奇，而筌蹄梵语作 tri-phala，意为以树叶制成的器具，这样解释便也言之有据了。

通过对"筌蹄"（tri-phala）一词释义，可见古人在翻译该词时，着实花了不少心思，不但使用与 tri-phala（底哩颇罗）读音相近的汉语词汇表音，同时兼顾表意，利用中国典籍中既有的词汇以说明筌蹄（tri-phala）是一种以贝多罗树叶编制的束腰型坐具。

---

① （清）严可均辑：《全上古三代秦汉三国六朝文》，中华书局，1999 年，第 3316 页。

② ［日］平川彰编：《佛教汉梵大辞典》，东京灵友会，1997 年，第 2728 页，第 694 页

③ ［日］荻原云来编纂：《梵和大辞典》，台北新丰出版公司，1979 年，第 554 页，第 90 页。

④ （宋）法云编：《翻译名义集》卷三《林木》，《大藏经》第 54 册，台北新丰出版公司影印本，1983 年，第 1102 页。

⑤ （唐）玄奘、辩机原著，季羡林等校注：《大唐西域记校注》卷十一，中华书局，1985 年，第 889 页。

二、筌蹄渊源与传播

筌蹄，源自古代印度，在佛经中经常作为供菩萨使用的坐具。除上文所引《善见律毗婆沙律》外，《佛本行经集》卷十二《游戏观瞩品》曰："时有擎挟筌蹄小儿，随从大王，啾唧戏笑。"① 同书卷二十五《精进苦行品》曰："尔时彼河尼连禅主，有一龙女，名尼连茶耶，从地涌出，手执庄严天妙筌提，奉献菩萨，菩萨受已，即坐其上。坐其上已，取彼善生村主之女所献乳糜，如意饱食，悉皆净尽。……尔时菩萨食糜已讫，从坐而起，安详渐渐向菩提树，彼之筌蹄，其龙女还自收摄。"② 可见，筌蹄是古代印度常见的坐具，可供人坐于其上休憩，或坐于其上进餐。由于质地轻便、造型小巧，故能随身携带，以备随时坐息，用毕则即时收起。

存世的年代较早的佛教石窟壁画、造像等也常见坐于筌蹄之上的菩萨形象。新疆克孜尔石窟壁画中描绘了诸多佛教故事，其中第14窟《兔本生》壁画表现兔王在火中焚身，以供养修道仙人的故事（图二）。③ 修道仙人交脚坐于筌蹄之上，筌蹄上罩浅色织物，于束腰处以绳捆束起来，筌蹄下另铺毯垫。这种外加织物包裹的筌蹄，在克孜尔石窟壁画中很常见。此外敦煌285窟北魏时期的壁画上亦有类似的筌蹄图像，唯一不同之处在于织物又平铺于筌蹄之上，束腰处未加捆束。这类包裹织物的筌蹄，类似上文所引《善见律毗婆沙律》中婆罗门子以白洁裹筌蹄之例，其目的显然为保持洁净。

筌蹄作为与佛教关系密切的器具，随着佛教东传，很可能同时传入。鉴于史料所限，关于筌蹄东渐入华的确切时间，目前尚无定论，然而可以确定其时代应该不会晚于东晋十六国。克孜尔石窟壁画中常见筌蹄的形象，作为龟兹石窟的典型代表，克孜尔石窟是连接中亚和东方的纽带，也是佛教东传的重要环节。其中年代较早的石窟如第14窟《菱格本生故事》（约3世纪中—5世纪初）、38窟《菱格本生故事》（4世纪末—5世纪初）、80

---

① ［古印度］马鸣：《佛本行经集》卷十二《游戏观瞩品第十二》，《大藏经》第3册，台北新丰出版公司影印本，1983年，第707页。
② ［古印度］马鸣：《佛本行经集》卷二十五《精进苦行品二》，《大藏经》第3册，台北新丰出版公司影印本，1983年，第772页。
③ 宿白主编：《中国美术全集》绘画编十六《新疆石窟壁画》，文物出版社，1989年，第16页。

窟《说法图》（4世纪末—5世纪初）等壁画中均绘有筌蹄。时代稍后的敦煌第275窟《月光王本生》壁画（十六国北凉时期），其中月光王垂足坐于一束腰状白色圆凳上，圆凳绘有竖直的条纹，粗略地表明此坐具以植物枝条编制的质地，应是筌蹄无疑。

南北朝时期，有关筌蹄的史料及考古资料相对丰富，这与民族大融合的时代背景以及佛教兴盛有直接关系。《南齐书·魏虏传》曰："虏主及后妃常行，乘银镂羊车，不施帷幔，皆偏坐垂脚辕中；在殿上，亦跂据。"①跂据，有别于中原席地而坐的传统，是指坐在高坐具上将双足垂在体前，或仅足趾着地而足踵不着地。②此处虽未言明使用何种坐具，但据其他史料推测，应该不外筌蹄和胡床。《梁书·侯景传》曰：（侯景）"以辎车床载鼓吹，橐驼负牺牲，辇上置筌蹄、垂脚坐。"又曰："床上（《太平御览》卷七〇六作"殿上"）常设胡床及筌蹄，著靴垂脚坐。"③侯景出身北地羯，又为北朝叛将，其起居习惯应与北朝胡族统治者别无二致，因此其垂脚坐于筌蹄、胡床之上的姿势正是"跂据"。

胡床和筌蹄一样是魏晋南北朝时期流行的坐具，两者均是域外传入的舶来品，只不过胡床早在东汉晚期就已经东传入华。《后汉书·五行志》《三国志·魏书·武帝纪》裴松之注引《曹瞒传》等都有所提及，说明胡床自东汉末传入，至曹魏时期已经很流行了。

南北朝时朝佛教盛兴，筌蹄作为讲经诵佛时的坐具应时而动，甚至直达御前。《南史·侯景传》曰："上（梁简文帝）索筌蹄，曰：'我为公讲。'命景离席，使其唱经。"④这一场景似乎可以与北朝龙门石窟莲花洞南壁中央下部佛龛内的思维菩萨与供养人像进行对照（图三）。思维菩萨半跏倚坐于筌蹄之上，面对供养人。供养人身后的羽葆、华盖、斧钺等仪仗表明了其帝王身份。此时，崇佛之风上行下效，龙门、云冈石窟多见坐于筌蹄

---

① （南朝梁）萧子显：《南齐书》卷五十七《魏虏传》，中华书局，1972年，第985-986页。

② 杨泓：《说坐、跽和跂坐》，见杨泓、孙机著：《寻常的精致》，辽宁教育出版社，1996年，第6页。

③ （唐）姚思廉：《梁书》卷五十六《侯景传》，中华书局，1973年，第859页，第862页。

④ （唐）李延寿：《南史》卷八十《侯景传》，中华书局，1975年，第2009页。

之上的菩萨造像便也不足为奇了。

图二 克孜尔第14窟《兔本生》壁画　图三 龙门石窟莲花洞思维菩萨与供养人像

　　隋唐时期，筌蹄已成为上层权贵惯常使用的坐具。1973年陕西三原焦村发掘的唐贞观五年（631年）静安王李寿墓，其石椁上线刻有侍女图。在持有燕息用具的众侍女中，即有一人挟持筌蹄（图四）。1956年西安王家坟90号唐墓出土的三彩女坐俑，女俑即垂足坐于筌蹄之上，筌蹄呈束腰状，上下两端及腰部均有绳状纹。类似的女坐俑在陕西铜川唐墓以及洛阳唐墓中屡见不鲜（图五）。

图四 唐李寿墓石椁线刻持筌蹄侍女（右二）　图五 陕西铜川唐墓出土三彩女坐俑

三、筌蹄所反映出的起居变迁

唐代是起居生活发生重大变革的时期,即人们由传统的席地而坐逐渐向垂足高坐转变。在这样的背景下,人们的起居方式以及家具呈现出一种新旧并存的特点,即席地而坐与垂足高坐这两种截然不同的起居方式同时出现,高型与矮型家具也同时存在。传世唐周昉《纨扇侍女图》中既有坐于月牙机子上的侍女,同时也有传统席地而坐的侍女(图六)。这样看似混乱的场景却栩栩如生地表现出正处于起居变革中的唐人的生活。从考古资料方面考察,昭陵陪葬的韦贵妃墓壁画中,从残存的西壁壁画上可以看出所绘人物乃是高坐于椅凳类坐具之上。此外高宗时期高元珪墓壁画中也可以看到扶手椅一类的高型坐具。而筌蹄作为来自异域的高型坐具在此时流行开来,恰恰反映出起居方式的变革。河北元氏县使庄村唐墓出土女坐俑,其半跏的坐姿与青龙寺思维菩萨如出一辙,其坐具亦为筌蹄。考女俑乃作世俗装扮,可见此时筌蹄已经成为世俗社会中较为流行的坐具。

图六　唐周昉《纨扇仕女图》坐月牙机子及席地而坐侍女

不过,唐代毕竟是起居方式发生变化的过渡时期,虽然高型坐具已经出现,人们也开始垂足高坐,但最初仅限于宫廷和上流社会,民间远未普及,席地而坐仍然是大多数人的生活方式。直至宋代,垂足高坐及高型坐具方才得以兴盛并普及到民间。以白沙宋墓为代表的展示宋代起居生活图像的墓葬,反映出人们早已习惯于垂足高坐的生活习惯,且座椅等的形制更加规整和程式化。

筌蹄在魏晋南北朝及隋唐时期的使用，一方面是佛教传播的推动，另一方面也与其自身固有特点有关，即便于携带，又适合坐息。筌蹄以藤类植物编织而成，轻巧简洁，与胡床（交床）一样便于携带，故唐李寿墓石椁线刻图中的侍女能轻而易举地将筌蹄、胡床等轻便坐具随身携于身侧。同时，相比于席地而坐，垂脚坐于筌蹄上无疑是一种更加舒适的坐息方式，难怪许多考古资料上表现出垂足交脚（一足下垂，另一足盘跌于膝上）、十分惬意地坐于筌蹄上休憩的人物形象，然而这等坐姿显然不及席地而坐含蓄，故饱受讥议。魏晋南北朝以来，垂足高坐曾被视为甚于箕踞的不雅坐姿，文献中论及胡人政权的君主使用筌蹄，多是带有一定的责难。至于士家女子为之，则更要饱受社会舆论的非议。宋陆游《老学庵笔记》卷四载徐敦立言："往时士大夫家，妇女坐椅子杌子，则人皆笑其无法度。"[1] 尽管如此，大有胡气的唐人却毫不畏惧，考古发现的大量坐于筌蹄上的女俑即为明证。

四、余论

唐代以后，垂足高坐的起居方式逐渐定型，包括坐具在内的各种家具以及室内空间逐渐为适应新型的起居方式而发生了变革。原本的为了便于携带使用的坐具，逐渐被坚固且摆放固定的家具取代，筌蹄也最终在这场家居革命中消泯。五代时期，筌蹄已经不见踪迹，但是与其造型类似且关系密切的新坐具——墩，却开始大行其道。与束腰形的筌蹄相比，墩整体呈鼓腹形，线条更流畅，造型更稳固。五代顾闳中所绘《韩熙载夜宴图》中丝竹侍女群像，众侍女即坐于绣墩之上。所谓绣墩，是指在藤编或木质坐墩上覆盖一层丝织物，成为既舒适又美观的坐具。宋元时期，墩已经面为富裕阶层家庭中的必备家具。宋徽宗赵佶所绘《十八学士图》及《文会图》中都可见饰有藤环状纹的墩，似乎还保留着筌蹄藤编的特点，由此可以说墩正是对筌蹄的改良。

---

[1]（宋）陆游撰，李建雄、刘德权点校：《老学庵笔记》卷四，中华书局，1997年，第47页。

展障玉鸦叉
——唐墓壁画中"丁字杖"用途初探

在已发现并公布出版的唐代墓葬壁中,有不少表现侍女手持一件丁字形长杖的壁画。虽然前辈学者早已注意到这种丁字杖,但是对其名称及用途尚未有明确的解释和考证。[①] 本书通过文献资料和考古材料,对其名称和用途提出一些粗浅的看法,希望得到前辈专家的认可及指正。

目前已经发现的绘有丁字杖的唐代壁画墓主要集中于关中地区和太原地区两处,其他地区尚无发现。这些壁画墓的年代绝大多数集中在高宗——武周时期,仅有关中地区陪葬昭陵的长乐公主墓年代较早,为贞观十七年(643年)。长乐公主墓也是其中有明确纪年且年代最早的壁画墓,墓葬甬道东壁所绘侍女群像,其中有一状貌似"昆仑奴"的侍女,手持朱漆丁字杖,丁字杖顶端横杆两端似有对称玉石或骨角类装饰。此外,关中地区唐代壁画墓另有龙朔三年(663年)新城长公主墓、麟德二年(665年)李震墓、乾封元年(666年)韦贵妃墓,其中壁画均可见手持丁字杖的侍女形象。山西太原唐墓共发现五座绘有手持丁字杖侍女的壁画墓,分别为太原董茹庄武周万岁通天元年(696年)赵澄墓、太原金胜村4号墓(M4)、金胜村6号墓(M6)、太原焦化厂唐墓以及太原金胜337号墓(M337)。其中,除赵澄墓有明确纪年外,其他四座唐墓均无纪年,但根据墓葬形制以及出土器物的类型学排比可以推定墓葬年代大约是高宗至武周时期。

---

① 原田淑人先生在《唐代的服饰》一书中论述太原唐赵澄墓壁画时提及丁字杖,并将其与正仓院所藏两件玳瑁杖进行比较,然并未对其用途进行说明。齐东方、张静两位先生在《唐墓壁画与高松冢古坟壁画的比较研究》一文中亦有所论及,认为可能是尺,但亦未有定论,文见荣新江主编《唐研究》第一卷,北京大学出版社,1995年,第461-462页。

关于丁字杖的用途，前辈学者虽有考证，却尚未有定论。对绘有丁字杖的壁画进行整体观察，这种长杖从形制上看既不同于章怀太子墓、节愍太子墓壁画上描绘的状如弯月的马球杖，从功能上看也不似安元寿墓壁画中羸弱老者手持的拐杖。壁画中描绘的手持丁字杖者，皆为身长玉立的年轻侍女。同时，绘有丁字杖的壁画皆位于象征内室的墓室中，手执丁字杖的侍女往往与执拂尘、捧奁盒、执壶瓶等生活用品的侍女并出（图一）。即使壁画描绘侍女人数较少，一般也会保留手持丁字杖侍女，并与执拂尘或是披帛笼袖的侍女作两人并列状出现（图二）。由此推测，丁字杖乃是属于生活用具的范畴，且本身应该具有某种实用功能。

图一　唐长乐公主墓甬道东壁壁画侍女图

图二　山西太原金胜村 M6 墓室东、西壁仕女图

然而，丁字杖到底在日常生活中有何具体用途、如何使用，囿于材料所限，只能做一些合乎情理的推测：丁字杖的出现与唐代盛行的屏风画有一定的关联，与唐代日常生活起居方式的变革也有一定关系。此外，丁字杖很可能是借鉴了贵族出行时使用的行障。

一

研究书画史的学者大多认为立式卷轴画即源于屏风画。屏风画，指的是裱贴于屏风面上的图画。唐代屏风主体结构为木制框架和纸质屏面，即白居易《素屏谣》所言："木为骨兮纸为面。"[1] 至于屏风画，则是另以绢画裱糊屏面之上。新疆阿斯塔那开元三年（715年）唐墓M188出土的实物屏风即以木框为骨架，框上裱糊绢画，绢上用墨点模拟钉眼。此外，阿斯塔那M187出土绢本围棋侍女图，M230长安二年（702年）张礼臣墓出土绢本乐舞图，均为原裱装于屏风木框上的实物屏风画。

屏风画是唐代极为盛行的艺术形式，唐代著名的画师皆擅绘屏风画，如薛稷"尤善花鸟人物杂画，画鹤知名，屏风六扇鹤样，自稷始也"；[2] 张璪擅绘山水树石，"树石之状，妙于韦偃，穷于张通（张璪）"；[3] 更勿论"屏风周昉画纤腰"——以擅长仕女画的周昉，据考证传世《簪花侍女图》并非一整幅手卷式作品，而是三幅相互独立又有一定联系的画，其原貌正是类似日本正仓院所藏鸟毛立女屏风的屏风画。[4] 即使在民间，亦不乏题绘屏风画的风尚，新疆阿斯塔那M188唐墓出土的八扇《牧马图》屏风，以木框为骨架，框上裱糊绢画。墓主鞠仙妃被誉为"晨摇彩笔""裂事图

---

[1]（唐）白居易：《素屏谣》，见《全唐诗》卷四六一，中华书局，1999年，第5277页。

[2]（唐）张彦远：《历代名画记》卷九，《画史丛书》（第一册），上海人民美术出版社，1963年，第111页。

[3]（唐）张彦远：《历代名画记》卷一，《画史丛书》（第一册），上海人民美术出版社，1963年，第16页。

[4] 徐书城：《从〈纨扇侍女图〉〈簪花侍女图〉略谈唐人仕女画》，《文物》1980年第7期，第74页。

巧",因此人们推测,屏风上的绘画极有可能是其生前的丹青妙笔。①

唐人对屏风画推崇备至,促使屏风画艺术大行其道,并逐渐脱离屏风而成为独立的艺术形式。屏风画也称为图障,宋郭若虚《图画见闻录》卷六"张氏图画"条载:"张侍郎去华典成都时,尚存孟氏有国日屏扆图障,皆黄筌辈画。一日清河患其暗旧损破,悉令换易。遂命画工别为新制,以其换下屏面,迨公帑所有旧图,呼牙侩高评其直以自售。"②唐代屏风画盛行,除了裱贴于屏风上外,也有脱离屏风单独装裱之例。五代王定保《唐摭言》卷三载晚唐进士及第者参与曲江大会之情景,曰:"敕下后,人置被袋,例以图障、酒器、钱绢实其中,逢花即饮。故张籍诗云:无人不借花园宿,到处皆携酒器行。"③显然,此画障刻意没有张贴于屏风之上,而是单独盛之以袋囊,以供及第的进士随身携带,乘兴欣赏。另外,"画障"逐渐成为立轴画之代称,唐杜荀鹤《松窗杂记》载:"唐进士赵颜,于画工处得一软障,图一妇人,甚丽。"④此软障(图障)即是绘仕女图的立轴画。《历代名画记》卷二"论名价品第"条载:"董伯仁、展子虔、郑法士、杨子华、孙尚子、阎立本、吴道玄,屏风一片,值金二万,次者售一万五千。"张彦远自注曰:"自隋以前,多画屏风,未知有画幛,故以屏风为准也。"⑤可见,隋代之前,画幛(障)尚未发展成为独立的形式,而仅仅作为屏风画附属于屏风。及至唐代,画障则逐渐脱离屏风,独立发展。据此条文献亦可一窥立轴画(画障)与屏风画之间的渊源关系。⑥

李唐皇族对书画的收藏和鉴赏,无疑对屏风画的风行有推波助澜的作

---

① 金维诺,卫边:《唐西州墓中的绢画》,《文物》1975年第10期,第37-38页。
② (宋)郭若虚:《图画见闻志》卷六,《画史丛书》(第一册),上海人民美术出版社,1963年,第86页。
③ (五代)王定保撰,姜汉椿校注:《唐摭言校注》卷三,上海社会科学院出版社,2002年,第47页。
④ (唐)杜荀鹤《松窗杂记》,(元)陶宗仪著,文灏点校:《南村辍耕录》卷十一,文化艺术出版社,1998年,第157页。
⑤ (唐)张彦远:《历代名画记》卷二,《画史丛书》(第一册),上海人民美术出版社,1963年,第26页。
⑥ 扬之水先生《行障与挂轴》一文考证,所谓画障即源自屏风画,而后又发展成为独立的立轴画。参见扬之水著:《终朝采蓝:古名物寻微》,生活·读书·新知三联出版社,2008年,第40-41页。

用。唐代宫廷中设有专职人员对书画进行装裱，《唐六典》载，崇文馆有装潢匠五人，秘书省有装潢匠十人，专职整理内府书画。通过考古资料也能反映出李唐皇族对于书画的热忱，1973年陕西三原焦村发掘的唐贞观五年（631年）静安王李寿墓，其石椁上线刻众多侍女像，其中就有一名手捧卷轴的侍女。新城长公主墓壁画亦有表现卷轴的图像，墓葬第5过洞东壁中幅壁画所绘男装侍女手捧一捆卷轴（图三：1），第4过道东壁北幅亦绘有捧持白色卷轴的侍女（图三：2）。

1　　　　　　　　　　　　2
1. 第5过洞东壁中幅持卷轴男装侍女　　2. 第4过道东壁北幅持卷轴侍女
图三　新城长公主墓壁画

　　线刻图像及壁画中所示卷轴究竟为横幅的"卷"还是立式的"轴"，尚无从确定。但考虑到唐代屏风画（画障）的盛行，所以这些卷轴很可能正是画障。同时也说明李唐皇族对书画好尚之风。俗言"上之所好，下必甚焉"，唐代上层社会对书画的收藏和鉴赏，逐渐成为体现高贵身份和非凡品味的风雅之事，但凡有一定艺术品位和经济实力之人，自然会对此称羡和效仿。

二

　　画障的出现与盛行，亦与唐代生活起居的变革密不可分。人们由传统的席地而坐逐渐演变为垂足高坐，同时伴随着起居方式的变革，建筑物内部空间增大、各种家具相应增高。[①] 人们欣赏书画作品的方式与其起居方式密切相关，在席地而坐的时代，人们的视线相对低矮，故狭长的手卷正是为适应这种生活方式而设，这也可以用来解释前文所述隋代以前无画障的原因。垂足高坐的生活方式逐渐盛行，人们的视线由于高坐而随之上升。因此，画障的大量出现也可视为是这种变化带来的结果。

　　源自屏风画的画障必须纵向张展，而不能如狭长的手卷可以沿水平方向平展；同时，唐代是起居方式由席地而坐逐渐变为垂足高坐的过渡期，室内陈设仍以临时布置为主，随意安置为常，故尚未形成在墙上固定悬挂画障的习惯。因此需要借助一定的辅助工具方能观赏，于是画叉应运而生。唐李商隐《病中闻河东公乐营置酒口占寄上》诗曰："锁门金了鸟，展障玉鸦叉。"[②] 障，即画障；玉鸦叉，也作"玉丫叉"，曾一度被人误认为是女子发簪，其实却是张展画障的画叉。

　　宋人因袭之，谢薖《玉茗花》诗曰："凭杖边鸾折枝手，应宜展障玉鸦叉。"[③] 唐宋时代的画叉展障的方式，可通过传世文物及绘画得以一览究竟。传世宋"仕女梅妆"铜镜，镜背后浮雕仕女人物群像，即表现众人围坐赏画的场景。居左侧的鸦髻仕女竖执画叉挑起画轴，另有一仕女手捧画轴地杆，余人则围而品鉴。（图四）至于挑画的鸦叉，则是一根顶端分叉的细直长杆。

　　玉鸦叉，望文生义，想必是以玉石制成的画叉。宋郭若虚《图画见闻志》卷六"玉画叉"条曰："张文懿性喜书画，……每张画，必先施帟

[①] 杨泓：《家具演变和生活习俗》，见孙机、杨泓著：《文物丛谈》，文物出版社，1991年，第222页。

[②] （唐）李商隐：《病中闻河东公乐营置酒口占寄上》，《李商隐诗集注疏》（下册），人民文学出版社，1985年，第693页。

[③] （宋）谢薖：《玉茗花》，见《全宋诗》卷二十四，中华书局，1999年，第15805页。

幕，画叉以白玉为之，其画可知也。"① 这种用料考究的玉画叉显然并非寻常之物。清人查慎行曾得一古物，经其考证确定即"玉鸦叉"，故作《画叉》诗留念："我有古玉器，裹诸片青毡。焖如一钩月，映出初三天。纤纤锐两头，弓势未扣弦。下连径寸靶，中窍外规圜。爱惜徒手摩，致用无由缘。昨得桃竹杖，肌理细且坚。命工稍剸削，冠玉于其颠。呼之曰画叉，古制想当然。"② 由此可知，所谓"玉鸦叉"，乃是以玉石制作画叉顶端分叉的部分，其下连接竹竿而成。

图四　传世宋"仕女梅妆"镜

通过对比，可以发现唐墓壁画中的丁字杖与画叉在形制上类似，唯画叉顶端的分叉部分较为细小，与唐墓壁画中的丁字杖顶端横木略有区别。唐墓壁画所绘丁字杖，形制上也有细微差别，有 Y 形和 T 形之分。前者多见于山西唐墓壁画，杖杆顶端的横木带弯曲的弧度；后者则多见于关中唐墓壁画，杖杆顶端的横木较为平直。考虑到目前尚未发现直观表现丁字杖展障的唐代传世文物或考古材料，故仅凭以上材料判断丁字杖就是画叉，似乎缺乏说服力，因此有必要探讨一下与丁字杖的使用有一定渊源关系的坐障、行障。

三

坐障、行障，以布帛等织物为之，挑以长竿，供贵族出行时使用，起到遮风挡尘、隔离遮掩的作用。《大唐开元礼》卷二载，唐代上自皇太后、皇后，下至各级命妇，出行仪仗中皆有数量不等的坐障及行障。

---

① （宋）郭若虚：《图画见闻志》卷六，上海人民美术出版社，1963年，第87页。
② （清）查慎行撰：《敬业堂诗集》卷四十一，上海古籍出版社，1986年，第1193页。

坐障与行障，两者形制类似，唯尺寸大小有别。《金史·舆服志》载："行障六扇，各长八尺、高六尺，用红罗表、朱里，画云风……坐障三扇，各长七尺、高五尺，画云风，红罗表、朱里，余同行障。"① 唐人陆畅《坐障》诗曰："白玉为竿丁字成，黄金绣带短长轻。强遮天上花颜色，不隔云中语笑声。"② 唐范摅《云溪友议》卷中录此诗则题为《咏行障》，由此可见，唐代的行障与坐障不但形制相似，尺寸亦相差无几。

唐墓壁画中不乏表现侍从手执行障的场景，如麟德二年（665年）李震墓墓道西壁所绘"出行图"中，牛车之后紧随侍女三人，居中之著袍侍女，双手持行障负于肩，障幔及绣带自横杆垂下，长宽足以遮蔽两、三人（图五）。③ 此外，光宅元年（684年）安元寿墓第5过洞东壁所绘两侍女之居北者，右手所持"幡柄"负于肩，此"幡柄"即行障、坐障一类。④

图五　唐李震墓墓道西壁"出行图"壁画所绘行障

考察李震墓及安元寿墓两墓壁画上描绘的行障（坐障）图像，支撑障帷的长杆在形制上与丁字杖类似，而长杆挑挂行障（坐障）的方式与画叉展障的方式亦十分类似。通过与传世绘画进行比较，则更加直观地发现两者之间的相似性。现藏于故宫博物院的南宋绘画《会昌九老图》，现藏于

---

① （元）脱脱：《金史》卷四十三《舆服上》，中华书局，1975年，第973页。
② （唐）陆畅：《坐障》，见《全唐诗》卷四七八，中华书局，1999年，第5473页。
③ 张鸿修：《中国唐墓壁画集》，岭南美术出版社，1995年，第40页。
④ 昭陵博物馆：《唐安元寿夫妇墓发掘简报》，《文物》1988年第12期，第37-49页。

日本大德寺南宋周季常、林庭纯的《五百罗汉树下观画图》（图六：1），现收藏台北故宫博物院的明代绘画《贞观十八学士图》以及清陈枚的《月曼清游春图》系列之十一（图六：2），所表现的均为众人围观悬挂于画叉上的立式卷轴画的场景。

画叉在宋代即已定型，并为后世因袭。通过观察，其外形是一根细长直杆，顶端

1 2

1. 南宋《五百罗汉树下观画图》
2. 清陈枚《月曼清游春图》

图六 传世绘画表现画叉展障的场景

带有分叉前头，即李商隐诗中所谓"鸦叉"。扬之水先生经过考察，认为立式画轴的出现与唐代的行障密切相关，其展挑方式及装裱形式都是从行障直接演变而来。① 因此，推测画叉的出现可能也是受到行障的启发。上文所引唐陆畅《坐障》诗"白玉为竿丁字成"，即生动地描述了坐障（行障）呈"丁字"形的长杆，而唐代的画叉很可能也呈丁字形，即唐墓壁画中丁字杖的形制。

日本正仓院中珍藏的两件玳瑁杖，经原田淑人先生介绍：右侧的一件，全长121.5厘米，横木长32厘米，将玳瑁进行翻卷，做成像竹管那样，而且还配上了玳瑁制作的藤蔓，杖的末端镶嵌着红牙拔镂（工艺类似于错金银，镶嵌进去的是象牙，涂成红色）。左边的一件全长133.5厘米，横木长24.5厘米，杖体做成八角形，表面装饰金箔，涂有绿彩，上面包有玳

---

① 扬之水：《行障与挂轴》，见《终朝采蓝：古名物寻微》，生活·读书·新知三联书店，2008年，第40页。

瑂，横木的两端镶嵌着象牙。[①]（图七）

以上两件玳瑁杖与山西地区唐墓壁画所绘的丁字杖如出一辙。太原金胜村M337唐墓墓室东壁壁画侍女右手所执丁字杖，唯横木两端色白，应是刻意表现出的装饰细节（图八）。这或许类似正仓院玳瑁杖镶嵌之象牙。原田先生虽未深入探讨玳瑁杖的用途，但指出其与山西地区唐墓壁画所见丁字杖乃是同一物。

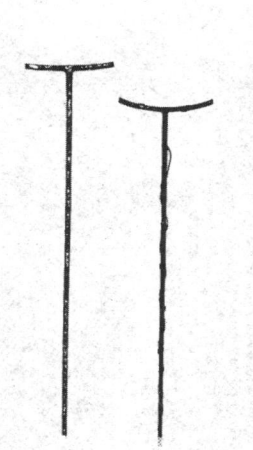 

图七　正仓院收藏玳瑁杖　　图八　金胜村M337唐墓壁画侍女

唐代继承东晋南朝以来崇尚书画艺术的风气，以李唐皇族为代表的上层贵族对书画的热衷，促使屏风画（画障）成为独立的艺术形式，并大行其道。同时，考虑到唐代乃是起居方式变革的过渡时期，垂足高坐最初在上层贵族社会中流行起来，人们视线升高、视野扩大，因此会使用画叉作为展画欣赏的辅助工具。陪葬昭陵的韦贵妃墓，后墓室东壁北幅残存的壁画居中者垂足高坐于朱漆座椅，推测此人或为唐太宗本人；而同室东壁南幅壁画则有一手持丁字杖的男装侍女。可惜墓室内壁画大多剥离，不见有卷轴。新城长公主墓葬壁画则既有卷轴又有丁字杖，似乎也能说明两者之

[①]［日］原田淑人著：《唐代的服饰》，东洋文库，1970年，第205页。

间的关联。墓葬第四、第五过洞东壁分别描绘了手捧卷轴的侍女,而在墓室北壁西幅和东壁南幅又描绘了分别持白色和朱色丁字杖的侍女(图九:1、2)。墓葬中的壁画,完全可以作为现实生活场景的再现,因此从整体上考察可以看出壁画所表达的意境:过洞中的众侍女缓步走向墓室,准备将手中捧持之物(包括卷轴)进献给墓室中长眠的新城长公主;新城长公主生前大概是雅重书画之人,墓室中的侍女会接过画轴,并用画叉(丁字杖)悬挂起来,供公主鉴赏观摩。

1　　　　　　　　　　　　2

1. 墓室北壁西幅壁画　　2. 墓室东壁南幅壁画

图九　唐新城长公主墓室壁画侍女图

　　唐代上层社会对书画的收藏和鉴赏,逐渐成为体现高贵身份和非凡品味的风雅之事。所以唐墓壁画中常见手持丁字杖(画叉)的侍女,便不足为奇了。丁字杖最早见于贞观十七年(643年)陪葬昭陵的长乐公主墓,此后在山西地区高宗——武周时期的壁画墓中亦多次发现,这些墓葬多是小型砖石墓,推测墓主人身份可能为下级官吏或是富裕的平民,其中金胜村M5出土的砖墓志表明墓主的父亲任"凉州司户",至于墓主本人则仅为下级武官。据此推测，山西唐墓壁画中描绘的丁字杖可能就是模仿关中唐墓壁画。

通过以上的论述，笔者认为唐墓壁画中所见丁字杖乃是画叉，即唐宋史料中常见之"鸦（丫）叉"，其主要功能就是展挑画障。丁字杖（画叉）的出现既受到了行障（坐障）的启发，也是为了适应唐代出现的垂足高坐的新型生活方式的结果。

（本文在写作过程中得到导师、南京大学历史系张学锋教授的指导，特此致谢。）

第二部分

古风俗考

负羽从远征

——析"箭箙"与"负羽"

汉墓出土的陶俑，肩背处背负大小不一的盒状物，发掘者将其定名为"箭箙"，即随身收纳箭矢的容器，这一观点流传甚广。但是孙机先生对此早已提出疑义，认为以上盒状物，虽然形制类似箭箙，却是二物，很有可能是军中徽识——负羽的构件。① 只是孙机先生未及对此进行深入论述。

一、箭箙

箙，是盛放箭矢的器具，《周礼·司弓矢》曰："中秋献矢箙。"郑玄注曰："箙，盛矢器也，以兽皮为之。"《说文解字》"箙"条段玉裁按："本以竹木为之，故字从竹。"②《释名疏证补》亦曰："其受矢之器，以皮曰服，柔服之义也。织竹曰笮，相迫笮之名也。"③ 可见，作为盛放箭矢之器，箙既可用竹木也可以兽皮制成。

河南安阳小屯殷商墓葬中就曾出土箭箙，根据残存痕迹，推测箙可能是用竹子编制而成。④ 考古发掘也曾出土较为完整的箭箙实物：湖北荆门纪城战国楚墓（M1）出土一件箭箙，木胎椭圆形、通体黑、红色漆，高

---

① 孙机：《汉代物质资料图说》，文物出版社，1991年，第276页。
② （汉）许慎撰，（清）段玉裁注：《说文解字注》，上海古籍出版社，1988年，第782页。
③ （汉）刘熙：《释名疏证补》第七卷，上海古籍出版社，1984年，第340-342页。
④ 石璋如：《小屯殷代的成套兵器》收录于《中央研究院历史语言研究所集刊》，中华书局，1950年，第56-58页。

19.6厘米，底长径21.2厘米、短径6厘米。出土时箙内尚有6根竹箭杆。①

马王堆汉墓（M3）出土的箭箙，整体作木质梯形扁盒状，高45.4厘米，上有彩绘，有钻孔12个，并穿绳作为固定箭杆之用，其内盛12支箭矢（图一：1、2）。②四川中江县玉桂乡天平梁子崖墓出土的汉画像石兵器架图像也有箭箙（图二）。③置于弓弩之侧的方盒状物即箭箙，形制与马王堆汉墓出土的箙类似，口部两侧伸出两尖角，观之若叉，故也称之为"步叉"。《释名·释兵》曰："步叉，人所带以箭叉于其中也。"清毕沅引《通俗文》疏曰："箭箙谓之步叉。"④秦始皇兵马俑一号坑也有箭箙，只是箭箙皆朽，仅能从残迹观察，整体呈长方形，为麻编织物，其上髹漆。高32～39厘米、口径17×5～21×9厘米、底径19×8厘米。在箙口沿左右两侧各有一个环钮，当是用以贯穿绳索便于背带。同时，在铠甲俑的背甲上也曾发现上下分布的陶环，似乎可以说明箙原用绳索缚于陶俑背后。⑤

战国秦汉时期的箭箙大体形似扁盒，此外还有一种形如圆筒的箙，文献中也称之为"鞬丸"。《仪礼·士冠礼》载："筮人执筴抽上鞬。"汉郑玄注："鞬，藏筴之器。今时藏弓矢者谓之鞬丸也。"唐贾公彦疏："此举汉法为况，亦欲见韬弓矢者，以皮为之，故诗云：象弭鱼服，是以鱼皮为矢服，则此鞬亦用皮也。"⑥居延汉简八七·一二、简五二三·一五书作"楗丸"。⑦尹湾汉简《武库永始四年兵车器集簿》则写作"犊丸"。⑧考古发掘也曾发

---

① 湖北省文物考古研究所：《湖北荆州纪城一、二号楚墓发掘简报》，《文物》1999年第4期，第9页。
② 湖南省博物馆，湖南省文物考古研究所编：《长沙马王堆二、三号汉墓》，文物出版社，2004年，第207页。
③ 《中国画像石全集》编委会：《中国画像石全集》卷7《四川汉画像石》，河南美术出版社，山东美术出版社，2000年，第34页。
④ （汉）刘熙：《释名疏证补》第三卷，上海古籍出版社，1984年，第341-342页。
⑤ 陕西省考古研究所，始皇陵秦俑考古发掘队编著：《秦始皇陵一号坑发掘报告》，文物出版社1988年，第280页。
⑥ （汉）郑玄注，（唐）贾公彦：《仪礼注疏》，《十三经注疏》，上海古籍出版社，1997年，第946页。
⑦ 中国社科研考古研究所编：《居延汉简甲乙编》下册，中华书局，1980年，第64页、第274页。
⑧ 张显成：《简帛文献论集》，巴蜀书社，2007年，第21页。

现较完整的"箙丸"实物,长沙浏城桥战国楚墓(M1)曾出土一件竹筒形矢箙,由两块半边竹块合成,长81厘米、直径约3.4厘米。全身髹黑漆、描彩绘。两端有两三个间距40厘米的小孔,用以穿绳背负。箙内尚有8支完整的竹箭。竹箙两端均无挡板,可能就是用绳将箭夹缠住。① 江苏扬州邗江西汉墓(M5)出土两件箭箙,器身呈圆筒形,盖与身套合。残长57厘米、直径约7厘米,用兽皮缝制,彩绘髹漆。出土时内尚存有10余支箭矢。② 1959年新疆民丰县大沙漠墓葬区东汉墓出土一件筒形箙,长90厘米、直径8.5厘米,外有皮饰三圈,筒内有四根完整的木箭(图三)。③

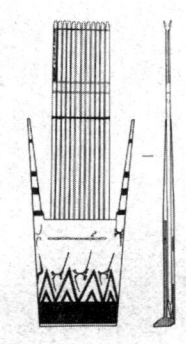

1. 箭箙出土实物　　2. 箭箙复原图

图一　马王堆汉墓(M3)出土的箭箙

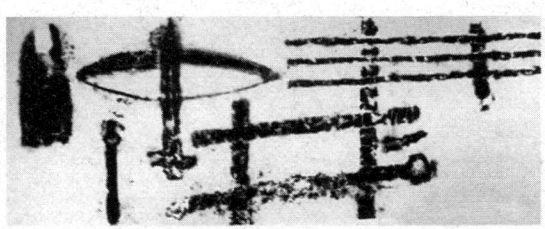
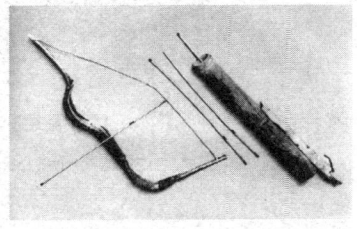

图二　四川中江天平梁子崖墓出土汉画像箭箙图像　　图三　新疆民丰东汉墓出土筒形箙

---

① 湖南省博物馆:《长沙浏城桥一号墓》,《考古学报》1972年第1期,第66页。
② 扬州博物馆,邗江县图书馆:《江苏邗江胡场五号汉墓》,《文物》1981年第11期,第16页。
③ 新疆维吾尔自治区博物馆:《新疆民丰县北大沙漠中古遗址墓葬区东汉合葬墓清理简报》,《文物》1956年第6期,第10页。

细长圆筒状的鞬丸,既有以竹木制成的,也有用兽皮制作或装饰的,出土时其内均有箭矢且与弓并出,故可轻易判明其属性;但是扁盒状的箭箙却间或与他物混淆,开篇所述汉俑背后的盒状物,本是军将负羽构件,却不时被误认为箭箙。

二、负羽

春秋战国以来,军队常以各色羽饰进行区分和调度。《尉缭子·经卒令》曰:"经卒者,以经令分之为三分焉:左军苍旗,卒戴苍羽;右军白旗,卒戴白羽;中军黄旗,卒戴黄羽。"① 分别用苍羽、黄羽和白羽区分左、中、右三军。这些戴于头部的羽饰,应该与洛阳金村战国墓出土的错金银狩猎铜镜镜背纹饰中身披盔甲、头戴羽冠的搏虎武士装扮类似(图四:1、2)。②

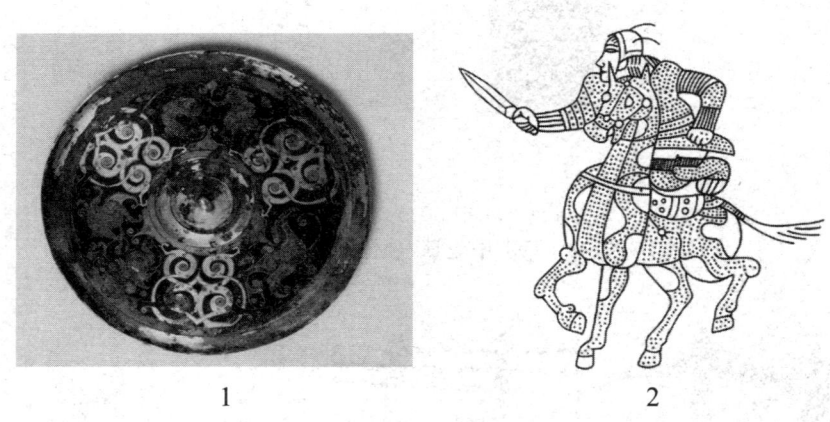

1. 错金银狩猎铜镜　2. 搏虎武士线描图

图四　洛阳金村战国墓出土的错金银狩猎铜镜

羽饰也会装饰于背后,《国语·晋语一》记载晋献公伐翟柤,大将郤叔虎"被羽先升,遂克之。"韦昭注曰:"羽,鸟羽。系于背,若今军将负

---

① 钟兆华:《尉缭子校注》,中州古籍出版社,1982年,第60-61页。
② 中国青铜器全集编辑委员会编:《中国青铜器全集》卷16,文物出版社,1998年,第33页。

耗矣。"①耗,《正字通》释曰:"羽毛饰。"②即以鸟兽的毛羽制成的装饰物,故"负耗"指军将背后的羽饰,其作用应与戴羽类似,用来区分各路人马。

考古资料中也有反映"披羽"的图像,河南汲县山彪镇战国墓(M1)出土的水陆攻战纹铜鉴,器壁上装饰上中下三层纹饰,其中下层纹饰表现有数名持长戟、隔人助战、肩有旌羽的武士。旌羽细长,上有若干分枝,图像虽表现处于武士右肩的位置,但实际上却更像是固定在武士背后(图五)。③山西潞城潞河战国墓(M7)出土的一件铜匜,器腹线刻的花纹表现攻战的场景,其中一执戟武士,背负旌羽,旌羽作一分为二的分叉状,末端各装饰一团羽饰(图六)。④以上无论是长条状的旌羽还是团装羽饰,应该都是使用多支羽毛或纤维类物质编织而成。只是作为铜器上的刻画纹饰,没有表现羽耗如何固定在军士背后的情形。

图五　河南汲县山彪镇战国墓铜鉴负羽武士线图

图六　山西潞城战国墓铜匜负羽武士线图

汉代因袭之,军卒负羽,威风凛凛。《汉书·王莽传》记载:"五威将乘乾文车,驾坤六马,背负鷩鸟之毛,服饰甚伟。"颜师古注曰:"鷩鸟,雉属,即鵕䴊也。"⑤王莽设置五威将,其装扮和出行异常风光,据《后汉

---

① 上海师范大学古籍整理组校点:《国语》,上海古籍出版社,1978年,第267-268页。
② (明)张自烈,(清)廖文英:《正字通 辰集下》"毛"部,秀水吴源起清畏堂,康熙二十四年,第1163页。
③ 郭宝钧著:《山彪镇与琉璃阁》,科学出版社,1959年,第18-19页。
④ 山西省考古研究所,山西省晋东南地区文化局:《山西省潞城县潞河战国墓》,《文物》1986年第6期,第163页。
⑤ (汉)班固:《汉书》卷九十九,中华书局,1983年,第4115-4116页。

书·光武纪》李贤注曰:"王莽置五威将军,其衣服依五方之色,以威天下。"[1] 可见其身着分别代表五方颜色的服饰,并背负鷩鸟羽毛制成的羽毦。《尔雅·释鸟》曰:"鷩雉。"郭璞注曰:"似山鸡而小冠,背毛黄,腹下赤,项绿,色鲜明。"[2] 鷩鸟是中国特有的红腹锦鸡,属于鸡形目雉科锦鸡属。[3] 根据《生物学通报》对于红腹锦鸡外形特征的描述:体长60—100厘米,雄鸟头部具有金黄色丝状羽冠,后颈为金棕色带蓝黑色斑的扇形羽毛,上背深绿色,羽缘黑色,下背到尾上金黄色覆羽,下腹及肩羽深红色,翅金属蓝色。[4] 被称为"鷩鸟"的红腹锦鸡,羽毛色彩鲜明,因此自先秦以来,其灿烂的羽毛就常被采取制成各类羽饰,《周礼·春官·司服》记载:"孤服鷩冕。"

汉初流行的鵔鸃冠也取自鷩鸟长羽,《汉书·佞幸传》记载:"故孝惠时,郎侍中皆冠鵔鸃,贝带。"颜师古注:"以鵔鸃羽毛饰冠,海贝饰带。鵔鸃,即鷩鸟也。"[5] 可见,鷩鸟(红腹锦鸡)的羽毛既是装饰冠冕的羽饰,也被用于负羽之毦。先秦即有负羽应猎的传统,宋玉《高唐赋》曰:"传言羽猎,衔枚无声。"李善注曰:"《汉书音义》李奇曰:羽林骑士。张晏曰:以应猎负羽。"[6] 参与狩猎活动的骑士均负羽,后世羽猎亦多从此俗,汉扬雄《羽猎赋》序云:"孝成帝时羽猎。"服虔注曰:"士卒负羽也。"[7] 赋云:"羽骑营营,昒分殊事。"韦昭注曰:"骑负羽也。"李善注曰:"昒分,谓羽骑明白分别,各殊其事也。"又曰:"贲育之伦,蒙盾负羽,杖镆邪而罗者以万计。"[8] 扬雄记录汉成帝狩猎场景,随驾护卫的羽骑各司其职、井然有序,所谓"羽骑昒分",其意大概也表明羽卫所负之羽

---

[1] (南朝宋)范晔:《后汉书》卷一《光武纪》,中华书局,1973年,第7页。
[2] (晋)郭璞注,王世伟校点:《尔雅》,上海古籍出版社,2015年,第185页。
[3] 卢汰春,贺鹏:《红腹锦鸡——金鸡》,《大自然》2014年第5期,第58-59页。
[4] 郭冬生:《生物学通报》,2016年第3期,第53页。
[5] (汉)班固:《汉书》卷一二五《佞幸传》,中华书局,1983年,第3191页。
[6] (南朝梁)萧统编,(唐)李善注:《文选》卷十九,上海古籍出版社,1986年,第881页。
[7] (汉)扬雄:《羽猎赋》,(南朝梁)萧统编,(唐)李善注:《文选》卷八,上海古籍出版社,1986年,第387页。
[8] (汉)扬雄:《羽猎赋》,(南朝梁)萧统编,(唐)李善注:《文选》卷八,上海古籍出版社,1986年,第391-392页。

或有颜色之别。

后世军中亦多负羽,《后汉书·贾复传》记载贾复为都护将军,从击青犊于射犬,"被羽先登,所向皆靡,贼乃败走。诸将咸服其勇。"李贤注曰:"被犹负也,析羽为旌旗,将军所执。"① 李贤注"被羽"为执羽旌,似不妥。羽旌,是装饰有条形羽状物的长竿,竿首注羽或旄,通常建于游车、用于帅田等武事。② 因此贾复之"被羽"即负羽,其形应该类似五威将背后装饰的鹥鸟羽饰。南北朝时期,军士仍负羽,晋·张协《七命》曰:"屯羽队于外林,纵轻翼于中荒。"李善注曰:"羽队,士负羽而为队也。"③ 萧梁江淹《袁太尉》诗曰:"羽卫蔼流景,彩吹震沉渊。"李善注曰:"羽卫,负羽侍卫也。"④《别赋》亦曰:"或乃边郡未和,负羽从军。"服虔注曰:"士负羽。"⑤ 均是在背后披负羽饰的军士。

民间游侠也模仿军将负羽,颇有猫学虎样的意思。《三国志·吴书·甘宁传》记载甘宁"少有气力,好游侠,招合轻薄少年,为之渠帅;群聚相随,挟持弓弩,负毦带铃,民闻铃声,即知是宁。"⑥ 甘宁年少聚众,负毦带铃、自造声势,说明背负色彩鲜明的羽饰的确能起到标识和震慑的作用。

唐诗中也多有"负羽"之言,卢照邻《结客少年场行》曰:"横行徇知己,负羽远从戎。"⑦ 王涯《陇上行》曰:"负羽到边州,鸣笳度陇头。"⑧ 陆龟蒙《食鱼》曰:"横戈负羽正纷纷,只用骁雄不用文。"⑨ 然而,唐诗大多属于文学渲染,并非事实描述。

至于羽饰如何固定于身后,固定羽饰的构件是何种形制,文献中均未

---

① (南朝宋) 范晔:《后汉书》卷十七《贾复传》, 中华书局, 1973 年, 第 665-666 页。
② 王厚宇, 谷玲:《战国羽旌考》,《东南文化》1998 年第 1 期, 第 41 页。
③ (晋) 张景阳:《七命》,(梁) 萧统编,(唐) 李善注:《文选》卷八, 上海古籍出版社, 1986 年, 第 1602 页。
④ (南朝梁) 萧统编,(唐) 李善注:《文选》卷三十一, 上海古籍出版社, 1986 年, 第 1477 页。
⑤ (南朝梁) 萧统编,(唐) 李善注:《文选》卷十八, 上海古籍出版社, 1986 年, 第 752-753 页。
⑥ (晋) 陈寿:《三国志》, 中华书局, 1982 年, 第 1292 页。
⑦ (清) 彭定求:《全唐诗》卷二四, 中华书局, 1979 年, 第 322 页。
⑧ (清) 彭定求:《全唐诗》卷三四六, 中华书局, 1979 年, 第 3875 页。
⑨ (清) 彭定求:《全唐诗》卷六二一, 中华书局, 1979 年, 第 7149 页。

有详细的记录，这也是后来者将其与箭箙混淆的主要原因之一。

三、汉代考古资料的佐证

1965年在咸阳杨家湾汉墓（M4）随葬坑出土了大批彩绘陶俑，其中有部分执械着甲立俑背负方形小袋（图七：1）。[①] 此外，身不着甲的骑兵俑也均背负类似的方形物。[②] 徐州狮子山、北洞山西汉楚王墓也都曾出土背负方盒的陶俑，兵马俑坑出土的彩绘人俑，武弁袍服的立俑大多背负长方形盒状物，这些方盒长约7厘米、宽在3.2～4.1厘米之间，厚1.8厘米，上部斜杀成口。此外，身着甲胄的跽坐弓弩俑也背负盒状物，形制与前者类似。北洞山西汉楚王墓出土背负盒状物彩绘仪卫俑共64件，均为武弁深衣的装束（图七：2）[③]，方盒色彩艳丽、纹饰多变，有大小两种规格，大者长约12厘米、宽5.8厘米以上，上口斜杀在距上端近4厘米处；小者略呈长方形，长约8厘米、宽约5厘米，在距上端3厘米处杀口。方盒内壁有平沿和弧沿两种，背面则有平面和下沿带横梁两种形式（图七：3）。[④]

以上陶俑背负的方盒，其形制与考古出土的盒状箭箙类似，发掘者最初均判定为盛放箭矢的"箭箙"（或"箭囊"）。然而，孙机先生则认为杨家湾陶俑背负的"箭囊"，有些呈薄片状，有些呈扁盒状，顶部封闭，仅留下四个小圆孔，或许是插羽的基座。而狮子山出土陶俑所负长方形盒状物也与之类似，只是形制更宽大。[⑤] 类似的负盒在河南郑州出土汉画像砖上也有表现，其中的射猎图：射手佩剑张弓、箭在弦上，背负方盒，盒内插三枝状物（图八）。以往研究者或认为这是背负箭箙，三支箭矢插于箙

---

① 陕西省文物管理委员会，咸阳市博物馆：《陕西咸阳市杨家湾出土大批西汉彩绘陶俑》，《文物》1966年第3期，第4-5页。
② 杨秉礼，史宇阔，刘晓华：《咸阳杨家湾汉墓兵俑服饰探讨》，《文博》1996年第6期，第38-39页。
③ 徐州博物馆：《徐州狮子山兵马俑坑第一次发掘简报》，《文物》1986年第12期，第7-9页。
④ 徐州博物馆，南京大学历史学系考古专业编著：《徐州北洞山西汉楚王墓》，文物出版社，2003年，第89-97页。
⑤ 孙机：《汉代物质资料图说》，文物出版社，1991年，第238-240页。

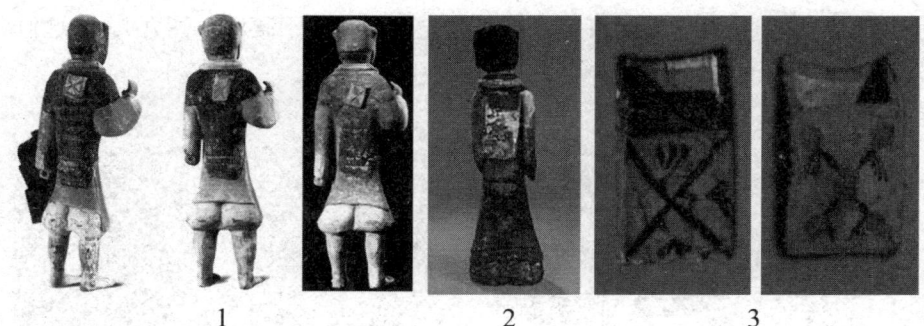

1. 咸阳杨家湾汉墓随葬坑出土彩绘陶俑　2. 北洞山楚王墓出土彩俑（EK2：12）
3 北洞山出土陶方盒

图七　背负方盒形物的汉俑及方盒

内。但是，图中箭矢和方盒内枝状物，两者长度相差甚远，枝状物显然不是箭矢。

　　通过观察比较，杨家湾陶俑背负的盒状物形制较小，固定在俑人后背偏上近肩胛的位置，且表现出微微倾斜的状态。而徐州陶俑背后的盒状物形制较大，位于后背正中或略偏上，状态端正平稳。兵俑考古发掘均未显示有关于弓、箭矢、箭镞之类的痕迹：这些陶俑虽均做执械状却既非持弓的姿势也无佩弓痕迹。狮子山兵俑出土时在其周围曾发现长约20厘米、宽0.4厘米的黑灰色木或漆器的长条痕迹和红色漆木与细麻布纹痕迹，杨家湾兵马俑坑中也有类似发现，表明这些兵士俑原先附带诸如矛、戈、戟之类的漆木模型兵器。① 同时，其背负之盒尺寸较小、容量有限，似不足以盛纳箭矢，其内均未见箭镞也能作为佐证。孙机先生也认为徐州狮子山、北洞山的陶俑，其背负方盒有的顶部开一狭缝，有的则完全封闭，近留四个小圆孔，故不宜盛箭矢，而是作为插羽的底座。② 汉墓壁画以及汉画像石（砖）常见射箭的图像资料，但无论是运动中的骑射还是相对静止的立射或单膝跪射之人，身后均不见箭箙。四川省博物馆收藏的德阳习射

---

① 徐州博物馆：《徐州狮子山兵马俑坑第一次发掘简报》，《文物》1986年第12期，第7-9页。
② 孙机：《汉代军服上的徽识》，见《中国古代舆服论丛》，上海古籍出版社，2013年，第187页。

画像砖，居左执弓者腰间束带佩箭，三支箭矢斜插于腰侧（图九）。①这似乎表明汉代人并不负箙，而更惯于将箭矢插于腰侧。

图八 河南郑州出土汉画像砖负羽人物图　　图九 四川省博物馆藏德阳习射画像砖

由此，以上杨家湾、狮子山、北洞山出土的陶俑，背后盒状物应该能排除作为箭箙的可能，而是负羽的构件。同样，郑州汉画像砖所表现的也是负羽图像，三支羽耗固定插于方盒状插座内。

通过以上考古资料也能对汉唐以来的负羽方式有所了解：北洞山仪卫俑背负方盒的方式，是通过腋下和左肩的三根带子固定，系结与胸前，形成三角形。杨家湾汉墓陶俑背负的方法则是以四根带子系结于胸前。②两者虽有区别，但都能将方盒固定在后背，这应该与后世负羽的方式类似。

四、结语

唐代以后，负羽之俗逐渐消亡，文献及考古发掘也少见相关材料。而一度曾与之混淆的背负箭箙在考古资料中却有较为翔实的图像资料。1978年河北沧州吴桥县北朝墓（M3）出土四件负箙武士俑，箭箙均固定在后背腰右侧，内置成束箭矢（图十：1、2）。③此外，内蒙古昭乌达盟敖汉旗北

---

① 高文编：《四川汉代画像砖》，上海人民美术出版社，1987年，图五一。
② 徐州博物馆，南京大学历史学系考古专业编著：《徐州北洞山西汉楚王墓》，文物出版社，2003年，第94页。
③ 河北省沧州地区文化馆：《河北吴桥四座北朝墓葬》，《文物》1984年第9期，第36页。

三家辽墓（M3）墓道东壁壁画也绘有负箙人物图像，立于马后左侧一人，左肩挎一箭箙，内插七支羽箭，右肩挎一弓韃，内置一长弓（图十一）。①尽管无法确定人物背后箭箙的具体形制，但通过图像推测负箙方式应该与吴桥北朝墓类似，箭箙被固定在右后腰侧。

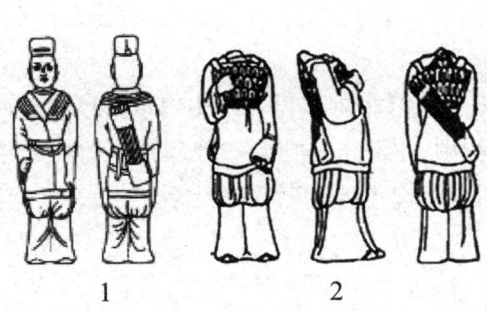

图十　河北沧州北朝墓出土负箙武士俑

图十一　内蒙古敖汉旗北三家辽墓壁画负箙人物

---

① 敖汉旗文物管理所：《内蒙古昭乌达盟敖汉旗北三家辽墓》，《考古》1984年第11期，第1008-1010页。

断木飞土
——汉代的"弹"与"弹丸"

中国古老的复合型弹射武器以弓、弩最为常见,应用也最为广泛。此外,还有一类形制和使用类似的弹射武器——"弹"。弹起源久远,被视为弓、弩的原型,文献和考古资料中保留了相关记载和图像。

一、弹的起源

古人追溯"弹"的起源,以《吴越春秋》为早,楚人陈音善射,对越王曰:"臣闻弩生于弓,弓生于弹。……断竹属木,飞土逐肉。"[1] 由此可见,"弹"是利用竹的弹性发射黏土弹丸的简单器械,属于较为初级的弹射工具,是弓、弩的原型。同时,弹初以竹为体、以土作丸,利用竹子的韧性弹出泥丸进行射猎。旧石器时代遗址中常见各类大小不一的石球,裴文中先生考察山西襄汾丁村旧石器时代遗址中出土的石球认为其中体形最大的石球可能是一种投掷武器,体形中等的石球有可能是狩猎使用的飞石索,而体形最小的石球可能作为飞石索握在手中的扣环。此外,也有研究者认为随着时代的发展,石球的制作越发精细,逐渐演变为弹射的弹丸。[2] 河姆渡和仰韶文化遗址都曾出土小陶丸,也应该是弹丸。[3] 石球、陶丸作为原始弹丸,借助弹性势能向远处射击,而实现这种力学转换的重要工具就是"弹"。

---

[1] (汉)张觉校注:《吴越春秋校注》卷九《勾践阴谋外传》,岳麓书社,2006年,第243-244页。
[2] 李超荣:《石球的研究》,《文物季刊》1994年第3期,第107页。
[3] 宋兆麟:《投石器和流星索》,《中国原始社会史》,文物出版社,1983年,第152-153页。

古人论述"弹"的形制，往往以弓作为参照，《说苑·善说》记载："弹之状如弓，而以竹为弦。"① 东汉李尤《弹铭》记载"弹"的制作过程，曰："昔之造弹，起意弦木，以丸为矢，合竹为朴，漆饰胶治，不用筋角，丸弹之利，以弋凫鹜，"②《太平御览》卷三五〇《兵部八一》"弹"条注引《桂苑》曰："弹，行丸弓也。"③ 由此说明，"弹"通体以竹木制成，虽形制似弓，却又与之有两点区别：其一，弹以竹为弦，而不似弓以筋角作弦；其二，弹以丸作弹子，而弓则用箭矢。甲骨文中，"弹"字形类似一张弦中部带一小圆球（丸）的弓，这形象地表现出弹丸在弦的状态（图一）。④《说文解字》释"弹"曰："从弓执丸。"其意与甲骨字形相契，也说明"弹"以丸作为弹子。

图一　弹的甲骨文字形

由于实物资料缺乏，弹的具体形制不得而知，根据考古图像和文献记载，略微窥见其形。弹作为原始的狩猎工具，在历史时期保存了其最初的功能，只是与弓弩相比，其威力有限，因此一般只用来射猎体形较小的飞禽。《楚辞·天问》云："羿焉弹日？乌焉解羽？"⑤ 远古神话反映了早期人类以弹丸射飞鸟的狩猎活动。《内篇·齐物》曰："见弹而求鸮炙。"⑥

---

① （汉）刘向撰，向宗鲁校证：《说苑校正》卷九《正谏》，中华书局，1987年，第272页。
② （唐）欧阳询撰，汪绍楹校：《艺文类聚》卷六十，上海古籍出版社，1985年，第1091-1092页。
③ （宋）李昉：《太平御览》卷三五〇，中华书局影印版，1980年，第1612页。
④ 罗振玉：《殷墟书契考释》，中华书局，2006年，第43-44页。
⑤ （宋）洪兴祖撰，白化文等点校：《楚辞补注》，中华书局，2006年，第94页。
⑥ 王先谦，刘武撰：《庄子集解·庄子集解内篇补正》，中华书局，1987年，第23-24页。

《外篇·山木》又记载了一则执弹欲捕异鹊的故事。① 《管子·轻重丁》曰："新冠五尺请挟弹怀丸游水上，弹翡燕小鸟，被于暮。"② 《说苑·正谏》则记载了一则以执弹丸射黄雀于后园为喻的劝谏。③ 《论衡·解除篇》曰："暴谷於庭，鸡雀啄之，主人驱弹则走，纵之则来，不终日立守，鸡雀不禁。"④ 由此可见，自战国以来人们挟弹成俗、乐此不疲。

  时至两汉，上自王孙下至百姓无不以弹射为乐。汉宣帝元康三年六月诏："今春，五色鸟以万数飞过属县，翱翔而舞，欲集未下。其令三辅毋得以春夏摘巢探卵，弹射飞鸟。"⑤ 一国之君以诏令的形式下令三辅百姓不得弹射飞鸟，足以证明弹射之风的极度盛行。《北堂书钞》卷一百廿四"弹"条引《东观汉记》诏曰："三辅皆好弹，一大老从旁举身曰：噫嘻哉！东京时挟弹成俗，父老叹息，王氏所言为不虚矣。"⑥ 学者王符对此深以为恶，《潜夫论·浮侈》批判曰："或丁夫世不传犁锄，怀丸挟弹，携手遨游。或取好土作丸卖之，于（其）弹外不是御寇盗，内不足以禁鼠，晋灵好之以增其恶，未尝闻志义之士喜操以游者也。惟无心之人，群竖小子，接而持之，妄弹鸟雀，百发不得一，而反中面目，此最无用而有害也。"⑦ 认为人们热衷弹丸之戏，与晋灵公的恶行类似。《左传·宣公二年》记载："晋灵公不君，厚敛以雕墙，从台上弹人，而观其辟丸也。"⑧ 春秋时，晋灵公站在高台上以弹丸射人，以欣赏人们躲避弹丸的窘态为乐，这被视为荒唐无

---

① 王先谦，刘武撰：《庄子集解·庄子集解内篇补正》卷五，中华书局，1987年，第174页。
② 黎翔凤撰，梁运华整理：《管子校注》，中华书局，2004年，第1495页。注曰：冠者及五尺之童，即指年轻人及儿童。
③ （汉）刘向撰，向宗鲁校证：《说苑校正》卷九《正谏》，中华书局，1987年，第212页。
④ 黄晖撰：《论衡校释》卷七十五，中华书局，1990年，第1042页。
⑤ （汉）班固：《汉书》卷八《宣帝纪》，中华书局，1983年，第258页。
⑥ （唐）虞世南撰，（明）陈禹谟：《北堂书钞》，影印文渊阁《四库全书》子部·类书类889，台湾商务印书馆，1983年，第128页。
⑦ （汉）王符著，（清）汪继培笺，彭铎校正：《潜夫论笺校正》，中华书局，1997年，第120页。
⑧ （晋）杜预注，（唐）孔颖达等正义：《春秋左传正义》，《十三经注疏》，上海古籍出版社，1997年，第1867页。

礼的恶行，因此王符以此相比。后世昏君、权臣往往也有类似的恶行，《三国志·魏书·三少帝纪》注引《魏书》曰：齐王芳"常喜以弹弹人，以此恚景，弹景不避首目。"①《世说新语·方正》记载："桓大司马诣刘尹，卧不起。桓弯弹弹刘枕，丸迸碎床褥间。"②大将军桓温弹射病卧的刘惔，行为粗鲁无礼。可见，弹丸虽不致命，但以此伤人确实可恶。

二、弹丸

根据《潜夫论》的记载，弹射作为一项非常流行的游艺，弹丸消耗巨大又难以回收，因此催生出专门制丸贩售的行当。凡人大多使用泥丸，而王孙贵胄则以金丸彰显富贵奢华，《西京杂记》"韩嫣好弹"条记载："韩嫣好弹，常以金为丸，所失者日有十余。长安为之语曰：苦饥寒，逐金丸。京师儿童，每闻嫣出弹，辄随之，望丸之所落，辄拾焉。"③贵公子韩嫣使用的金丸，想必是贵重的黄金制品，否则也不会吸引众人前去捡拾。梁元帝萧绎撰《金楼子》亦曰："燕太子以武阳性好弹，太子为作金丸。"④燕太子为了笼络前去刺杀秦王的刺客舞阳，不惜花费重金打造金弹丸供其取乐。

无论是普通的泥丸还是贵重的金丸，作为弹丸使用，其形大小规格应相差无几，文献中又往往将弹丸与明珠两相参照。《史记·老子韩非列传》注引《上元经》曰："李母昼夜见五色珠，大如弹丸，自天下，因吞之，即有娠。"⑤大小如弹丸的五色珠能被吞食入腹，推测其体量应该偏小。此外，《说苑·杂言》记载了西闾过河与船人之间的对话，西闾曰："随侯之珠，国宝也，然用之弹，曾不如泥丸。"⑥将传世之宝随侯珠与泥弹丸对比，说明两者之间虽价值悬殊，但作为弹丸使用，泥丸的功效更胜一筹，

---

① （晋）陈寿：《三国志》卷四《三少帝纪》，中华书局，1982年，第130页。
② （南朝宋）刘义庆撰，徐震堮著：《世说新语校笺》，中华书局，2001年，第184页。
③ （晋）葛洪辑，周天游校注：《西京杂记》卷四，三秦出版社，2006年，第175页。
④ （南朝梁）梁元帝：《金楼子》卷六《杂记十三下》，中华书局，1985年，第109页。
⑤ （汉）司马迁：《史记》卷六十三《老子韩非列传》，中华书局，2001年，第2139页。
⑥ （汉）刘向撰，向宗鲁校证：《说苑校正》卷十七《杂言》，中华书局，1987年，第416-417页。

从中也能间接推测出两者在形制大小上应该很接近。

此外，唐代还有用槐胶制成的弹丸，《云仙杂记》卷六"槐胶弹子"条记载："李少微子女颇多，每朝退，于亭榭散槐胶弹子数百枚，令诸小儿争取之，以为戏笑。终日不倦，戏已，复收于篋。"① 槐胶是槐树枝干自然流出的树脂其油脂经挥发后凝结而成的固体。历史上，槐胶主要入药使用，以此制作弹丸倒十分稀罕。

弹丸也会用颜色加以区分，《汉书·尹赏传》记载："长安中奸猾浸多，间里少年群辈杀吏，受赇报仇，相与探丸为弹，得赤丸者斫武吏，得黑丸者斫文吏，白者主治丧。"② 长安城里的恶少们以红、黑、白三色的弹丸为标，分别去进行猖獗乱纪的勾当。《三国志·吴志·孙登传》记载：孙登"尝乘马出，有弹丸过，左右求之。适见一人操弹佩圆，咸以为是，辞对不服，从者欲捶之，登不听，使求过圆，比之非类，乃见释。"③ 之所以能够迅速判断弹丸的来源，很可能正是因为其颜色不同。

与弓弩相比，弹制作简陋、攻击力有限，因此通常只用于射击飞禽，但偶尔也作为射击武器，《太平御览》卷三五〇《兵部八一》"弹"条注引张璠《汉纪》曰："班超使于阗，愿将三十六人，以为篙矢弹丸之用。"④ 唐代诸卫府城防也使用弹弓，《大唐六典》记载："捉捕持更者，晨夜有行人必问，不应，则弹弓而向之；复不应，则旁射；又不应，则射之。"⑤ 或许正是由于弹攻击性较弱，才将其应用于巡防，既能起到警示作用，也不致造成重大损伤。

三、弹的使用

弹的用法与弓类似，《战国策·楚策四》"庄辛说楚襄王"条记载庄辛曰："不知夫公子王孙，左挟弹，右摄丸，将加己乎十仞之上，以其类为

---

① （唐）冯贽著：《云仙杂记》卷六《槐胶弹子》，商务印书馆，1959年，第44-45页。
② （汉）班固：《汉书》卷九十《酷吏列传·尹赏传》中华书局，1983年，第3673页。
③ （晋）陈寿：《三国志》卷五十九《吴王五子传》，中华书局，1982年，第1364页。
④ （宋）李昉：《太平御览》卷三五〇，中华书局影印版，1980年，第1612页。
⑤ （唐）李隆基撰，（唐）李林甫注：《大唐六典》卷二十五《诸卫府》，三秦出版社，1991年，第459页。

招。"① 好为弹射之戏的王孙公子，左手执弹、右手握丸，借助弹性势能将弹丸向远处射击，发射的姿势和力学原理均与张弓射箭相近。全国各地出土的汉画像石（砖）中也有表现弹射的图像，其中以"射爵射侯图"为代表。② 作为较为通俗的图像题材，"射爵射侯图"中主要包括大树、树上鸟（或猴）以及树下射猎人三个主要的组成元素，其中射猎人手中的武器既有常见的弓、弩，也有用于弋射的缴矰以及弹射，而以往的相关研究尚未注意到这些较为细微的区别。

"射爵射侯图"中，弓箭是最常见的射猎武器，山东莒县沈刘庄东汉墓出土画像石，表现枝叶扶疏的大树，树叶间立大小十余只鸟雀，树下一人席地而坐，仰面引弓射鸟，箭矢在弦、随时待发（图二）。③ 河南新野樊集东汉墓出土画像砖，也有表现类似的场景，只见树上栖息鸟、猴，树下一人满弓仰射、箭在弦上（图三）。④ 此外，人们也使用弩机，山东邹县郭里镇卧虎山西汉墓（M3）出土石椁椁板上线刻图，表现众人仰射飞鸟的场景，射猎者中既有人持弓张弦，也有人执弩（图四）。⑤ 山东微山两城镇出土东汉中晚期画像石，居于中心位置的连理树，上有群猴、飞鸟，树下

图二 山东莒县沈刘庄东汉墓出土画像石

图三 河南新野樊集东汉墓出土画像砖

---

① （汉）刘向集录：《战国策》，上海古籍出版社，1985年，第555页。
② 邢义田先生在《汉代画像中的"射爵射侯图"》一文中将之前命名为"树木射鸟图"的汉画正名为"射爵射侯图"，见邢义田《画为心声 画像石、画像砖与壁画》，中华书局，2011年，第178页。
③ 中国画像石全集编辑委员会：《中国汉画像石》卷3《山东汉画像石》，河南美术出版社，山东美术出版社，2000年，第113页。
④ 俞伟超，信立祥主编：《中国画像砖全集：四川汉画像砖》，四川出版集团，四川美术出版社，2006年，第101页。
⑤ 胡新立编：《邹城汉画像石》，文物出版社，2008年，第27页。

两旁各有一仰射者，其手中所持之物与邹县西汉墓出土画像石类似，应该也是弩机（图五）。① 汉画像砖中还有表现弋射的场景，1972年四川大邑县安仁乡出土的东汉画像砖，表现汉代弋射场景，莲池岸边的双树下，有两人正侧身张弓，其右身侧各置一架，架内有四磻，弓矢一端与缴相连（图六）。② 这种以绳系矢的射猎方式，或起源于殷商以前。③

山东邹城郭里镇卧虎山西汉墓（M2）出土石椁椁板上线刻图像，其中也有表现"射爵射侯图"的场景（图七）。④ 居中有一人形大树，树上有猿猴及飞鸟，树下三人张弓，弓弦满开，均不见箭矢。而左侧一人手提已捕获的鸟雀，鸟雀身体上也不见箭矢痕迹。通过这一图像，并结合前文论述汉代盛行弹丸猎鸟的风俗，由此推测，三位猎手使用的武器很可能正是弹丸。汉画像石（砖）中的弹射图像往往被误认为是张弓射箭，其实两者之间最明显的区别在于是否使用箭矢——射箭图像中弓箭上有清晰可辨的箭矢，而弹射使用弹丸，因此没有箭矢。山东肥城大留出土东汉画像石"射爵图"，树上栖息鸟雀，树下有一人一马，人单膝跪地，作张弓仰射状，

图四　山东邹县卧虎山汉墓（M3）
　　　石椁椁板上线刻图

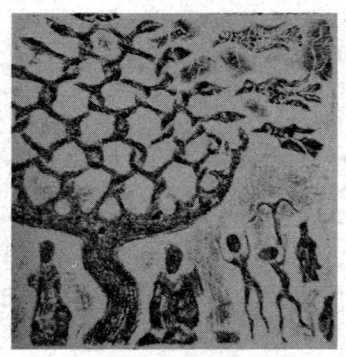
图五　山东微山两城镇出土汉画像石

---

① 中国画像石全集编辑委员会：《中国画像石全集》卷2《山东汉画像石》，山东美术出版社，2000年，第34页。
② 俞伟超，信立祥主编：《中国画像砖全集：四川汉画像砖》，四川出版集团，四川美术出版社，2006年，第80页。
③ 徐中舒：《弋射与弩之溯源及关于此类名物之考释》，中华书局，1988年。
④ 胡新立编：《邹城汉画像石》，文物出版社，2008年，第12页。

不见箭矢，推测为弹射（图八）。①

图六　四川大邑县安仁乡出土汉画像砖

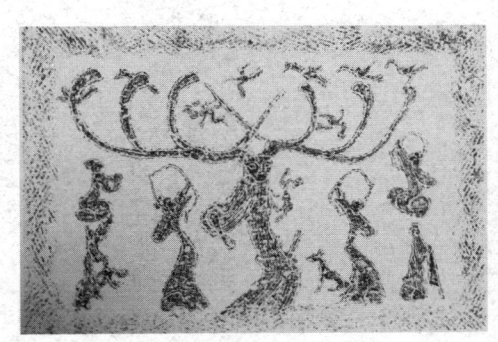 

图七　山东邹城汉卧虎山 M2 出土石椁线刻图像　　图八　山东肥城大留出土汉画像石

类似的弹射图在河南新野、南阳出土的汉画像石（砖）中也有表现，河南新野樊集出土东汉画像砖"射爵图"，表现树下射鸟场景，射手左手握弓、右手张弦作折腰仰射的姿势，不见箭矢，因此推测射手使用的武器是弹（图九）。② 河南南阳市区出土东汉画像石"射爵图"，树上立三雀，树下一人作折腰转身张弓仰射状，同样不见箭矢，因此推测其手中所持也

---

① 《中国画像石全集》编委会：《中国画像石全集》卷3《山东汉画像石》，河南美术出版社，山东美术出版社，2000年，第200页。
② 俞伟超、信立祥主编：《中国画像砖全集：河南汉画像砖》图九九，四川出版集团，四川美术出版社，2006年，第102页。

应是弹（图十）。①

李约瑟研究中国兵器，曾指出："整个中国历史中，弹弓只处于较为次要的地位。"② 冷兵器时代，弓、弩是威力巨大的远射武器，在军事史上发挥着重要的作用，相形之下，弹构造简单、威力有限，在中国历史上主要作为游艺具，用于射猎鸟雀、猿猴之类的飞禽小兽，正因如此长期为人忽视。

图九　河南新野樊集出土东汉画像砖　　图十　河南南阳市区出土东汉画像石

四、余论

两汉以降，弹仍作为少年的玩具或贵族的消遣而流行，历史上也不乏精于弹射的高手。《世说新语·容止篇》记载："潘岳妙有姿容，好神情。少时挟弹出洛阳道，妇人遇者，莫不连手共萦之。"③《南齐书·垣荣祖传》

---

① 中国画像石全集编辑委员会：《中国汉画像石》卷6《河南汉画像石》，河南美术出版社，2000年，图二一三，第175页。
② 李约瑟：《中国科学技术史》第5卷第6分册《军事技术》，科学出版社，1990年，第88页。
③（南朝宋）刘义庆撰，徐震堮著：《世说新语校笺》，中华书局，2001年，第335页。

记载:"荣祖善弹,弹鸟毛尽而鸟不死。海鹄群翔,荣祖登城西楼弹之,无不折翅而下。"①《隋书列传·长孙晟》称将军长孙晟善弹射。孙机先生认为唐李寿墓石椁线刻《侍女图》中侍女所执的弓状物就是未装弦的弹弓,此外懿德太子墓第二过洞壁画,在架鹰者之旁也有持弹弓者图像。② 旧传唐人《游骑图卷》中,居右的骑马者手中所握即是弹弓,画卷另有乾隆提诗:"换弹背观聊立马,待他襄襄逐丸人。"(图十一)③ 元·赵雍绘《挟弹游骑图轴》,图中骑马者身着红袍、回身仰望,手执缰绳、挟弹弓(图十二)。④ 从图像可见,弹与弓形制近似,这也印证了文献"弹形似弓"的记载。后世使用的弹弓,在形制上也愈趋于弓。

图十一 旧传唐《游骑图卷》(部分)　　图十二 元·赵雍绘《挟弹游骑图轴》

① (南朝梁)梁萧子:《南齐书》卷八十二《垣荣祖传》,中华书局,1996年,第530页。
② 孙机:《唐·李寿石椁线刻〈侍女图〉、〈乐舞图〉散记》,《中国圣火——中国古文物与东西文化交流中的若干问题》,辽宁教育出版社,1996年,第205页。
③ 《中国美术全集》编委会主编:《中国美术全集》卷2《隋唐五代绘画》,图三〇,人民美术出版社,2006年,第76页。
④ 《中国美术全集》编委会主编:《中国美术全集》卷6《元代绘画》,图六五,文物出版社,1989年,第94页。

金花折风冠
——高句丽折风冠考

唐人李白《高句骊》诗曰:"金花折风帽,白马小迟回。"[1] 乃是吟咏唐代宫廷中高丽伎乐表演之场景。[2] 高(句)丽伎乐是隋唐宫廷所置部乐之一,据《隋书·音乐志》,高丽伎为七部乐之一。又据《大唐六典》,太常寺之太乐署,"凡大燕会,则设十部之伎于庭,……五曰高丽伎。"[3] 高句丽乐工、舞者之冠服,与唐人服饰迥异,其中之"折风帽"乃是高句丽男子颇具特色之首服。

一

历代典籍中有关高句丽的相关史料,在述及服饰时都有"折风"的零星记载。

《后汉书·东夷传》"高句丽"条曰:"衣服皆锦绣,金银以自饰。大加、主簿皆著帻,如冠帻而无后;其小加著折风,形如弁。"[4]

《三国志·魏志·东夷传》"高句丽"条曰:"衣服皆锦绣金银以自饰。大加主簿头著帻,如帻而无余,其小加著折风,形如弁。"[5]

《梁书·东夷传》"高句丽"条曰:"衣服皆锦绣金银以自饰,大加、

---

[1] (唐)李白:《高句骊》,见《全唐诗》卷一六五,中华书局,1999年,第1711页。
[2] 李殿福先生在《高句丽古墓壁画反映高句丽社会生活习俗的研究》一文中认为,李白《高丽词》中"白马"乃是"白鸟"之误,见《北方文物》,2001年第3期,第22-29页。
[3] (唐)李林甫等撰 陈仲夫点校:《唐六典》,中华书局,1992年,第404页。
[4] (南朝宋)范晔:《后汉书》卷八十五《东夷传》,中华书局,2002年,第2813页。
[5] (晋)陈寿:《三国志》卷三十《东夷传》,中华书局,1982年,第844页。

主簿头所著似帻而无后,其小加着折风,形如弁。"①

《魏书·高句丽传》曰:"其官名有谒奢、太奢、大兄、小兄之号。头著折风,其形如弁,旁插鸟羽,贵贱有差。"②

《南史·东夷传》"高句丽"条曰:"其公会衣服皆锦绣金银以自饰,大加、主簿头所著似帻而无后,其小加著折风,形如弁。"③

《北史》"高丽"条曰:"人皆头著折风,形如弁,士人加插二鸟羽。贵者,其冠曰苏骨,多用紫罗为之,服大袖衫、大口袴、素皮带、黄革履,妇人裙襦加襈。"④

《通典·边防二》"高句丽"条曰:"南齐武帝永明中,高丽使至,服穷袴,冠折风。中书郎王融戏之曰:服之不衷,身之灾也。头上定是何物?答曰:此即古弁之遗像也。"⑤《说郛》卷三十二下引王子韶《鸡跖集》则作:"南齐永明中,高丽使至,冠拒风冠,曰古弁之遗象。"⑥所谓"拒风冠",应为"折风冠"之误,两者实为一物。

以上记载折风巾的史料,成书于唐代之前者,记载极略,且陈陈相因,内容大多雷同。究其原因,《后汉书》以及《梁书》所载高句丽史料主要依据《三国志·魏志》中高句丽的内容,而后者又主要以曹魏鱼豢撰《魏略·高句丽传》为史料来源。《南史》中高句丽史料再本自《梁书》,因此会有史料雷同之现象。⑦而唐以后之史料,则记述内容稍详,但仍难得其详。不过,综合以上史料,可知折风巾其形似中原冠服之弁,可加插(二)鸟羽、饰以金银,以示贵贱。

高句丽壁画所见男子鲜有空首者,绝大多数头戴冠帻,且形制各具特色。各式冠帻中以一种圆顶折檐小冠最为常见。这种圆顶冠,多冠于发

---

① (唐)姚思廉:《梁书》卷五十四《东夷传》,中华书局,1973年,第802页。
② (北齐)魏收:《魏书》卷一百《高句丽》,中华书局,1974年,第2215页。
③ (唐)李延寿:《南史》卷七十九《夷貊下》,中华书局,1975年,第1970页。
④ (唐)李大师,李延寿:《北史》卷八十二《高丽》,中华书局,1974年,第3115页。
⑤ (唐)杜佑撰:《通典》卷一八六《边防二》,中华书局,1992年,第5013页。
⑥ (元)陶宗仪撰:《说郛》卷三十二下,台湾商务印书馆,1972年,第717页。
⑦ 诸书因袭关系见郑春颖:《魏志·高句丽传》与《魏略·高句丽传》比较研究,《北方文物》2008年第4期,《〈梁书·高句丽传〉史源学研究》,《图书馆理论与实践》,2009年第11期,第111-115页。《〈南史·高句丽传〉史料价值刍议》。

顶，大小刚好覆髻，整体呈圆球状，底圈部分有开口上折之檐。冠顶或插鸟羽，或否，两侧附缨带，过耳贴颊系于颌下。这种形制的冠帻在目前已发表的高句丽壁画中屡见不鲜，研究高句丽服饰的多数学者皆判断此冠即文献中所谓"折风"。朝鲜平壤附近的双楹冢，我国吉林省集安市通沟河畔舞踊墓、角觝墓、长川一号墓、通沟十二号墓、麻线沟一号墓等，墓中壁画均见头戴此冠者。

折风附加羽饰亦有两种形式，其一是在冠顶对称加饰两支鸟羽，如朝鲜双楹冢西壁壁画《车马图》之骑士以及吉林集安舞踊墓主室壁画之狩猎骑士，其发顶所戴羽冠，即折风（图一：1、2）。通过观察，两骑士所冠折风，圆形冠顶对称插饰两支长羽，恰应合《北史》所载士人折风加插二鸟羽之描述。其二则是在冠顶装饰一簇长羽，如集安舞踊墓主室壁画《狩猎骑射图》中的两位骑士，其折风冠顶即装饰大簇鸟羽，长垂于冠后（图二：1、2）。

1. 朝鲜双楹冢西壁壁画车马图之骑士　　2. 吉林集安舞踊墓主室壁画狩猎骑士

图一　加双羽之折风

1. 吉林集安舞踊墓主室壁画狩猎骑士　　2. 吉林集安舞踊墓主室壁画骑士

图二　加簇羽之折风

折风附加羽饰的主要目的在于彰显身份贵贱,《魏书·高丽传》载,(折风)"旁插鸟羽,贵贱有差",《北史·高丽》亦载,"士人加插二鸟羽",说明折风冠顶之羽饰并非不可或缺之物,身份非"士人"就不得使用羽饰,高句丽壁画中亦有头着折风而不加羽饰者,或可表明其非"士人"的身份。吉林集安麻线沟一号壁画墓北侧室东壁上部所绘《逐猎图》,其中位置居左之骑士即头戴未加羽饰之折风(图三:1)。北壁下端亦绘头戴折风者两人,其一折风不加羽饰,其二折风冠顶残存一支长羽,鉴于壁画斑驳漫漶,因此推测其折风羽饰原应有两支。① 此外,吉林集安通沟第十二号壁画墓(一名"马槽塚")甬道右壁壁画《狩猎图》中亦有头戴不加羽饰折风骑士,其装扮及姿态与麻线沟一号墓狩猎骑士极为相似(图三:2)。②

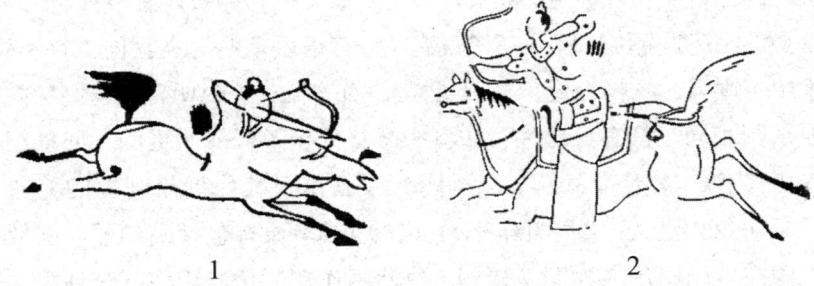

1. 吉林集安麻线沟一号墓北侧室东壁壁画骑士
2. 吉林集安通沟第十二号墓甬道右壁壁画骑士

图三 未加羽饰之折风

折风冠顶之羽饰既是为表士庶身份贵贱,则加饰两支长羽与簇羽的区别,或许也用以表明身份不同,即使同为"士人",也存在等级差别,只是缺少相关文献材料,目前无法确证。

除羽饰外,折风亦饰金银,所谓"金花折风帽",即是加饰金花饰

---

① 吉林省博物馆集安考古队:《吉林集安麻线沟一号壁画墓》,《考古》1964年第10期,第524-525页。因地名变更,原报告中为"辑安",现依今日地名均改作"集安"。下同。

② 王承礼,韩淑华:《吉林集安通沟第十二号高句丽壁画墓》,《考古》1964年第2期,第70-71页。

件之折风。上述高句丽壁画中凡加羽饰之折风,其折檐居中处皆有类似金铛山题之饰件,而未加羽饰之折风均无。《旧唐书·东夷》"高丽"条曰:"官之贵者,则青罗为冠,次以绯罗,插二鸟羽及金银为饰。"①《新唐书·东夷》"高丽"条亦曰:"大臣青罗冠,次绛罗,珥两鸟羽,金银杂扣。"② 说明高句丽贵族首服上有装饰鸟羽、金银之俗,正如《翰苑》所谓"插金羽以明贵贱",以此类推,折风加饰鸟羽和金银饰件亦属情理之中。

二

高句丽、新罗、百济一度鼎足而立,互争雄长,即朝鲜历史上所谓"三国时代"。三国在风俗、服饰等方面亦互相接近。通过考察考古资料及传世绘画上新罗和百济两国衣冠,亦可对研究高句丽折风有所裨益。

《梁书·东夷传》"百济"条载:"今言语服章略与高骊同。行不张拱,拜不申足则异,呼帽为冠,襦曰复衫,袴曰褌。"③ 说明百济与高句丽服饰衣冠形制相同,具有可比性。传世宋摹梁元帝萧绎《职贡图》亦描绘有百济使者图像。梁元帝萧绎《职贡图》原画作于其任荆州刺史的普通七年十一月(526年)至大同五年七月(539年),原有包括高句丽、新罗、百济三国在内的诸国人物图及榜题。④ 然画作在流传过程中部分残毁,高句丽、新罗使者图像湮灭无踪,唯百济国使图像尚存,旁附楷书题榜,注疏国名及历史风俗,内容与《梁书》所载大致相同,此亦可说明其新罗冠服与高句丽相类。百济国使冠帻上部虽亦略有残缺,但仍可大致能辨明其覆髻之形,冠帻两侧靠耳处各垂两条宽带,夹耳贴颊系结于颔下(图四:1)。其基本形制与高句丽折风相似,至于冠顶是否饰有鸟羽则因画面残毁不可明辨。

考古所见唐章怀太子墓壁画亦有表现古代朝鲜使者形象。章怀太子

---

① (后晋)刘昫:《旧唐书》卷一四九《东夷》,中华书局1975年,第5315-5316页。
② (宋)宋祁、欧阳修:《新唐书》卷二二〇《东夷》,中华书局,1975年,第6186页。
③ (唐)姚思廉:《梁书》卷五十四《东夷》,中华书局,1973年,第805页
④ 金维诺:《〈职贡图〉的时代与作者——读画札记》,《文物》1960年第10期,第14-17页。

墓道两侧东、西壁所绘《客使图》（或称《礼宾图》《迎宾图》），中外学者对壁画性质以及壁画表现的使节身份历来存在争议，尤其是墓道东壁所绘"东客使图"北数第五位使节身份（图四：2），学术界存在不同认识，归纳起来主要有四种观点：其一，以中国学者王仁波为代表，认为其身份是日本使节；其二，以韩国学者金元龙为代表，认为其为新罗使节；其三，以日本学者西谷正为代表，认为其是渤海使者；其四，以韩国学者金理那为代表，认为其为高句丽使者。相比较而言，学术界普遍认为东《客使图》中羽冠者是新罗使者的可能性更大。①

《魏书》《梁书》《旧唐书》"新罗"条皆载，其风俗、服饰等"与高句丽、百济同"。说明新罗服饰与高句丽冠服在形制上相同或相近。章怀太子墓东《客使图》中新罗使节身着大红领长白袍，脚穿黄靴，头戴羽冠，冠顶有二鸟羽向上直立，冠前方涂朱、两旁涂绿，两侧用双带系于颔下。②将其与《职贡图》中百济使者及朝鲜双楹冢墓道西壁壁画戴折风侍立人像进行对照（图四：3），不难发现三者衣冠服饰具有很大的相似性。因此，文献虽未言百济、新罗冠帻之名，但通过以上比较，似乎皆可名之为"折风"。

值得注意的是，以上百济国使、新罗国使以及高句丽人物所冠折风皆有冠带自左右当耳处系于下颔，其形与中原冠服之"頍"相类。頍是用以固冠的发带，即《诗经·頍弁》所谓"有頍者弁"。河北燕下都遗址出土的一件战国时代铜人像，其首服即先秦时代之弁，其形前窄后宽，覆盖发髻，自头顶以带压住系于下颔。③这条"句颔绕颈"的发带即是固冠之頍。④考文献皆言"折风似弁"，弁之形制据《仪礼·士冠礼》正义载："冒覆头句颔绕颈。"可知，其最明显的特征是附带"句颔绕颈"之頍，因此所

---

① 王维坤：《再论唐章怀太子墓壁画"客使图"的两个问题》，《唐墓壁画国际学术研讨会论文集》，三秦出版社，2006年，第155-156页。
② 陕西省博物馆，乾县文教局唐墓发掘组：《唐章怀太子墓发掘简报》，《文物》1972年第7期，第16-17页。
③ 河北省文化局文物工作队：《燕下都遗址内发现一件战国时代的铜人像》，《文物》1965年第2期，第43页。
④ 河北省文化局文物工作队：《燕下都遗址内发现一件战国时代的铜人像》，《文物》1965年第2期，第43页。

谓折风形似弁,应即指折风亦有类似弁颊的结构,即前文所述折风左右两侧过耳贴颊系于下颌之冠带。

1. 传世宋摹梁元帝《职贡图》百济国使　　2. 章怀太子李贤墓墓道东壁新罗国使
3. 朝鲜双楹冢墓道西壁壁画车马行列图之侍立人像

图四　百济、新罗、高句丽人物衣冠图

　　高句丽、百济、新罗士人首服装饰鸟羽之风俗,很可能与东夷古老的飞鸟崇拜有关,《汉书·地理志》唐颜师古注:东北之夷"被服容止皆像鸟也。"① 折风加饰鸟羽的做法,或许正是由此而来。韩国学者李龙范《关于高句丽人的鸟羽插冠》一文专门研究高句丽的鸟羽帽饰,文章从文献史籍入手,结合考察高句丽古墓壁画,认为冠插鸟羽应与鸟类崇拜有关,在北方诸族的原始信仰中,鸟被当作祛除灾厄的咒具。同时考察鸟羽插冠者为武士和狩猎者,因此认为武士、狩猎者冠插鸟羽具有北方诸族原始宗教的巫咒意味。至于《旧唐书·音乐志》中所载高句丽乐工头着鸟羽冠的问题,则认为是高句丽乐工模仿了"巫冠",因为上古时巫事、歌舞、军事三者密不可分。② 此外,高句丽又有"鸡贵"之别名,语见唐代僧人义净所撰《南海寄归内法传》卷一自注曰:"西方传云,彼国敬鸡神而取尊,

---

① (汉)班固:《汉书》卷二十八《地理志》,中华书局,2002 年,第 1525 页。
② 宋磊:《高句丽服饰研究扫描》,《通化师范学院学报》2007 年第 1 期,第 70-72 页。

故戴翎而表饰矣。"① 此说虽来源不详，或可为高句丽人飞鸟崇拜而以羽翎饰冠之旁证。

上述观点为探讨高句丽鸟羽冠的起源提供了线索，但事随时迁，从文献及考古资料看，高句丽鸟羽饰冠主要还是为标示身份等级。士人阶层冠插鸟羽以显贵贱，《旧唐书·东夷传》所载高句丽贵者之青罗冠、绯罗冠亦插二鸟羽。在高句丽壁画中也可见一种饰有鸟羽的方帻，集安长川一号墓前室南壁壁画第一栏居左两人均头着羽冠，冠整体近似圆柱状，上插两支长鸟羽，或以为长羽即雉尾。② 前室南壁第二栏居左侍立三人，亦头带羽冠，形制与前者类似。受其影响，新罗贵族亦以羽毛饰冠，韩国庆州新罗古墓天马冢出土的金质鸟翼形冠，以金属制成鸟翼之形并特别突出了羽毛的特点，据说可能从折风演变而来（图五：1）。③ 韩国国立庆州博物馆收藏的另一件新罗王陵出土金冠，冠左右两侧亦有鸟翼形装饰，其上附着细碎的翎毛状装饰（图五：2）。④

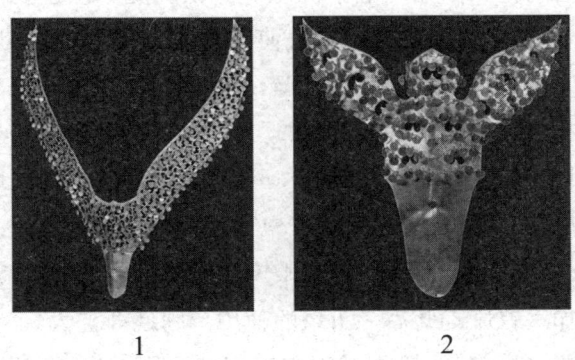

1. 韩国庆州天马冢出土新罗金冠 2. 韩国清庆州博物馆藏皇南大冢南坟出土银冠

图五　新罗考古出土鸟翼形冠

---

① （唐）义净原著，王邦维校注：《南海寄归内法传校注》，中华书局，1995年，第22-23页。
② 吉林省文物工作队，集安县文物保管所：《集安长川一号壁画墓》，《东北考古与历史》第一辑，文物出版社，1982年。
③ 王维坤：《唐章怀太子墓壁画"客使图"辨析》，《考古》1996年第1期，第6-8页。
④ 成建正主编：《韩国国立青州博物馆文物精品展》，三秦出版社，2012年，第6-8页。

三

历代文献对高句丽折风的穿戴者亦有相互矛盾的记载，或言其为官列"小加"之首服，如《后汉书》《三国志》《梁书》《南史》所载；或言其为"贱者"之服；或言其为上下通服，如《北史》所载。之所以出现如此矛盾，恰恰反映出折风在高句丽历史上的衍变过程。

高句丽的兴亡年代大致相当于中原王朝西汉末年至唐高宗总章元年（668年），在近7个世纪的漫长岁月中，衣冠服饰的因袭与革新是自然而然之事，折风亦历经使用范围由小至大的过程。

《后汉书》《三国志》《梁书》《南史》皆载"小加着折风"。"加"是高句丽职官中的特殊阶层，根据罗新先生的研究，高句丽加系职官源自夫余，然从语源上看则出自东胡语 aka，意为"兄/哥哥"。①"加"为音译，"兄"是意译，故所谓"大加""小加"即"大兄""小兄"之意。《隋书·东夷传》"高丽"条载："官有太大兄，次大兄，次小兄，次对卢，次意侯奢，次乌拙，次太大使者，次大使者，次小使者，次褥者，次翳属，次仙人，凡十二等。"②"加"（或"兄"）是各个邑落之酋长或首领，在国家的军事任务中扮演重要的角色，"大加"（"大兄"）是高句丽五部中较大邑落的首领，是地位较高的官僚贵族，"小加"（"小兄"）则是地位逊于"大加"的贵族阶层。③《后汉书》等所载内容，皆本自曹魏鱼豢《魏略·高句丽传》，故为公元3世纪后期高句丽服饰的基本状况，此时折风是高句丽中等官吏"小加"首服。此后，折风的使用范围逐渐扩大。

或以折风为"贱者"首服。《魏书·高句丽传》载，折风"旁插鸟羽，贵贱有差"；唐·张楚金《翰苑》"高句丽"条引梁元帝《职贡图》题记文曰："高骊妇女衣白，而男子衣结锦，饰以金银，贵者冠帻而无后，以金银为鹿耳，加之帻上。贱者冠析（折）风，穿耳以金环。上白衣衫，下白长袴，要（腰）有银带。"④两者实则反映公元5世纪中后期至6世纪初高

---

① 罗新：《中古北族名号研究》，北京大学出版社，2009年，第179页、第183页。
② （唐）魏征：《隋书》卷八十一《东夷》，中华书局，1974年，第1814页。
③ 高福顺：《高句丽官制中的"加"》，《东北史地》2004年第4期，第25-31页。
④ 金毓黻主编：《辽海丛书》第四册，辽沈书社，1985年，第2519-2520页。

句丽服饰概貌。所谓"贱者"并非身份低贱,可能是指高句丽官僚体系中的中下层官吏,或者还包括平民百姓。说明此时折风的使用者范围扩大,不再仅限于"小加",因此其上加鸟羽,以区分身份等级。时代大致为4世纪末至5世纪初的舞踊墓壁画,既有加双羽之折风,又有加簇羽之折风,或许正是士人阶层用来表示等级高低;而年代较舞踊墓稍后,约公元5世纪的吉林集安麻线沟一号壁画墓中既有插羽饰之折风,亦有不加羽饰之折风,则反映士庶身份差别。综合文献和考古资料,自公元4世纪末至6世纪初,折风逐渐成为高句丽士庶通行首服,惟以羽饰区分等级。

及至高句丽后期,折风已经变成全民通服,《北史》载高句丽"人皆头著折风"。《旧唐书·东夷传》"高丽"条曰:"国人衣褐戴弁。"[1]《新唐书·东夷传》"高丽"条亦曰:"庶人衣葛,戴弁。"[2]两唐书虽未直言"折风",然考历代史料皆以折风形似弁,故所谓"弁"者实指折风。此时,庶人亦可头戴折风,说明其使用范围更加广泛,甚至唐宫廷中高丽乐人亦头戴"金花折风巾"。1979年西安交通大学校内出土的"都管七国"六瓣银盒,其上即錾刻"高丽国"人像,尊者一人居左盘坐,四人站立于左右,其冠皆插二鸟羽,正中题榜"高丽"。人物装扮与两唐书对高句丽服饰的描述极为相近,至于插有二鸟羽之冠无疑是折风,说明折风已成为代表高句丽鲜明特色的标志性服饰。[3]

综上分析,折风作为高句丽独具特色的首服,自公元3世纪已然存在,其使用范围经历了一个由小至大的过程:起初为高句丽官吏中小加之首服;公元4世纪末至6世纪初,折风逐渐成为士庶通行之首服,其上加鸟羽以别士庶,士人阶层内部又以羽饰之多寡及金银花饰区分高下;及至高句丽后期,折风已经成为上下通服。

---

[1] (晋)刘昫:《旧唐书》卷一四九《东夷》,中华书局,1975年,第5315-5316页。
[2] (宋)宋祁,欧阳修:《新唐书》卷二二〇《东夷》,中华书局,1975年,第6186页。
[3] 张达宏,王长启:《西安市文管会收藏的几件珍贵文物》,《考古与文物》1984年第4期,第22页。

女儿爱作男装样
——唐代的男装女子

《礼记·内则》曰:"男女不通衣裳。"① 在礼法上严格规定了男女服制的界限。尽管历史上女效男装的行为不乏其例,但除唐代作为一种较为普遍的社会现象外,其他时期则更多属于特例:女扮男装,大多出于隐藏女性身份的目的,是一种被动的选择,且当时的社会舆论对此也很不宽容。唯独唐代,女着男装不但是一种上行下效的通例,而且女子甚至可以自由搭配,将男装变成其展示女性魅力的华服。

学界对唐代女效男装进行过相关论述,从分析女着男装现象入手,探讨其形成的原因。沈从文先生指出身着翻领长襦、条纹裤及鞠靴的胡服女子,即女扮男装,属于宫中身份较低的侍女。② 孙机先生则注意到男装女子仍保留发髻、花袴、线鞋等女性特征。③ 冻国栋先生认为唐人女着男装多见史籍,尤其在玄宗朝十分普遍。④ 荣新江先生总结唐代女扮男装之因,认为在尚武开放的时代背景下,唐代前期社会并不像其他时代那样排斥女性。⑤

---

① (汉)郑玄注,(唐)孔颖达疏:《礼记正义》卷二十七《内则》,《十三经注疏》,上海古籍出版社,2007年,第1262页。
② 沈从文:《中国古代服饰研究》,上海书店出版社,1997年,第256页。
③ 孙机:《唐代妇女的服装与化妆》,《中国古舆服论丛》,文物出版社,2001年,第234页。
④ 冻国栋:《读李华〈与外孙崔氏二孩书〉论唐前期风俗》,录于《中国中古经济与社会论稿》,湖北教育出版社,2005年,第201页。
⑤ 荣新江:《女扮男装——唐代前期妇女的性别意识》,邓小南主编:《唐宋女性与社会》,上海辞书出版社,2003年,第13-14页。

一、考古所见唐代女着男装之现象

考古资料显示，唐初女子即有着男装之例，贞观十七年（643年）长乐公主墓出土的几件胡服男装女骑俑可以为证。① 当时，宫廷及贵族家中都有应景的男装侍女，其职责所在与正常装扮的侍女不异，而她们的存在仅仅是为了满足皇室及贵族的猎奇趣味。

这些男装的侍女在装扮方式上也各有区别，或头扎幞头、身着长袍、脚穿长靴，完全模仿男性打扮；或头缠抹额、身着袍服、足踏鞋靴，作不拘随意状；或头梳女髻、身着男袍、足穿绣鞋，娇媚中不乏英气；或头戴胡帽、身着胡服、脚踏胡靴，通身模仿胡人。

幞头袍服装扮的宫女或许就是"裹头内人"，《资治通鉴》唐德宗兴元元年条胡三省注曰："裹头内人，在宫中给使令者也，内人给使令者皆冠巾，故谓之裹头内人。"② 然而实际上，早在高宗、武后时代，唐代宫廷中就已经出现专门着男装裹幞头的宫女，例如永徽二年（651年）段简壁墓（图一：1）③、龙朔三年（663年）新城长公主墓（图一：2）、总章元年（668年）李爽墓（图一：3）、麟德二年（665年）李震墓、咸亨四年（673年）房陵大长公主墓、上元二年（675年）李凤墓等一批葬于高武时期的皇族贵戚，其墓葬壁画中均有幞头、袍服、长靴装扮的侍女。

初唐，男子袍服在既有基础上增加装饰，其上加褾、襈，袍下加襕。《新唐书·车服志》卷二十四载："（太宗时）中书令马周上议：《礼》无服衫之文，三代之制有深衣，请加襕、袖、褾、襈，为士人之服。……诏从之。"④ 同卷又载太尉长孙无忌之议："服袍者下加襕。"⑤ 袍服加褾、襈是指在男子袍服的领、袖及衣襟边缘处加锦边，袍下加襕则是在袍服下摆处加横襕，西安南里村韦洞墓壁画男子像，其领、褾、襈皆以锦制作。据考证，这种以锦饰边的风格源自中亚，在今乌兹别克斯坦萨撒马尔罕北部

---

① 昭陵博物馆：《唐昭陵长乐公主墓》，《文博》1988年第3期，第13-14页。
② （汉）司马迁：《资治通鉴》卷二三一《唐纪四十七》，中华书局，1976年，第7437页。
③ 昭陵博物馆编：《昭陵唐墓壁画》，文物出版社，2006年，第58页，图22。
④ （宋）欧阳修：《新唐书》卷二十四《车服志》，中华书局，1975年，第527页。
⑤ （宋）欧阳修：《新唐书》卷二十四《车服志》，中华书局，1975年，第527页。

的阿弗拉西阿卜（Afrasiab）古城址，考古发现了7世纪中后期粟特壁画，其中有类似的胡服。① 因此，袍服加锦边，乃是唐人对粟特服饰的借鉴。裳用横幅谓之襕，乃效法古制"上衣下裳"之意，袍下加襕也并非唐人首创，《旧唐书·舆服志》载："晋公宇文护始命袍加下襕。"② 宋·史绳祖《学斋占毕》卷二"饮食衣服今皆变古"条曰："后魏胡服，便于鞍马，遂施裙于衣，为横襕而缀于下，谓之襕。"③ 可见，北周始创襕袍，隋后因袭之，潼关税村隋墓东西墓道所绘出行仪仗图的仪卫武勇皆身着加襕之袍，因此唐初的襕袍乃是继承旧有服制而已。④

1. 段简璧墓壁画男装侍女　2. 新城长公主墓壁画男装侍女　3. 李爽墓壁画男装侍女
4. 燕妃墓壁画男装侍女　5. 阿史那忠墓壁画男装侍女

图一　唐墓壁画中幞头袍服男装侍女

男服服制的这种变化，也反映在男装女子的服饰上，仅在唐代壁画中，就有数量众多身着褾襈袍及襕袍的男装侍女。如乾封二年（667年）韦贵妃墓前甬道西壁南间壁画男装侍女，着橘黄窄袖袍、袍下摆处加襕（图二：1）。⑤ 开元二十五（737年）贞顺皇后墓石椁线刻男装侍女，着领阔袖袍、袍下亦加襕（图二：3）。薛儆墓石椁线刻男装侍女（图二：2）⑥袍

---

① 孙机：《中国古舆服论丛》，文物出版社，2001年，第452-453页。
② （后晋）刘昫：《旧唐书》卷四十五《舆服志》，中华书局，1975年，第1951页。
③ （宋）史绳祖：《学斋占毕》卷二，影印文源阁《四库全书》子部十·杂家二，台湾商务印书馆，1983，第20页。
④ 陕西省考古研究院编著：《潼关税村隋代壁画墓》，文物出版社，2013年。
⑤ 徐光冀主编：《中国出土壁画全集·陕西（上）》，科学出版社，2011年，第209页。线图为笔者据彩图195自绘。
⑥ 山西省考古研究所编著：《唐代薛儆墓发掘报告》，科学出版社，2000年，第50-51页。线图为笔者据图六四、六五自绘。

服领、袖处加饰锦边，装饰效果鲜明，乾封至开元年间男装侍女所着皆与此相类。相对而言，着襕袍的侍女却屈指可数，目前仅见韦贵妃墓壁画侍女及贞顺皇后石椁线刻侍女身着襕袍。而与此现象相反，唐代男性则多着襕袍，唐墓壁画有数量众多的仪卫或宦者身着襕袍，着缥䙆袍者反而数量不多。这种现象或可说明男装侍女并非一味模仿男性穿着，而是有选择地穿着符合女性审美眼光的男式服装。

1. 韦贵妃墓壁画男装侍女　　2. 薛儆墓石椁线刻男装侍女
3. 贞顺皇后墓壁画男装侍女　　4. 李宪墓石椁线刻男装侍女

图二　幞头袍服男装侍女

男装女子也会模仿男子更加随意的穿着，科头露髻，仅束陌额。如永徽二年（651年）段简璧墓第五天井东壁小龛南壁画侍女束红带花陌额，淡绿色袍，腰挂袋囊，红绿相间条纹裤，足穿绣鞋（图三：1）。① 龙朔三年（663年）新城长公主墓第四过洞西壁壁画侍女，淡黄长袍、条纹裤，额际缠花陌额（图三：2）。② 乾封二年（667年）韦贵妃墓墓室南壁后甬道口西侧壁画侍女，束白色陌额，着紫袍黑靴（图三：3）。③ 光宅元年（684年）安元寿墓壁画侍女，长袍黑靴，头束红色陌额（图三：4）④。陌额本是唐代军中及仪卫装束，主要为标识身份，故色彩醒目鲜明。《新唐

---

① 徐光冀主编：《中国出土壁画全集·陕西（上）》，科学出版社，2011年，第177页，图164。
② 徐光冀主编：《中国出土壁画全集·陕西（上）》，科学出版社，2011年，第178页，图165。
③ 徐光冀主编：《中国出土壁画全集·陕西（上）》，科学出版社，2011年，第215页，图200。
④ 昭陵博物馆：《昭陵唐墓壁画》，文物出版社，2006年，第195页，图169。

书·娄师德传》载：上元初娄师德奉命招募勇士讨伐吐蕃，"乃自奋，戴红抹额来应诏。"① 章怀、懿德太子墓壁画中的仪卫所系抹额，颜色各有差别，陌额缠束在黑色幞头之外，以较宽幅的布帛向后将额头裹住，又从脑后绕上额顶扎成结（图三：6）。② 众侍女皆科头露紒，无有幞头，直接将陌额缠于额间，与章怀、懿德墓壁画仪卫陌额完全不同，却与在洛阳东北郊初唐墓发现的男侍从俑之陌额一致（图三：5）。③ 或许因为军士及仪卫色彩鲜明的陌额主要为标识之用，所以才会缠束在幞头外边，而对于职责主要为听候主人调遣的侍从而言，缠陌额则主要为防止鬓发松散，因此两者才会有所不同。缠陌额的男装侍女虽然发型简单，但是也会在方寸之间加以装饰，新城长公主墓侍女头缠红底白花抹额，便是点睛之笔。

1. 段简璧墓壁画侍女　2. 新城长公主墓壁画侍女　3. 韦贵妃墓壁画侍女
4. 安元寿墓壁画侍女　5. 初唐洛阳东北郊墓出土男俑　6. 章怀太子墓壁画仪卫

图三　唐代束陌额人物

二、男装女子的女性特征

唐代的男装女子，往往会保留部分原先的女性装扮，不但在妆容和发型方面凸现女性特征，就算身着男式袍服，也会混搭部分女装。唐墓壁画中常见男式袍服下穿条纹裤及女式便鞋（线鞋或锦鞋）的男装侍女，如前

---

① （宋）欧阳修：《新唐书》卷一〇八《娄师德传》，中华书局，1975年，第4092页。
② 徐光冀主编：《中国出土壁画全集·陕西（下）》，科学出版社，2011年，第276页，图256。
③ 俞凉亘，周立：《洛阳陶俑》，北京图书馆出版社，2005年，第174页。

文已列新城长公主墓壁画侍女，黄色袍服下露出条纹裤角，足穿浅色线鞋（图三：2）。① 总章元年（668年）李爽墓墓室东壁吹箫侍女，紫袍下着条纹裤及线鞋（图一：3）②、燕妃墓（图一：4）③、阿史那忠墓壁画男装侍女（图一：5）④、薛儆墓石椁线刻男装侍女（图二：3）⑤ 皆身着男式窄袖袍服，袍下着条纹裤及线鞋或锦鞋，这类装扮也是男装侍女最常见的形象，在业已发现的考古资料中占绝大多数。

条纹裤是唐代宫廷女子惯常穿着的下服裳，长乐公主墓出土的裙装女骑俑，裙角下即露出一截条纹裤。传世唐·阎立本《帝王步辇图》，抬起御辇的众宫女为了行步之便，特意在腰腹之间束带以提高裙摆，露出一节红白条纹裤角。⑥

以上裙装宫女，皆于裙内着条纹裤，显系女装无疑。线鞋也是唐代女子惯常穿着的轻便鞋履，《旧唐书·舆服志》载："武德来，妇人著履，规制亦重，又有线靴。开元来，妇人例著线鞋，取轻妙便于事。"⑦ 1969年新疆吐鲁番阿斯塔那M128曾出土唐代麻线鞋，鞋长28.5厘米、宽8厘米，以粗麻线织成厚底，细麻线编织鞋面，上面缝缀鞋带。⑧ 这种鞋样与唐墓壁画中侍女所着如出一辙。男装侍女穿着条纹裤和线鞋，其实正是采用了"混搭"的穿衣法，在穿着男装的同时仍保留部分女装。

除服装外，男装女子在化妆及装饰等其他方面也颇费思量。唐初，身

---

① 徐光冀主编：《中国出土壁画全集·陕西（上）》，科学出版社，2011年，第178页，图165。
② 徐光冀主编：《中国出土壁画全集·陕西（上）》，科学出版社，2011年，第215页，图201。
③ 徐光冀主编：《中国出土壁画全集·陕西（上）》，科学出版社，2011年，第221页，图207。
④ 徐光冀主编：《中国出土壁画全集·陕西（下）》，科学出版社，2011年，第245页，图227。
⑤ 山西省考古研究所编著：《唐代薛儆墓发掘报告》，科学出版社，2000年，第51页。线图为笔者据图六五自绘。
⑥ 沈从文：《中国古代服饰研究》，上海书店出版社，1997年，第229页。
⑦（后晋）刘昫：《旧唐书》卷四十五《舆服志》，中华书局，1975年，第1958页。
⑧ 包铭新：《西域异服——丝绸之路出土古代服饰复原研究》，东华大学出版社，2007年。

着男装的侍女所表现出的女性特点尚不甚显著，基本妆容清淡、衣饰朴素，而早期的研究者甚至会因其服饰而误判人物性别。但经过高宗武后时期的演变，女性特点越来越明显，盛唐时期，这一趋势达到鼎盛，男装侍女不但浓妆艳抹，发型衣饰也繁花似锦，将女子的艳丽表现得淋漓尽致，亦是表现盛唐风貌的奇景。

在发型上，男装女子仍保留女式发髻，如咸亨三年（672年）燕妃墓甬道东壁红袍侍女，脑后梳角状发髻（图四：1）；① 咸亨四年（673年）房陵公主墓紫袍侍女，发顶梳丫髻（图四：2）；② 光宅元年（684年）安元寿墓出土三彩男装女俑，发顶梳圆髻（图：3）；③ 阿斯塔那72TAM187出土唐代绢画两侍女，其一梳双髻，垂于双颊，其二梳高髻，髻插花饰簪戴（图四：4、5）；④ 开元九年（721年）薛儆石椁线刻侍女头盘高髻，髻束发带（图四：6）；⑤ 开元二十五年（737年）贞顺皇后墓石椁线刻侍女，头梳双角状发髻（图四：7）。⑥ 以上男装侍女发髻各异，既有少女之丫髻、双髻，也有翠钿珠饰之高髻，都是唐代流行的女子发式，尽管身着男服，倒也不失其美。

男装梳髻侍女，最常见的一种发型是被称为"反绾髻"的发式（也有研究者称其为"双心髻"，正常女装侍女也常梳这种发型。这种发式是将头发归拢至顶，再分为两股，相互纠结盘绕成交叉状的双髻，形成所谓"反绾头髻盘旋风"的样式。契苾明墓石椁线刻侍女（图五：1）⑦、章怀太子

---

① 徐光冀主编：《中国出土壁画全集·陕西（上）》，科学出版社，2011年，第220页。图206。
② 周天游主编：《唐墓壁画精品·新城、房陵、永泰公主墓壁画》，文物出版社，2002年。图三九。
③ 昭陵博物馆：《唐安元寿夫妇墓发掘简报》，《文物》1988年第12期。彩色插图一。
④ 李征：《新疆阿斯塔那三座唐墓出土珍贵绢画及文书等文物》，《文物》1975年第10期，第89—90页，墓葬年代上限约在长安二年至四年（702—704年），下限至天宝年间（742—756年）。
⑤ 山西省考古研究所编著：《唐代薛儆墓发掘报告》，科学出版社，2000年，线图为笔者据图版76自绘。
⑥ 程旭，师小群：《唐贞顺皇后敬陵石椁》，《文物》2012年第5期，第90页。
⑦ 解峰，马先登：《唐契苾明墓发掘记》，《文博》1998年第5期，第12页。

墓石椁线刻侍女（图五∶2）①、永泰公主墓石椁线刻侍女（图五∶3）②、韦泂墓线刻侍女（图五∶4）③，均作着男服梳反绾髻装扮。

1. 燕妃墓壁画侍女　2. 房陵公主墓壁画侍女　3. 安元寿墓出土三彩侍女俑　4. 阿斯塔那72TAM187出土绢画侍女　5. 阿斯塔那72TAM187出土绢画侍女　6. 薛儆墓石椁线刻侍女　7. 贞顺皇后墓石椁线刻侍女

图四　梳髻男装侍女

1. 契苾明墓石椁线刻侍女　2. 章怀太子墓石椁线刻侍女　3. 永泰公主墓石椁线刻侍女　4. 韦泂墓出土线刻侍女

图五　梳反绾髻的胡服男装侍女

　　在妆容上，盛唐时期的男装侍女多浓妆艳抹，描眉点黛、敷粉施朱的

---

① 樊英峰，王双怀：《线条艺术的遗产：唐乾陵陪葬墓石椁线刻画》，文物出版社，2013年，第251页。
② 樊英峰，王双怀：《线条艺术的遗产：唐乾陵陪葬墓石椁线刻画》，文物出版社，2013年，第221页。
③ 陕西省文物管理委员会：《长安县南里王村唐韦泂墓发掘记》，《文物》1959年第8期，第10-13页。

形象在唐墓壁画中表现得最为直观。除此以外，在妆饰的细节方面也体现出女性的细密心思。前文所见开元二十九年（741年）李宪墓石椁线刻幞头袍服侍女，其中一持扇侍女，额间点缀一圆形花靥，另一叉手侍女，妆容与前者相似，惟额中点花状妆靥，幞头上还另插一枚花饰（图二：4）；①此外，开元二十五年（737年）贞顺皇后石椁线刻幞头襕袍持笛侍女，额间亦点一圆形花靥（图二：3），相比于浓妆盛饰，细节处的点缀似乎更加清秀不俗。

在衣纹上，袍服靿靴的男装侍女，袍服虽无纹饰但大多色彩鲜明，以朱、紫最为常见。此外，也有袍服上饰花纹者，如前文所见安元寿墓出土三彩女俑（图四：3）；阿斯塔那72TAM187出土绢画高髻侍女，所着袍服皆遍饰团花（图四：5）。贞顺皇后石椁线刻侍女袍服则饰阔叶牡丹花，望之异常醒目（图二：3）。持笛侍女其靿靴也带牡丹花纹，一改以往所见男装侍女多着皂靴之形象（图二：3），这在目前的考古材料中也不多见，或许代表了盛唐时的大内"宫样"。

三、胡风影响下的女效男装现象

唐人好胡风，男装侍女也常以新潮的"胡样"登场，身着胡服、头戴各式胡帽。胡帽一般使用锦缎制作，帽身高耸、帽顶略呈尖状，其上装饰或繁花锦饰、或嵌宝镶珠、或附加毛皮滚边，样式大都能从考古资料中找到实例。例如麟德元年（664年）柳凯墓出女俑，头戴白色弧顶前后卷沿帽，前沿翻卷呈三角形，身着红色圆领窄袖胡服（图六：1）。②长安三年（703年）张礼臣墓出土绢画侍女，头戴无沿护耳高顶锦帽（图六：2）③。神龙二年（706年）章怀太子石椁线刻侍女，胡服胡帽装扮，锦帽饰联珠纹

---

① 陕西省考古研究所：《唐李宪墓发掘报告》，科学出版社，2005年，第215页图二〇七，第204页图二〇二。
② 洛阳市第二文物工作队，偃师县文物管理委员会：《河南偃师唐柳凯墓》，《文物》1992年第12期，第23页。
③ 李征：《新疆阿斯塔那三座唐墓出土珍贵绢画及文书等文物》，《文物》1975年第10期，第90页。

(图六：3)。① 景龙三年（709年）安菩墓出土彩绘女俑，身着翻领窄袖胡服，头戴无沿圆顶胡帽，帽饰忍冬纹（图六：4）。② 开元二年（714年）杨谏臣墓出土彩绘胡服女俑，头戴卷沿高帽，沿作三瓣状，上绘花纹（图六：5）。③ 开元六年（718年）韦顼墓石刻胡装侍女，头戴无沿尖顶胡帽，沈从文先生认为此乃"浑脱金锦帽"。④

需要说明的是，唐人所谓"胡人"，在广义上指西北地区所有的外番人，而狭义的胡人则主要是操伊朗语的波斯人、粟特人以及西域人。更狭义的"胡人"则专指粟特人，因为粟特人在西域、中亚及北方游牧民族政权中人数最多，与唐人密切往来的胡人也绝大多数为粟特人。⑤ 因此，文献中所谓"胡服"，实则为粟特人的服装。

1. 柳凯墓（664年）出土女俑　2. 张礼臣墓（703年）出土绢画侍女
3. 章怀太子墓（706年）石椁线刻侍女　4. 安菩墓（709年）出土彩绘女俑
5. 杨谏臣（714年）墓出土彩绘女俑　6. 韦顼墓（718年）石椁线刻侍女

图六　胡服胡帽侍女

---

① 樊英峰，王双怀：《线条艺术的遗产：唐乾陵陪葬墓石椁线刻画》，文物出版社，2013年，第71页。
② 洛阳市文物工作队：《洛阳龙门唐安菩夫妇墓》，《中原文物》，1982年第3期，第23页。原报告中称其为男俑，但观其神态面目，应该是胡服女俑。
③ 关双喜，刘向群：《杨谏臣墓出土的几件文物》，《文博》1985年第4期，第86-88页。
④ 沈从文：《中国古代服饰研究》，上海书店出版社，1997年，第261页。
⑤ 荣新江：《何谓胡人——隋唐时期胡人族属的自认与他认》，《乾陵文化研究（四）——思路胡人与唐代文化交流学术讨论会论文集》，三秦出版社，2003年，第7页。

敦煌吐鲁番出土4—7世纪的衣物疏中，常有称作"尖"的名物条目。如《前秦建元二十年缺名随葬衣物疏》载："绀綪尖一枚。"①《北凉真兴七年宋泮妻隗仪容随葬衣物疏》载："故钳（绀）尖一枚，故白尖一枚。"②《北凉缘禾六年翟万随葬衣物疏》载："故帛尖一枚、故綪尖一枚。"③《高昌义和四年六月缺名随葬衣物疏》载："紫罗尖一。"④所谓"尖"，即一种尖顶的胡帽，其形或许与上文安菩墓出土女俑及韦顼墓线刻侍女所戴之胡帽类似。

胡装女子身着的服饰其实也属于男装范畴。尽管唐代胡姬服饰形象因为缺乏直观的考古材料，无从对比⑤，但Finna J. Kidd女士对撒马尔罕粟特服饰进行的相关研究，认为粟特女子常身着圆领窄袖、长及脚踝的衣袍，外罩长披风。⑥唐代胡装女子的服饰与之大不相同，反而与唐代男性胡俑的装扮大致相类。只不过，女子穿戴的胡服胡帽显然经过改良，更趋向女性的审美特点，在颜色与装饰方面较之男性更加鲜明绚丽、花团锦簇。

胡服的流行或许也与唐代宫廷盛行柘枝舞和胡旋舞不无关系。唐人

---

① 国家文物局古文献研究室，新疆维吾尔自治区博物馆，武汉大学历史系编：《吐鲁番出土文书》第一册，文物出版社，1981年，第9页。
② 国家文物局古文献研究室，新疆维吾尔自治区博物馆，武汉大学历史系编：《吐鲁番出土文书》第一册，文物出版社，1981年，第59页。
③ 国家文物局古文献研究室，新疆维吾尔自治区博物馆，武汉大学历史系编：《吐鲁番出土文书》第一册，文物出版社，1981年，第176页。
④ 国家文物局古文献研究室，新疆维吾尔自治区博物馆，武汉大学历史系编：《吐鲁番出土文书》第三册，文物出版社，1981年，第69页。
⑤ 孙机先生为《丝路胡人外来风》一书作序时略提，之所以罕见有关唐代胡姬的考古资料，大概是因为在当时社会的认知范畴中，胡姬被定格为风尘俗艳之尤，且以男性胡俑之狰狞面目作为参照，胡姬大概不甚符合传统审美标准。正因为缺少直观的考古学资料，对胡姬的装束反而不甚了解。葛乐耐在《粟特人的自画像》中则指出，中国出土的粟特人石棺，墓主人总身着粟特服装，但其妻却总穿着汉人服饰，或许因为在中国社会中胡姬常与视为下层社会的歌姬舞女相联系，对于定居在中国的胡人显贵来说，唯一的方法就是展现其妻汉服的形象。
⑥ Finna J. Kidd Costume of the Samarkhand Region of Sogdian between the 2nd/1st century B.C.E. and the 4th century C.E. Bulletion of the Asian Institue Vol.17, 2003. pp.35-69.

诗歌中多有相关描述，白居易《柘枝姬》描写跳柘枝舞的舞姬装扮，曰："带垂钿胯花腰重，帽转金铃雪面回。"即头戴装饰金铃的胡帽。另有《柘枝词》曰："绣帽珠稠缀，香衫袖窄裁。"此缀珠之绣帽，应该与前章怀太子石椁线刻侍女之胡帽相类。刘言史《王中丞宅夜观胡腾舞》曰："织成蕃帽虚顶尖，细氍胡衫双袖小。"李端《胡腾儿》（一作歌）则曰："扬眉动目踏花毡，红汗交流珠帽编。"描述胡旋舞者的装扮，以华丽的"织成"锦制成的尖顶胡帽，同样点缀珠饰。

以上诸文士之诗文均作于中晚唐，其时，历经安史之乱的浩劫，人们对于胡服胡帽的热忱已经大为收敛，《新唐书·车服志》载："士女衣胡服，其后安禄山反，当时以为服妖之应。"①战乱的沉痛打击，使得人们对"胡"产生抵触情绪，这种心态在其对胡服的取舍方面表现得最为淋漓尽致。安史之乱之前，宫廷中任尚司典掌之职的宫女在履行职责时均可穿着胡装，唐代皇室贵族墓葬中出现大量手持包裹、如意、团扇、胡瓶等物件，穿戴胡服胡帽的女子即可为证。而在此之后，唐代宫廷中胡服侍女已属罕见，只有在特殊场合才会穿着，譬如宫廷舞者只有在表演胡舞时方穿戴胡装。

四、唐代女着男装原因分析

唐代女子穿着男装的现象说明，女效男装已不单是个人特例，更上升至社会现象。这一风潮源自宫廷，之后自上而下传至民间，《旧唐书·舆服志》载："开元初，从驾宫人骑马者，皆着胡帽，靓妆露面，无复隐蔽。士庶之家，又相仿效，帷帽之制，绝不行用。俄又露髻驰骋，或有著丈夫衣服靴衫，而尊卑内外，斯一贯矣。"②《新唐书·车服志》载：（中宗后）"宫人从驾，皆胡帽乘马，海内效之。"③前文所述，唐初宫廷中的"裹头内人"，已开唐代女着男装之先例，时至盛唐，尤其是安史之乱前，这一现象臻于鼎盛。

总结唐代女着男装风潮的原因，主要有以下三点：

---

① （宋）欧阳修：《新唐书》卷二十四《车服志》，中华书局，1975年，第531页。
② （晋）刘昫：《旧唐书》卷四十五《舆服志》，中华书局，1975年，第1957页。
③ （宋）欧阳修：《新唐书》卷二十四《车服志》，中华书局，1975年，第531页。

其一，唐代勇于进取的精神构成时代大背景。

唐代以接受外来文化为主，其文化精神及动态是复杂而进取的。①唐人进取的精神无论是在对外来文化的态度上还是对于女性的约束，在历代王朝中都是积极且宽和的。在这种时代风貌下，各种域外事物大量输入，使得唐人大有胡气。同时，社会对于女性的束缚较为宽和，女子之所以能够靓装露面、骑马出行，无疑是宽松的社会环境使然。

其二，唐初大量胡人入唐为直接原因。

唐人热衷胡服与唐初大量胡人入唐有直接关系，当时长安、洛阳、敦煌、吐鲁番等地是胡人聚居地，同时也是重要的考古发现地。②这些远道而来的异域胡人（主要是指伊朗系统的粟特人）载歌载舞进入大唐社会，他们的衣冠配饰也迅速成为唐人男女效仿的对象。

其三，唐人特殊的审美眼光是最现实的原因。

唐代女效男装，曾被视为是女子地位提高的表现，但这种观点近年受到质疑。③尽管唐代社会对女子较为宽容，而政坛上也出现过一段女子执政的红妆时代，权倾朝野的太平公主本人就曾"紫衫、玉带、皂罗折上巾，具纷砺七事，歌舞于帝前。"④但若将女效男装拔高到挑战男权世俗的高度，与史实不符。

从考古资料上看，无论是壁画中的男装女子还是男装女俑，均出自唐代高等级墓葬，她们大多面目柔顺恭谨，或敛手袖中、或捧物执事，表明她们属于侍女之类，身份上隶属于达官显贵。男装侍女最初出现在唐初的宫廷中，作为皇亲国戚的侍女仆役，其着装应该是为了满足主人的审美眼光，而非出自个人好恶。至于盛唐时期士庶之家的女效男装，也是上行下效的结果。胡服女子的出现也是基于同样的原因，唐代贵族好胡风，因此侍女也应主人的喜好身着异域胡装。即使如太平公主般尊贵的女子身着男

---

① 傅乐成：《唐型文化与宋型文化》，《国立编译馆馆刊》第一卷第四期，1972年。
② 荣新江：《女扮男装——唐代前期妇女的性别意识》，《唐宋女性与社会》，上海辞书出版社，2003年，第739-740页。
③ 孙机：《唐代女子着男装与胡服》，《艺术设计研究》2013年第4期，第26-27页。唐墓壁画及线刻画中的袍袴女子手捧器物次身于裙衫女子身后，表明其身份较低，且男装女子并非女装的主流。
④ （宋）欧阳修：《新唐书》卷三十四《五行志》，中华书局，1975年，第878页。

装,也不过是"上可兼下"的区区个例。所以,女效男装现象是不足以视为挑战世俗男权的。

安史之乱以后,华夷之别骤增,胡服被视为"服妖",包括胡装女子在内的男装女子均难觅踪影。《唐语林》载武宗王才人曾着男装,这已是难得一见的稀罕事。后世王朝宫廷中虽也有男装袍服的宫女,如金代服侍后妃、名为"假厮儿"的男装侍女,以及明代宫中的"冠服宫女",但无论是数量还是社会影响,显然不能与唐代相提并论。

慢束罗裙半露胸
——唐代女子的袒领服饰

晚唐诗人周濆《逢邻女》诗云:"日高邻女笑相逢,慢束罗裙半露胸。"描述唐代女子身着袒领服的样貌。唐代自高宗中期而始,经玄宗开元、天宝及至晚唐,女子服饰呈现出一番前所未有的新气象:自上而下普遍流行穿着袒领服,各式女衫襦领均开口较低、前胸半露。如此热辣风潮自上而下、影响广泛,既是大唐的鲜明标志,也在中国服饰史上独树一帜。

一、袒领服装的基本种类

唐代女子的袒领服饰,颜色丰富、式样多变,展现出女性的娇美明丽,大体而言,这些袒领服装主要可以分成以下三大类。

1. 半袖套装

"半袖",顾名思义是袖长仅达手臂之半的上衣,《释名·释衣服》曰:"半袖,其袂半,襦而施袖也。"广义上,但凡半袂上衣,均可名之为"半袖"。唐代女性常着半袖,窄小修身、领口较大、细节装饰极为丰富,通常与高腰长裙、紧身长袖衫并披帛成套穿着。自武德以来,此类半袖套装也是宫廷女史的制服,《旧唐书·舆服志》记载:"武德令……女史则半袖裙襦。"[1]《新唐书·车服志》载:"半袖裙襦者,东宫女史常供奉之服也。"[2]可见,半袖套装属于女性较为正式的服装,皇室墓葬如章怀、懿德、永泰三陵所绘壁画,即有众多作此装扮的侍女。

唐代半袖襟领形制多样,依领口弧线的造型可分为方领、V领、鸡心领、圆领等各种形状。在半袖套装的流行期内,其领口大小历经由小变大

---

[1] (后晋) 刘昫:《旧唐书》卷四十五《舆服》,中华书局,1975年,第1956页。
[2] (宋) 欧阳修:《新唐书》卷二十四《车服》,中华书局,1975年,第523页。

的演变。起初,领口开口较小,一般高仅至颈下部位,如永徽二年(651年)段简璧墓第三天井动臂持扇侍女,着方领半袖、束条纹长裙、披帛(图一:1)。① 乾封二年(667年)韦贵妃墓壁第四过洞西壁北间侍女,身着V领半袖、束高腰裙、披帛(图一:2)。② 总章元年(668年)李爽墓墓室北壁持物侍女,身着鸡心领半袖,襟领较之前略低(图一:3)。③ 咸亨三年(672年)燕妃墓前室南壁侍女,着圆领半袖,披帛(图一:4)。

1. 段简璧墓壁画侍女　2. 韦贵妃墓壁画侍女　3. 李爽墓壁画侍女　4. 燕妃墓壁画侍女
5. 阿史那忠墓壁画侍女　6. 太原金胜村M337壁画侍女　7. 太原焦化厂唐墓壁画侍女
8. 山西万荣薛儆墓石椁线刻侍女　9. 新疆阿斯塔那张礼臣墓出土绢画侍女

图一　唐代半袖套装女子图像

自高宗中期开始,半袖襟领已呈袒领状,如上元二年(675年)阿史那忠墓第三天井西壁侍女,身着鸡心领半臂,襟领低裁(图一:5)。④ 山西太原金胜村337号唐墓东壁侍女,身着开襟半袖,前襟低裁(图一:6)。⑤ 山西太原焦化厂唐墓墓室西壁侍女,衣装与前者类似,半袖同样是开襟袒领的样式(图一:7)。⑥ 山西万荣开元八年(720年)薛儆墓石椁内线刻侍女,着方领半袖,前襟袒露(图一:8)。⑦ 新疆阿斯塔那张礼臣墓

① 张志樊:《昭陵唐墓壁画》,文物出版社,2006年,第55页。图17。
② 徐光冀主编:《中国出土壁画全集·陕西(上)》,科学出版社,2011年,第208页。
③ 徐光冀主编:《中国出土壁画全集·陕西(上)》,科学出版社,2011年,第217页。
④ 张志樊:《昭陵唐墓壁画》,文物出版社,2006年,第189页。
⑤ 山西省考古研究所,太原市文物管理委员会:《太原金胜村337号唐代壁画墓》,《考古》1990年第12期,第189页。
⑥ 徐光冀主编:《中国出土壁画全集·山西》,科学出版社,2011年,第107页。
⑦ 山西省考古研究所编著:《唐代薛儆墓发掘报告》,科学出版社,2000年,第49页。

（72TAM230）出土绢画仕女，身着开襟V领半袖，领口低裁（图一：9）。①无论在京城还是边疆、无论是宫廷女史还是小家碧玉，均身着袒领半袖套装，可见这一服饰潮流影响极为广泛。

2. 交领衫裙

唐代女性的袒领服饰不仅限于半袖襦服，交领广袖衫同样采用袒领的样式。李寿墓石椁内西壁北部线刻舞伎，外着交领广袖衣、内着窄袖衫、齐胸束长裙（图二：1）。②韦贵妃墓前墓室东壁高髻袖手侍女，同样身着交领广袖衫、束高腰厌衣长裙（图二：2）。③懿德太子石椁正面门上相对而立的高冠侍女线刻图，衣装样式与韦贵妃墓袖手侍女类似，但装饰更为华丽、交领处也更袒露（图二：3）。④李宪墓甬道东壁壁画持笏侍女，上穿交领广袖衫、束高腰厌衣裙，与前者同属一式（图二：4）。⑤这类交领广袖衫裙，较多保留汉晋以来的中原传统服制，交领右衽、衣袖宽博，有别于唐代最常见的窄袖短襦服饰，但是为了迎合当时盛行的袒领风潮，刻意将衣领交汇处下移，并厌于裙腰之内，故也呈现出袒领的视觉效果。

1. 李寿墓石椁线刻舞伎　2. 韦贵妃墓壁画侍女　3. 懿德太子石椁线刻侍女
4. 李宪墓壁画持笏侍女

图二　唐代交领衫裙女子图像

---

① 李征：《新疆阿斯塔那三座唐墓出土珍贵绢画及文书等文物》，《文物》1975年第10期，第89-90页。
② 陕西省博物馆，文管会：《唐李寿墓发掘简报》，《文物》1974年第9期，第85页。
③ 张志攀：《昭陵唐墓壁画》，文物出版社，2006年，第129页。
④ 沈从文：《中国古代服饰研究》，上海书店出版社，1997年，第249页。
⑤ 徐光冀主编：《中国出土壁画全集·陕西（上）》，科学出版社，2011年，第358页。

3. 宽袖襦裙

自玄宗开元末以来，时世宽装束，女子衣装也一改以往窄小束身的特点，逐渐变得宽缓，常见的裙衫均较之前宽松许多。服装风格的变化固然与审美和潮流密切相关，但是中唐以来女子体态日趋丰腴圆润，也是衣装变宽大的重要原因之一。

唐贞顺皇后石椁线刻女子，均体态丰腴、衣装宽缓：襦衫衣袖宽松、领口开阔，长裙齐胸厌腰亦十分宽松，并肩覆帛巾（图三：1）。[①] 宋徽宗摹唐张萱《捣练图》图中的仕女们也均作宽袖襦裙的装扮（图三：2）。[②] 敦煌莫高窟第45窟南壁唐代女供养人（图三：3）[③]、第468窟女供养人（图三：4）[④]，均身着类似的宽松样式的服装。

1. 贞顺皇后石椁线刻女子　2. 宋徽宗摹唐张萱《捣练图》女子
3. 敦煌莫高窟第45窟女供养人　4. 敦煌莫高窟第468窟女供养人

图三　唐代宽袖襦裙女子

二、袒领服饰的来源

唐代袒领服饰既有对前朝服饰的继承，也深受西域胡服的影响，同时

---

① 陕西历史博物馆编：《皇后的天堂：唐敬陵贞顺皇后石椁研究》，文物出版社，2015年，第91页。
② 江西美术出版社编：《中国画手绢临摹范本·唐张萱〈捣练图〉》，江西美术出版社，2016年，第2-3页。
③ 敦煌研究院主编：《敦煌石窟全集·民俗画卷》，商务印书馆，2001年，第82页。
④ 段文杰编：《中国敦煌壁画全集·中唐》，天津人民美术出版社，2006年，第165页。

也不断对传统服饰进行创新和改造。

1. 对前代服制的继承

自汉末开始，女子服装腰线呈逐渐上升的演变趋势，《后汉书·五行志》记载："献帝时，女子好为长裙，而上甚短。"汉末女子热衷长裙短衣的装束，大概是为了提升腰线，让形体显得修长，为此必须加长裙摆、抬高裙腰，而上衣也随之变短。西晋服饰呈现上俭下丰的特点，《搜神记》卷七"西晋祸征"条曰："晋武帝泰始初，衣服上俭，下丰，着衣者皆厌腰。"①《晋书·五行志》亦曰："晋武帝泰始初，衣服上俭下丰，着衣者皆厌腰，此君衰弱，臣放纵，下掩上之象也。"②东晋初，上衣长仅及腋，《晋书·五行志》曰："是时，为衣者又上短，带才至于掖。"③考古所见东晋女俑服饰，一般作上襦下裙的装扮，襦衫长至腰腹部、衣袖宽直、长裙及地，并未体现出上俭下丰、衣短厌腰的特征。及至南朝，女子着厌腰裙方才逐渐增多，四川大学博物馆收藏的萧梁中大通四年（532年）佛像背面浮雕女供养人及侍女，服饰形制类似，着广袖交领衣、裙腰厌衣、高至齐胸（图四：1）。④南京雨花台南朝晚期墓（M84）出土画像砖《贵族女子出行图》中的女子，均穿着广袖交领衫、百褶厌腰裙，裙腰齐胸（图四：2）。⑤江苏常州茶山戚家村南朝墓出土画像砖中人物图像，也有身着交领广袖、高腰厌衣裙的持物侍女（图四：3）。⑥

---

① 马银琴，周广荣译注：《搜神记》，中华书局，2012年，第141页。
② 《晋书》卷二十七《五行上》，中华书局，1996年，第823页。
③ 《晋书》卷二十七《五行上》，中华书局，1996年，第826页。
④ 霍巍：《四川大学博物馆收藏的两尊南朝石刻造像》，《文物》2001年第10期，第39-44页。线图见张珊：《东晋南朝女性襦裙探析》，《艺术设计研究》2017年第1期，图7-7。
⑤ 南京市博物馆，雨花台区文化广播电视局：《南京市雨花台区南朝画像砖墓》，《考古》2008年第6期，第46页。
⑥ 《中国画像砖全集》编委会编：《中国画像砖全集·全国其他地区画像砖》，四川美术出版社，2005年，第14页。

1. 川大博物馆萧梁浮雕女供养人及侍女　2. 南京雨花台南朝墓出土画像砖女子图像
3. 常州茶山戚家村南朝墓出土画像砖女子图像　4. 洛阳北魏杨机墓出土女俑
5. 临朐北齐崔芬墓壁画女子图像　6. 敦煌石窟第389窟隋代女供养人壁画

图四　南北朝时期着高腰厌衣裙女子图像

与此同时，自北魏中晚期以来，北朝女子也偏好高腰厌衣裙，河南洛阳北魏杨机墓出土的彩绘女俑，均身着交领广袖衣、高腰厌衣裙，样式与南朝无差（图四：4）。[①] 山东临朐北齐崔芬墓墓室西壁壁龛横额绘《墓主夫妇出行图》，女主人及侍女均着交领广袖衣、高腰厌衣裙（图四：5）。[②] 北朝高腰厌衣的服饰风格显然受到南朝衣装的影响，隋代因袭之，女子好为窄袖长衫、齐胸厌腰裙及披帛的装扮，敦煌石窟第389窟隋代女供养，衣装与南朝女子无异，唯双肩披帛（图四：6）。[③] 唐代女服也深受其影响，女子通服的齐胸长裙或许正是敦煌文献中的"裌袚"，敦煌写本《俗务要名林》所载《女服部》书有"裌袚"之名。[④] "裌"指衣衽，"袚"指束衣于腋下，故其意指束于腋下的裙服。[⑤] "裌袚"裙服是唐代女子最常穿着的衣装，相关资料异常丰富，本书所列唐代女子长裙均可视为此类。

[①] 洛阳博物馆：《洛阳北魏杨机墓出土文物》，《文物》2007年第11期，第59页。
[②] 山东省文物考古研究所，临朐县博物馆：《山东临朐北齐崔芬壁画墓》，《文物》2002年第4期。
[③] 段文杰编：《中国敦煌壁画全集·隋》，天津人民美术出版社，2010年，第175页。
[④] 上海古籍出版社，法国国家图书馆编：《法藏敦煌西域文献》第34册，上海古籍出版社，2005年，第3页。
[⑤] 叶娇：《唐代敦煌民众服饰刍议——以敦煌文书〈杂集时用要字〉和〈俗务要名林〉为中心》，《敦煌研究》2011年第5期，第84页。

2. 对西域服饰的吸纳

唐代盛行的"�"裙服，长裙高腰齐胸，衣衫则相应短小窄身。神龙而始，女衫领口不断下降，呈半露之态，前辈学者多将此归于胡风。童书业先生认为唐代女子流行袒领着装风格是受到西域胡服的影响，可能是从东欧西亚传过来的。① 美国汉学家薛爱华认为唐代女性常见的紧身衣，带有伊朗风格。②

唐代女子袒领紧身的服饰风格也均能在西域找到原型，6—7世纪的新疆石窟壁画龟兹女供养人所着紧身袒领的服饰，就与唐代女装有相似之处。女供养人常穿袒领上衣，具体可分成两式：其一，翻领开襟束腰式，如克孜尔第205窟斯瓦杨普拉芭王后，身着翻领开襟束腰半袖衣、紧身长袖条纹衫、宽摆曳地长裙（图五：1）。③ 克孜尔尕哈第14窟的龟兹王后，身着样式类似的翻领开襟束腰半袖上衣、紧身长袖衫以及阔摆长裙（图五：2）。④ 库木吐拉沟口区第17窟女供养人，亦身着翻领开襟束身上衣，唯衣袖作紧身长袖式。（图五：3）⑤

1. 克孜尔第205窟龟兹王后像　2. 克孜尔尕哈第14窟的龟兹王后像
3. 库木吐拉沟口区第17窟女供养人像

图五　龟兹壁画女供养人图像

---

① 童书业：《唐代妇女的西装——胡服式半袖裙襦考》，《童书业史籍考证论集》，中华书局，2005年，第574-576页。
② 薛爱华：《唐代的外来文明》，陕西师范大学出版社，2005年，第49页。
③ 人民美术出版社编：《中国美术全集·新疆石窟壁画》，人民美术出版社，2006年，第74页。
④ 中国壁画全集编辑委员会编：《中国新疆壁画全集·森木赛姆 克孜尔尕哈》，辽宁美术出版社，1995年，第113页。
⑤ 中国壁画全集编辑委员会编：《中国新疆壁画全集·库木吐拉》，辽宁美术出版社，1995年，第9页。

其二，圆领紧身束腰式，如克孜尔第69窟龟兹国王苏伐勃驶王后，身着圆领束腰半袖上衣、紧身长袖衫和阔摆长裙（图六：1）。① 著名的红穹隆顶窟克孜尔第67窟两位女供养人，均作圆领束身上衣和条纹长裙的装扮，不过第一人袖长至腕，而第二人则袖长至肘、为半袖，露出内着条纹衣袖（图六：2）。② 柯克勒认为此窟女供养人服饰，胸前裁剪得很低，类似欧洲式样，也许受到吐火罗或是东萨珊文化的影响。③ 此外，新疆喀什巴楚县托库孜萨来佛寺遗址出土的须达拏（Sudana）本生浮雕，其中女性人物同样身着圆领束身半袖、紧身长袖衫、腰系长裙（图六：3）。④

龟兹女性服饰深刻影响了唐代女子的着装风格，壁画所见女子半袖束身衣、紧身长袖衫、阔摆长裙的穿搭风格均能在唐代女子图像中找到众多近似例子。龟兹圆领半袖紧身上衣，领口低敞、袖长至肘，形制类似唐代半袖衫，故孙机先生认为唐代女装中的半臂即受到龟兹女装的影响。⑤ 只不过，龟兹半袖上衣，束腰长身、衣摆宽大似伞状；而唐代半臂，则衣身短小、衣摆平直，究其因主要是唐代女子盛行"袄袄"，裙腰齐胸，故包括半臂在内的衣衫均作短小平直的式样。

半袖内着窄袖衫也是唐代女子较常见的服装，除外罩半袖外，也流行单独穿着、下配长裙。新城长公主墓第五过洞壁画侍女，身着圆领窄袖衫、齐胸束长裙（图七：1）。⑥ 甬道东、西壁的侍女中也有数人作类似装扮。燕妃墓前甬道东壁壁画侍女也身着类似裙衫，圆领窄袖衫，齐腰束赭

---

① 新疆石窟研究所编：《西域壁画全集2》，新疆美术摄影出版社，2015年，第197页。
② ［德］勒柯克著，管平、巫新华译：《新疆佛教艺术》，新疆教育出版社，2006年，第282页。
③ ［德］勒柯克著，管平、巫新华译：《新疆佛教艺术》，新疆教育出版社，2006年，第282页。
④ 新疆维吾尔自治区对外文化交流协会编：《丝绸之路·新疆佛教艺术》，新疆大学出版社，2006年，第18-19页。
⑤ 孙机：《唐代妇女的服装与化妆》，《中国古舆服论丛》，文物出版社，2001年，第227页。
⑥ 徐光冀主编：《中国出土壁画全集·陕西（上）》，科学出版社，2011年，第181页。

色长裙，两臂披帛（图七:2）。①唐李贺《秦宫诗》云："秃衿小袖调鹦鹉"，所指或许就是这类圆领窄袖衫。永泰公主和懿德太子石椁线刻图中均有表现侍女戏鸟雀场景，众人均身着半袖、窄衫、腰束长裙、双肩披帛（图七:3、4）。②人物姿态、装扮大同小异，当本之同一粉本，这一场景与李贺诗非常契合，因此推测侍女们的窄身长袖衫就是"秃衿小袖"。

1. 克孜尔第69窟龟兹王后像　2. 克孜尔第67窟女供养人像
3. 喀什巴楚县托库孜萨来佛寺遗址出土浮雕女子像

图六　西域女子图像

1. 新城长公主墓壁画侍女　2. 燕妃墓壁画侍女　3. 永泰公主石椁线刻侍女
4. 懿德太子石椁线刻侍女

图七　唐代着小袖侍女像

3. 对传统服饰的改造

尽管唐代服饰标新立异，同时胡风胡服盛行，但是传统的汉晋衣冠

---

① 徐光冀主编：《中国出土壁画全集·陕西（上）》，科学出版社，2011年，第222页。
② 樊英峰、王双怀：《线条艺术的遗产：唐乾陵陪葬墓石椁线刻画》，文物出版社，2013年，第231页、第167页。

也被保留下来。以深衣袍服为代表的汉晋服饰在唐墓中也有发现，燕妃墓壁画十二连屏表现一系列古风人物形象，其中女子服饰即保留着汉晋衣装的特点，人物均着交领左衽深衣，腰间束带，与时人衣装明显不同。唐代女子交领衫裙的装扮，正是在保留传统的中原服制特征的基础上进行的改造：其交领领口宽大呈袒领状，显然是受袒领风潮的影响，同时腰线抬高、齐胸束带，也与唐代的高腰风格相应。

三、流行原因及相关问题

唐代女子袒领服饰之所以流行，与大唐经济发达、国力强盛、文化昌明的时代背景密切相关。富庶而强盛的国家为文明的发展提供了坚实的物质基础，也造就了大唐开放进取、包容海纳的时代精神。

1. 唐人好胡服

唐自高祖以来及至玄宗，一向秉持积极、开放、包容的对外交流政策和民族政策，为唐代胡风盛行提供了有利的大环境。《新唐书·五行志》曰："天宝初，贵族及士民好为胡服胡帽，妇人则簪步摇钗，衿袖窄小"。[1] 实际上，自高宗显庆至玄宗天宝承平这段时间，大唐江山稳固、华夷关系平衡，也是胡风最为盛行的时期。胡风盛行，在服饰方面表现为以身着胡服为尚，而唐代女子穿着袒领服饰的潮流也基本与这一时期相始终。

唐代两京地区既是政治中心也是各民族文化荟萃交流之地，关中地区高等级唐墓壁画、石椁线刻图像所表现出的女子通着袒领服饰现象，说明胡服风靡两京。孙机先生指出：在唐前期，越是贵夫人越穿着露胸的衣服。[2] 袒领服饰的普及是一种自上而下的潮流，其引领者即来自宫廷和贵族，经过上行下效的推广，袒领服饰逐渐成为影响深远的衣装样。

2. 龟兹乐舞盛行

龟兹乐舞自北朝以来一直备受推崇，隋唐时期更是风行于世，占隋九

---

[1] （宋）欧阳修：《新唐书》卷三十四《五行一》，中华书局，1975年，第879页。
[2] 孙机：《唐代妇女的服装与化妆》，《中国古舆服论丛》，文物出版社，2001年，第227页、第236页。

部乐、唐十部乐中的一席之地。《通典》曰:"自周、隋以来,管弦杂曲将数百曲,多用西凉乐,鼓舞曲多用龟兹乐。其曲度皆时度所知也。"在这一背景下,包括服饰文化在内的龟兹文化,随乐舞以及佛教的传播而深入内地。唐代女子袒领服饰中的半袖和圆领窄袖衫就受到了龟兹服饰文化的影响:龟兹女子低领紧身束腰式上衣与唐半袖样式类似,领口低裁的设计也为唐人借鉴;束身窄袖衫也成为唐代女子不可或缺的潮服。

3. 舆论态度

中原传统礼法认为袒露形体很失礼,《礼记·曲礼上》曰:"冠勿免,劳勿袒,暑毋褰裳。"[①] 唐代女性穿着袒领服饰却鲜见批判,大概是因为这是社会的普遍现象,同时其程度尚可接受,故不以为意。而文人墨客甚至着力笔墨,描绘女子身着袒领服的俏丽形象:方干《赠美人》诗曰:"粉胸半掩疑晴雪,醉眼斜回小样刀。"[②] 沈亚之《柘枝舞赋》亦曰:"差重锦之华衣,俟终歌而薄袒。"[③] 唐诗中有关女子服装艳丽的描写,对象大多是歌姬舞女,带有谐谑的语气,反映出社会上的奢靡之风。 当然,士人之中也有例外,《妆楼记》"家法"条记载:"房太尉家法,不着半臂。"[④] 太尉房琯为人"风仪沉整"[⑤],大概对此不满却又无可奈何,只能在自家内禁止女性穿着袒领半臂,此举隐晦地表达了他的真实想法。

四、后世影响

晚唐时,经过安史之乱的冲击,胡风胡服风光不再,带有西域风格的袒领服饰也逐渐过时。同时,高腰厌衣裙也不再流行,裙腰下降至自然腰

[①]（汉）郑玄注,（唐）孔颖达疏:《礼记正义》卷二《曲礼上》,《十三经注疏》,上海古籍出版社,1997年,第1240页。

[②]（唐）方干:《赠美人》,《全唐诗》卷六五一,中华书局,1979年,第7478页。

[③]（唐）沈亚之《柘枝舞赋》,《沈下贤集校注》卷一,南开大学出版社,2003年,第2-4页。

[④]（后唐）张泌:《妆楼记》,《丛书集成新编》卷83,台湾新文丰出版社,1986年,第184页。

[⑤]（晋）刘明:《旧唐书》卷一百十一《房琯传》,中华书局,1975年,第3320页。

线高度，甚至还有略低于自然腰线的情况。尽管如此，袒领式女装经过后世改造仍得以延续，宋代女子抹胸、背子的装扮大有袒领风格，宋词于此也不吝笔墨。河南禹县白沙宋墓壁画、偃师酒流沟宋墓雕砖、故宫博物院收藏的宋画《打花鼓》中的女子，均内着抹胸、外罩背子、前胸半露，这或许就是唐风的延续吧。

秃襟小袖调鹦鹉
——小释《美人调鹦图》

在中国人物画诸多题材中，美人调鹦图占有一席之地，传世作品以现藏美国波士顿美术馆旧传南宋王居正《团扇 调鹦图》为代表，图中美人倚案回身，与身侧侍女手中所持鹦鹉相视对望（图一）。[①] 美人调鹦图表现仕女与宠物鹦鹉之间的互动，始见于唐，作为一种艺术表现图像，对后世绘画影响深远。

图一　旧传南宋王居正《团扇调鹦图》

一、历史上的鹦鹉

鹦鹉是中国历史上著名的珍禽，自魏晋南北朝以来，一直作为宠物大量驯养，文献和图像资料极为丰富。鹦鹉既有本土生长也有来自域外，毛色、体态各有不同，因其羽毛艳丽、能作人言，历来为人所珍视。

中国本土鹦鹉主要产自陕西、甘肃交界处的陇山，多是紫胸、绿色长尾小鹦鹉。随着唐代对岭南、交趾地区的深入开发，产自南方的鹦鹉也被引入宫廷，如雷州半岛和广东西部地区玫瑰色环纹鹦鹉、红胸鹦鹉以及蓝头或花头鹦鹉等。此外，域外鹦鹉也不断传入，如来自印度和印度尼西亚

---

① 波士顿美术馆藏旧传南宋王居正《调鹦图》，https://collections.mfa.org/objects/18445/lady-watching-a-maid-with-a-parrot?ctx=1906d361-2171-47f6-8c0c-7e9a9d902012&idx=7。

的鹦鹉，色彩绚丽的猩猩鹦鹉以及白鹦鹉。①

羽色艳丽、巧舌能言是鹦鹉作为珍宠的主要价值，自东汉末年祢衡作《鹦鹉赋》而始，有关鹦鹉的诗赋层出不穷，内容或借鹦鹉抒怀、或以鹦鹉自喻、或应诏而作、或酬唱应和，凸显其羽泽斑斓、巧舌能言的特点。晋·桓玄《鹦鹉赋》曰："红腹赪足，玄额翠顶，革好音以迁善，效言语以自骋。"②萧梁昭明太子《鹦鹉赋》曰："有能言之奇鸟，每知来而发声。乍青质而翠映，或体白而雪明。喙前钩而趋步，翼高舞而翩翾。"③白居易《双鹦鹉》诗曰："绿衣整顿双栖起，红觜分明对语时。"刘禹锡《和乐天鹦鹉》诗曰："养来鹦鹉觜初红，宜在朱楼绣户中。频学唤人缘性慧，偏能识主为情通。"历代诗赋描述的鹦鹉，姿形各异、灵巧善言，大多是豢养在皇家朱门内的珍稀宠物。

唐宋以来，驯养鹦鹉之风日盛，宫苑高门之外，百姓富裕之家也常以此为乐。白居易《邻女》诗曰："何处闲教鹦鹉语，碧纱窗下绣床前。"王建《伤邻家鹦鹉词》曰："东家小女不惜钱，买得鹦鹉独自怜。"均是描写邻家女子饲养鹦鹉的情形。《太平广记》记载陇右富户刘潜家养一鹦鹉，能言无比，刘潜女"每日与之言话。后得佛经一卷，鹦鹉念之，或有差误，女必证之。"④梁寅《城中女》诗曰："娥娥城中女，小楼对门家。相骄茜裙新，并笑双鬟斜。花窗弄鹦鹉，月榭弹琵琶。"⑤即描写一位花窗弄鹦鹉的小女子。鹦鹉驯良温顺、聪慧乖巧，故多作女子闺阁内的玩伴，图像以及诗文中所见鹦鹉饲主均为女性。

二、墓葬出土《美人调鹦图》

鹦鹉是唐人惯养的珍奇宠物之一，考古所见《调鹦图》即反映出唐人驯养鹦鹉的闲情。陕西西安长安南里王村武陵郡王扬州大都督韦浩墓后

---

① 薛爱华：《唐代的外来文明》，陕西师范大学出版社，2005年，第223-224页。
② （宋）李昉：《艺文类聚》卷九十一，中华书局影印本，1980年，第1577页。
③ （宋）李昉：《艺文类聚》卷九十一，中华书局影印本，1980年，第1577页。
④ （宋）李昉：《太平广记》卷四百六十"禽鸟一"，中华书局，1980年，第3770页。
⑤ （元）梁寅：《石门集》卷二，《景印文渊阁四库全书》集部五 别集类四，台湾商务印书馆，1986年，第13页。

甬道东壁绘有《鹦鹉侍女》壁画（图二）①，尽管壁画有部分残损，但仍可分辨出侍女身着束腰翻领胡服，面前停留一只回首鹦鹉，鹦鹉的翎羽以及标志性的钩喙均可辨识。此外，李唐皇室高等级墓葬中石椁线刻常见各式美人戏羽的图像，章怀、永泰、懿德石椁线刻画中均有表现美人花鸟的图像，其中章怀太子石椁外壁线刻画，描绘了侍女调鹦的图像（图三）②，居右的男装侍女左手上举，似在喂食栖身于其左肩的鹦鹉。韦浩墓和章怀太子墓时代接近，均在8世纪初期。两墓侍女调鹦鹉图，人物均身着翻领窄袖紧身胡服，相比于唐墓中数量众多身着汉式裙衫的戏羽侍女图像，显然较为独特，或许是以身着胡服的侍女标明这些鹦鹉是来自域外的"洋供"。

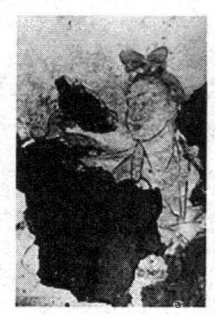 

图二　韦浩墓《鹦鹉侍女》壁画　　图三　章怀太子石椁外壁线刻　　图四　宝山二号辽墓壁画

　　唐墓壁画及石椁线刻图"美人调鹦鹉"，既是宫廷生活的真实纪录，也是唐代艺术的重要代表。唐诗中多见宫女与鹦鹉的互动，李贺《宫词》："秃衿小袖调鹦鹉，紫绣麻鞋踏哮虎。"王涯《宫词》曰："教来鹦鹉语初成，久闭金笼惯认名。"朱庆馀《宫中词》曰："含情欲说宫中事，鹦鹉前头不敢言。"可见，鸟雀是点缀宫苑、陶冶生活的美丽生灵，也是寄托情思、宣泄心绪的媒介。

　　值得注意的是，章怀、永泰、懿德石椁线刻各式美人戏羽图，无论是

---

① 陕西省考古研究院编著：《壁上丹青：陕西出土壁画集（下）》，科学出版社，2009年，第265页。
② 樊英峰、王双怀：《线条艺术的遗产：唐乾陵陪葬石椁线刻画》，文物出版社，2013年，第83页。笔者据线图自绘。

人物衣装姿态还是构图组合，均有极大的相似性，说明存在"粉本互通"的关系。这些线刻画在依据基本粉本的前提下，通过镜像左右翻转、细节纹饰增减、图像组合拆分以及不同粉本通用等方法，不断创造出各式图样。① 而这些基本粉本，在唐代仕女画发展过程中意义非凡。

此外，唐墓出土《花鸟图》也绘有鹦鹉。贞顺皇后石椁外壁及立柱线刻花卉鸟兽图，在百花卷草纹之中穿插各种珍禽异兽，其中的鹦鹉被刻划的惟妙惟肖，弯钩状喙、前后对趾等特征均准确表现出来（图五）。② 石椁内壁则线刻宫廷仕女，三两组合，置身花卉奇石之中。河南安阳北关太和三年（829年）唐墓墓室西壁绘三幅屏风式花鸟图，其中一幅绘一对鹦鹉于瑞草奇石前嬉戏（图六）。③ 鹦鹉作为独立的图像，早在河西地区魏晋墓有现，敦煌佛爷庙湾西晋墓M118、M133、M37均出土鹦鹉画像砖，这些鹦鹉被认为带有佛教文化因素。④

在中国文化中，鹦鹉与佛教有深厚渊源，唐人在墓葬艺术中多次表现鹦鹉与仕女的图像，或许其中也隐含佛教因素。《明皇杂录》记载："开元中，岭南献白鹦鹉，养之宫中，岁久，颇聪慧，洞晓言词。上及贵妃皆呼为雪衣女。……忽一日，飞上贵妃镜台，语曰：雪衣娘昨夜梦为鸷鸟所搏，将尽于此乎？上使贵妃授以《心多经》，记诵颇精熟，日夜不息。"⑤ 贵妃所授《多心经》全称《摩诃般若波罗蜜多心经》，被认为能主人免灾、逢凶化吉。唐·韦皋《西川鹦鹉舍利塔记》亦曰：（鹦鹉）"名载梵经，智殊常类，意佛身所化，常狎而敬之。"⑥ 认为鹦鹉乃是佛身所化。

---

① 徐涛，师小群：《石椁线刻与粉本的形成方式——兼论唐陵墓壁画图像粉本的来源》，陕西省历史博物馆编：《皇后的天堂——唐敬陵贞顺皇后石椁研究》，文物出版社，2015年，第212页。
② 陕西省历史博物馆编：《皇后的天堂——唐敬陵贞顺皇后石椁研究》，文物出版社，2015年，第66页、第73页。
③ 安阳市文物考古研究所：《河南安阳市北关唐代壁画墓发掘简报》，《考古》2013年第1期，第66页。
④ 戴春阳主编：《敦煌佛爷庙湾西晋画像砖墓》，文物出版社，1998年，第90页、第107-110页。
⑤ （唐）郑处诲撰，田廷柱点校：《明皇杂录·逸文》，中华书局，1997年，第58页。
⑥ （清）严诺等编：《全唐文》卷四五三，中华书局影印本，1983年，第4631页。

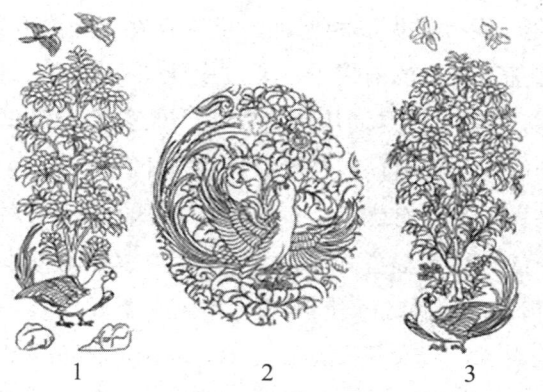
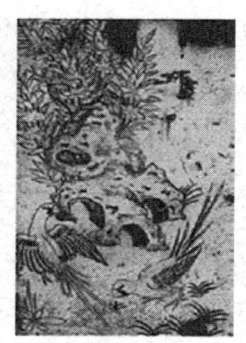

图五　唐贞顺皇后石椁外壁线刻鹦鹉图　　　图六　河南安阳唐墓壁画

1993 年内蒙古赤峰市阿鲁科尔沁旗宝山二号辽墓墓室石房壁画，其中北壁带有榜题的壁画被定名为《颂经图》。图中表现一位倚案书写的贵族女子，而书案一旁立有一只白鹦鹉（图四）。壁画右上角长方形界框中题诗曰："雪衣丹嘴陇山禽，每受宫闱指教深。不向人间出凡语，声声皆（是）念经音。"① 根据壁画的图像内容以及题诗，相关研究者或认为此图的粉本应该就是唐代流行的杨贵妃教鹦鹉图。② 《多心经》在辽代也有极大的影响力，宝山辽墓（M2）出现读写经文的贵妃图像当在情理之中。而巫鸿先生进一步指出，《颂经图》是以唐人传统题材绘画为粉本临摹的作品，且出自中原画家之手。③

三、传世绘画《美人调鹦图》

唐代开中国绘画史之新纪元，生活画逐渐走出墓葬，成为屏风画、卷轴画等专供欣赏的艺术作品。唐代中期，仕女画、山水画以及花鸟画逐渐兴起，美人与花鸟组合传统亦肇始于此。唐墓壁画及雕刻即可观其大略，传世绘画则更加直观地呈现了美人调鹦鹉的画面风格。

---

① 内蒙古文物考古研究所，阿鲁科尔沁旗文物管理所：《内蒙古赤峰宝山辽壁画墓发掘简报》，《文物》1998 年第 1 期第 87-88 页。
② 吴玉贵：《内蒙古赤峰宝山辽墓壁画"寄锦图"考》，《文物》2001 年第 3 期，第 94 页。
③ 巫鸿：《宝山辽墓的释读和启示》，见巫鸿、李清泉《宝山辽墓：材料与释读》，上海书画出版社，2013 年，第 39 页。

史载，善画美人的周昉绘有《美人调鹦图》，后世文人或有幸一睹其貌，留下相关文字记述。元·虞集《周昉画》诗曰："岛上云生日转栏，海风吹雨暮寒尖。春明玉色遗苍泽，夜定珠光入镜奁。织得鸳鸯成绿绉，教成鹦鹉啄红甜。试令鼓瑟应无语，目断归帆思未忺。"①所描述的正是传世周昉绘美人鹦鹉愁思绪的画面，明人汪砢玉《珊瑚纲》一书也录有周昉画《美人调鹦图》②，只是不知是否与虞集所见是同一幅画作。

传世周昉《美人调鹦图》有多个版本，虞集所见周昉画表现室内场景，此外，另有表现庭院场景的同名画作。明·王世贞《弇州续稿》记载："《美人调鹦图》此图不知谁作，有'坦坦'者题作《梅边美人图》，又有题为《杏花》者，最后陆子渊詹事鉴定为周昉《美人调鹦图》。盖画中红杏一树枝上一鹦鹉，美人倚磐石，采小花引之，当以子渊题为正。……画笔是五季宋初之绝精工者，虽靡周昉题识，断非后人所能办也。"③这幅《美人调鹦图》被明代学者陆深（子渊）鉴定为周昉画作，画面内容表现庭院中美人倚石持花与栖于红杏枝头鹦鹉之间的互动。仕女画将美人、磐石、花卉、鸟雀等元素有机组合，已在8世纪初期的唐墓中有所反映，周昉作为生活在8世纪后期的唐代著名的绘画大师，其原画必有所本，或许就是8世纪初期的粉本。

这幅《美人调鹦图》后流传至乾嘉时代，《石渠宝笈》录此画记载颇详，其文曰："唐周昉《宫人调鹦鹉图》一卷。素绢本、着色画，款云：宣州长史周昉笔。卷前有米芾审定、商邱宋荦审定真迹二印。又一印不可识。卷后有徐铉、米芾元章、书画府印二印。又一印不可识。卷中幅有宣和中秘一玺。前隔水篆书题籖，有'周昉画宫人调鹦鹉图'九字。拖尾刘三吾题云：冠裳宫样貌天仙，见半无繇得见全。禽在梅梢花在手，悠悠心事晚风前。前署'梅边美人图'五字，后署'坦坦'二字。又沈梦麟题云：彩扇凌风不受尘，未央宫女可怜春。若为半倚湖山久，只恐新愁复化身。华溪九十翁沈梦麟。又陶振题云：彩扇云开宝髻斜，非关门外望羊

---

① （元）虞集著，王颋点校：《虞集全集》，天津古籍出版社，2007年，第178页。
② （明）汪砢玉：《珊瑚纲》卷四十七，上海古籍书店，1991年，第896页。
③ （明）王世贞撰：《弇州续稿》卷一六八，《景印文渊阁四库全书》，集部 别集类，台湾商务印书馆，1986年。

车。衹应小殿珠帘外,几日春寒到杏花。浔阳陶振又题句云:上苑风光总好春,青禽红树日相亲。石床坐久浑无事,折得梅花不寄人。后署讷斋。又曹子文题云:太湖石畔久凝眸,手捻花枝衹自羞。满眼春愁无处说,绿衣飞在杏梢头。子文又顾禄题云:美人微步出深宫,金缕罗衣不受风。闲看翠禽春树顶,朱颜相暎杏花红。吴郡顾禄题。又吕𢡟题云:春风红杏满宫垣,手弄花枝意绪繁。懒向相如乞词赋,自调鹦鹉为人言。九栢山人吕𢡟。又陆深识云:昉画甚佳,但题为《梅边美人图》,盖花本杏耳,实非梅也,当是《调鹦鹉图》。陆深记。又文嘉题云:圣王方重禽荒戒,宫殿春深白日迟。不遣雕笼闭鹦鹉,上林分与杏花枝。又跋云:右《周昉美人调鹦鹉图》,设色行笔俱古雅,与予家旧藏《倦绣图》颇相类,但此有树石为颇胜,且得徐骑省名印,而米海岳又识以'书画府长印信'为佳品。而后题若陶振、顾谨中、吕九栢、陆俨山俱名人,是可宝也。万历六年夏五茂苑文嘉。又周天球题云:昭阳殿里宠恩疎,又见春风二月初。怪底花蘂鹦鹉舌,尚言洒竹驻羊车。又跋云:右《调鹦鹉图》旧藏上海顾氏,十年前尝一见之,其题识诸公皆号称具法眼者,固知出冲朗先生之笔无疑。或谓昉作士女多丰肥秾丽,而此不类,恐是文矩,是何泥于迹之甚耶!有真赏者,当宝重之。吴郡周天球。后有纬萧草堂画记一印,又王世贞题识云:唐人诗云,含情欲说宫中事,鹦鹉前头不敢言,误也!正当托此禽达之第,恐其不能记耳。杏花枝上绿衣娘,与诉宫中事不妨。只恐匆匆记未尽,且教三字忆君王。又跋云:此图不知谁作,有'坦坦'者题作《梅边美人图》。又有题为《杏花》者,最后陆子渊詹事鉴定为《周昉美人调鹦鹉图》。盖画中红杏一树枝上一鹦鹉,美人倚盘石采小花引之,当以子渊题为正。坦坦不知何许人,有玉堂学士章记。洪武中,刘三吾学士别号坦坦翁,当即此公。而九十翁沈梦麟,元官、入国朝不仕而三典乡试。其他若顾博士、曹子文辈,皆国初名士也。刘学士词翰,俱已耄,不辨其为《杏花》,固当。画笔是五季宋初之绝精工者,虽靡周昉题识,断非后人所能办也。琅琊王世贞。卷高七寸五分、广一尺六寸九分。"① 由此可知,此画为设色绢本卷轴,纵约25厘米、横约58厘米,画面表现初春时节,盛

---

① (清)张照,《石渠宝笈》卷三十二,《景印文渊阁四库全书》子部 艺术类,台湾商务印书馆,1986年,第275-276页。

装的美人立于红杏树下,手中拈花与立于枝头的绿鹦鹉玩笑,此情此景大概与章怀太子石椁外壁线刻《侍女花鸟图》旨趣相似吧(图七)。①

值得注意的是,唐人推崇备至的仕女花鸟画,宋人并不以为清玩。米芾《画史》曰:"至于仕女翎毛,贵游戏阅,不入清玩。"②郭若虚《图画见闻录》"论妇人形相"条曰:"今之画者,但贵其娇丽之容,是取悦于众目,不达画之理趣也。"③宋·李元应诗《观前古美人图》亦可见一斑,其诗曰:"壁月尘昏琼树秋,无从百媚一回眸。荼醾香度梅妆冷,鹦鹉声低玉笛幽。唾背但能知祸水,逢春且莫上迷楼。归来安守又盐女,不宠无惊共白头。"④画作中有美人、琼树及鹦鹉,显然又是一幅《美人调鹦图》,很可能就是唐代流传下来的古画。然而,诗文最终却联系春秋齐宣无盐、隋炀帝迷楼的典故,借以表达重德不重色的道德观,而这也是宋代士人对仕女画的基本态度。有鉴于此,宋代的仕女花鸟画多见扇面而少有卷轴,前文南宋王居正《调鹦图》即为扇面画。

尽管如此,美人调鹦仍对后世产生深刻影响。元·陈深《内人臂白鹦鹉图》曰:"华清宫中歌既醉,南海奇禽无争致。玉环最爱雪衣孃,当时曾得龙颜媚。璚房雕槛春日长,绣绷娇儿在傍戏。君王耿汝解语言,怀恩不说宫中秘。临风鸷鸟何轩轩,叹惜纯良遭猛鸷。苕翁写出当时事,侧立红衫内人臂。江花满地不忍着,空拂画图怜俊慧。"⑤这幅美人鹦鹉图显然是描绘贵妃调教雪衣娘的场景。上海博物馆收藏的明陈洪绶《斜倚薰笼图》,描绘美人坐拥薰笼,与高悬架上绿鹦鹉,两相对望,也是一幅美人调鹦图(图八)。⑥

此外,《美人调鹦图》亦远播东瀛。日本江户时代的印笼,常有中国

---

① 樊英峰,王双怀:《线条艺术的遗产:唐乾陵陪葬石椁线刻画》,文物出版社,2013年,第63页。
② (宋)米芾:《画史》,《景印文渊阁四库全书》子部八 艺术类一,台湾商务印书馆,1986年,第41页。
③ (宋)郭若虚撰:《图画见闻志》卷一,中华书局,1985年,第35-36页。
④ (宋)李元应:《观前古美人图》,录(宋)孙绍远编:《声画集》,卷二,《景印文渊阁四库全书》集部八 总集类,台湾商务印书馆,1986年,第63页。
⑤ 杨镰主编:《全元诗》第19册,中华书局,2013年,第210页。
⑥ 冯小宴:《中国历代仕女画》卷二,中国画报出版社,2014年,第89页。

  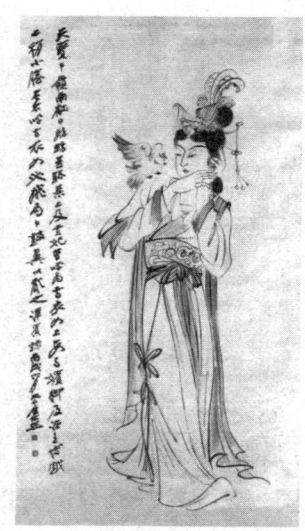

图七　唐懿德太子石椁　　　图八　明陈洪绶　　　图九　张大千《贵妃
　　　　线刻图　　　　　　　　《斜倚薰笼图》　　　　　　　鹦鹉图》

风格的装饰画。印笼是 14 世纪自中国传入日本的"唐物",最初是用来收纳印章和印泥,后逐渐演变为男子系于腰间、随身佩戴的药盒。① 大都会艺术博物馆收藏的一件江户晚期的漆印笼,上即有美人饲鹦鹉图像,其构图风格和人物装扮均大有华风（图十）。② 近代美人画大师镝木清方（1878-1972）,也有类似《调鹦图》的画作：创作于 1907 年的《出嫁》,画风继承江户浮世绘余韵,表现树下诸美人欣赏笼中白鹦鹉的场景（图十一）。③

---

① Pekarik, Andrew J. Japanese lacquer: Selections From the Charles A. Grenfield Cllecdtion.New York: Metroplitan Museum of Art.1980. pp.22-23.
② 大都会艺术博物馆藏日本江户时代印笼,https://www.metmuseum.org/art/collection/search/45565。
③ 天津人民美术出版社编：《日本美人画》第 2 辑,天津人民美术出版社,2006 年,第 21 页。

图十　大都会艺术博物馆藏日本江户时代漆盒美人鹦鹉图

图十一　镝木清方画作《出嫁》

四、结语

《美人调鹦图》粉本自唐中期出现后，即深刻影响了唐代墓葬装饰艺术和绘画观赏艺术。美人调鹦也成为后世仕女画表现题材之一，传世画作或以杨贵妃与雪衣女的形象展现宫廷场景，或绘美人对鹦鹉表现闺阁风情。张大千和谢稚柳两位先生均有杨贵妃调鹦鹉的仕女画传世（图九），足见《美人调鹦图》持久不息的魅力。

丝帛覆遮面
——古人的"口罩"

现代的口罩源自医学，1897年德国医生莱德奇将纱布缝制的口罩在医学手术中推广，有效减少了细菌感染。而历史上，人们为了障尘御寒、遮蔽面容、清洁卫生，也曾使用过类似的"口罩"。

自汉代始，人们为障尘御寒，往往穿戴"面衣"。汉·应劭《西京杂记》卷一"赵昭仪遗飞燕书"条记载：赵昭仪赠皇后赵飞燕各色贵重服饰，其中就有"金花紫罗面衣"。① 推想是用细纱织就并装饰金线刺绣的美丽丝织品。宋·高承《事物纪原》卷三《冠冕首饰部十四》"帏帽"条曰："又有面衣，前后全用紫罗为幅下垂，杂他色为四带，垂于背，为女子远行乘马之用，亦曰面帽。"② 认为面衣是女子乘马使用的障面物，能将头部前后包裹，以四带系后。明·王圻、王思义父子《三才图会·衣服一》"面衣"条，又据此复原其形（图一）。③ 如图可见，面衣状如围裙，两端系带，双目处设网纱。佩戴时可将整个面部遮盖，而又不会遮挡视线。对于女子而言，面衣还符合遮蔽面容的礼法约束。《礼记·内则》曰："女子出门，必拥蔽其面。"④ 上文"金花紫罗面衣"，属于轻薄的罗织物，既能抵挡微尘，也不违礼法。

---

① （晋）葛洪撰，周天游校注：《西京杂记》卷一，三秦出版社，2006年，第62-63页。
② （宋）高承著，（明）李果订：《事物纪原》卷三，商务印书馆，1937年，第100-101页。
③ （明）王圻，王思义 编集：《三才图会》，上海古籍出版社，1988年，第1502页。
④ （汉）郑玄注，（唐）孔颖达疏：《礼记正义》卷二十七《内则》，《十三经注疏》，上海古籍出版社，1997年，第1462页。

除障尘功能外，面衣也能御寒。《晋书·惠帝纪》记载，惠帝播越，"行次新安，寒甚，帝堕马伤足，尚书高光进面衣，帝嘉之。"① 御寒面衣，想必材料选择上应注重厚实保暖。

此外，面衣还包括饮食卫生的考量，《后汉书·刘玄传》记载："或有膳夫庖人，多著绣面衣、锦裤、襜褕、诸于，骂詈道中。"② 庖厨之人佩戴绣面衣，虽然过于奢侈显摆，但不可否认，面衣能够在其准备肴馔时，过滤口鼻空气、隔离飞沫，防止食材污染。多年后，意大利旅行家马可·波罗也曾记载类似的掌故，《马可·波罗游记》中"大汗召见贵族的仪式"条记载："在皇帝陛下身旁伺候和备办饮食的无数人，须用美丽的面幕或绸巾将鼻子和嘴掩住，籍以防止他们所呼出的气息触及他的饮食品。"③ 故宫博物院收藏的旧传五代胡瓌绢本《番骑图卷》，画中两位头戴顾姑冠、身着长袍的女子，口鼻以巾遮掩，形似"口罩"（图二）。④ 从人物衣着判断，应该出自元人手笔，而女子面部佩戴的巾帕或许就是《游记》中所述之物。

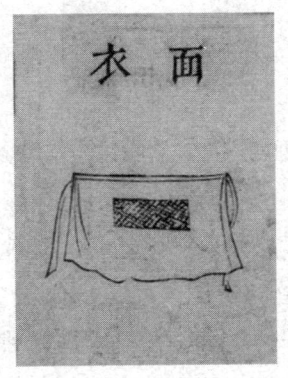 

图一 《三才图会》面衣　　图二 故宫藏旧传胡瓌《番骑图》（局部）

域外，琐罗亚斯德教祭司会佩戴名为"派提达那"（paitidāna）的专

---

① （唐）房玄龄：《晋书》卷四《惠帝纪》，中华书局，1974年，第104页。
② （南）范晔：《后汉书》卷十一《刘玄传》，中华书局，1973年，第471页。
③ ［意］马可·波罗著，李季译：《马可·波罗游记》第二卷，亚东图书馆，1936年，第139页。
④ 故宫博物院：《故宫博物院藏品大系》绘画编1《晋隋唐五代》，紫禁城出版社，2008年，第197页。

用口罩，目的是防止呼吸气息污染圣火。塔吉克斯坦国家博物馆收藏的有四尊公元前6世纪后期琐罗亚斯德教祭司金质小像，人物形象除细节上略有小异外，整体造型近似。祭司均头戴小帽、身着长衫，佩戴口罩遮掩口鼻，手持一束"巴尔萨姆圣枝"（图三）。① 大英博物馆收藏的有两件出自阿姆河宝藏的金质琐罗亚斯德祭司小像，其身着米提亚式长袍，头戴掩耳高帽、手持圣枝，均佩戴口罩（图四）。②

图三　塔吉克斯坦国家博物馆藏祭司金像　　图四　大英博物馆藏祭司金像

　　入华粟特人遗物中也有类似图像，山西太原隋虞弘墓石椁，椁座前壁下栏正中浮雕祭火图像，火坛左右各立一人首鹰身的祭司，均佩戴口罩、手套，一手捂嘴、一手触火坛，小心翼翼地守护圣火。③ 日本美秀博物馆（Miho Museum）收藏的北朝粟特石棺浮雕，中有表现粟特人举行葬礼的场景，图中诸人或割耳髡面、或拱手低头，哀悼逝者，火坛前则站立祭司，佩戴口罩主持仪式（图五）。④

---

① 巫新华：《琐罗亚斯德教文化新发现——塔吉克斯坦国家博物馆藏神官小像》，《新疆艺术》，2018年第5期，第11页。
② 大英博物馆官网，https://www.britishmuseum.org/collection/object/W_1897-1231-2-a。
③ 太原市文物考古研究所编：《隋代虞弘墓》，文物出版社，2005年，第40-41页。
④ 荣新江：《Miho美术馆粟特石棺屏风的图像及其组合》，《艺术史研究》第四辑，2002年，第206页。

古人的"口罩"虽有防护功能,却与医学无关。中世纪传染病医生的"鸟嘴面具"则是真正意义上的防护面罩。据法国医生查尔斯·德洛姆(Charles de L'Orme)记述,面具前端状如鸟喙,长约半英尺、内填香料,近鼻处有两孔以供呼吸。耶鲁大学图书馆收藏的一幅1656年科隆的传染病医生版画,即可窥见其貌:医生全副武装,衣帽、手套、鞋履均为羊皮制作,鸟嘴面具之上还有防护镜(图六)。[①] 尽管装备夸张,但确是在医学意义上的物理防护。

图五　日本美秀博物馆藏北朝石椁葬仪图　　图六　中世纪的传染病医生

① Christian J. Mussap: The plague doctor of Venice. International Medicine Journal 2019(49), pp.671-672.

五月鸣蜩
——蝉及历史上的食蝉风俗

《诗经·豳风·七月》吟诵有:"五月名蜩。"[①] 每年农历五月,当阵阵蝉鸣回响,便宣告了夏天的开始。蝉是夏季常见鸣虫,其幼虫生活在土中,经过少则数年、多则十几年的成长后,退皮羽化为成虫。尽管成虫期异常短暂,仅有一个月的时光,却也是天地造化之灵秀。

蝉外形其貌不扬:头部宽扁、复眼突出、身披甲壳、腹有六足,成虫还有两对呈透明膜质双翅。但古往今来的文人墨客却对其偏爱有加,纷纷歌颂其渴饮清露、居高声远的高洁之志,如唐·戴叔伦《画蝉》诗:"饮露身何洁,吟风韵更长。"[②] 虞世南诗曰:"居高声自远,非是藉秋风。"[③]

蝉是古老的昆虫,考古资料显示早在新石器时期,人们就已将这种幻化之虫以玉饰件的形式表现出来。湖北石家河罗家岭遗址的石家河文化层和良渚文化遗址均曾出土玉蝉。

古人扑蝉主要采用"耀蝉"法,如《荀子·致士篇》记载:"夫耀蝉者务在明其火,振其树而已。"清·郝懿行注曰:"耀者,照也。耀蝉者,火必明而后蝉投焉,蝉以阳明为趋也。"[④] 即在夜间树下点燃火堆,然后用力震树,蝉虫受火光的吸引,成群而来,如此扑蝉往往收获颇丰。明代神医李时珍在《本草纲目》也记载:"(蝉)古人食之,夜以火取,谓之耀蝉。"[⑤]

---

① (汉)毛公传,(汉)郑玄笺,(唐)孔颖达等正义:《毛诗正义》卷八,上海古籍出版社,1997年,第390页。
② (唐)戴叔伦:《画蝉》,《全唐诗》卷二七四,中华书局,1979年,第3100页。
③ (唐)虞世南:《蝉》,《全唐诗》卷三六,中华书局,1979年,第475页。
④ (清)王先谦撰,沈啸寰、王星贤点校:《荀子集解》,中华书局,1988年,第261-262页。
⑤ 李经纬,李振吉主编:《本草纲目校注》卷四《虫部3》,辽海出版社,2000年,第1393-1395页。

蝉属于趋光昆虫,因此根据其习性,很容易利用火光扑捉,父辈人回忆童年趣事对此依然记忆犹新。此外,也有用竹竿黏蝉的方法,汉代儿童已经精熟此道。王充《论衡·自纪篇》曰:"为小儿,与侪伦遨戏,不好狎侮。侪伦好掩雀、捕蝉、戏钱、林熙,充独不肯。"①王充幼年时,同龄的儿童无不喜欢捉雀、扑蝉之类的游戏,但王充却不肯从众。作为汉皇故里的徐州,恰有相关的考古资料——1982年,邳州燕子埠东汉彭城相缪宇墓中曾出土一组人物画像石,经专家辨图像中正有表现儿童高举竹竿伸向树冠中扑蝉的场面(图一)。②

图一　邳州燕子埠东汉彭城相缪宇墓出土扑蝉画像石线图

黏蝉不单是旧日时光的回忆,时至今日,民间仍然保留这种儿童游戏。每年盛夏,孩子们结伴而出,手执一长竿,顶头粘上粘性极强的面筋,看准树上的蝉,轻巧且稳妥地将竿头伸到蝉背后,并迅速地将其黏住。

古人不但捕蝉,更有食蝉传统。据文献记载,古人食蝉的历史可以追溯至先秦时代,《礼记·内则》中罗列各色奉养饮食,其中就有名为"蜩"的动物性食材,而蜩就是蝉。古人食蝉当然不为果腹,而是将其奉为上品美味,《周礼·膳夫》记载周天子燕食的珍馐"百有二十品",其中就包括蝉。

三国时代的文豪曹植作《蝉赋》,哀叹即将成为人们盘中餐的蝉的命运,曰:"欲翻飞而逾滞兮,知性命之长捐。委厥体于膳夫,归炎炭而就燔。"③

---

① 黄晖撰:《论衡校释》卷三十,中华书局,1990年,第1188页。
② 南京博物院、邳县文化馆:《东汉彭城相缪宇墓》,《文物》1984年8期,第24—26页。
③ (唐)欧阳询撰,汪绍楹校:《艺文类聚》卷八十,上海古籍出版社,1985年,第1679页。

《说文解字注》注解"燔"字为:"宗庙火炙肉也。"[①] 说明当时人们食蝉,是以炭火烤后熟食,由此或可以推测在此之前的自先秦至两汉时期,人们也是采用火烤熟食法。

徐州至今仍保留古而有之的食蝉习俗,但制法稍异。每年6、7月份,坊间随处可见"炸金蝉"小食,即将未经蜕化的蝉虫用盐水浸泡清洗后,入油锅中烹炸至酥脆。这道地方小吃营养丰富,富含蛋白质、脂肪、氨基酸,还兼有食疗功效,徐州民谚有食蝉名目退翳的说法。

传统中医及现代医学均论证了蝉的药用价值。《本草纲目》载:"蚱蝉气味咸、甘,寒、无毒。主治小儿惊痫夜啼,癫病寒热,……杀疳虫,去壮热,治肠中幽幽作声。"[②] 蝉羽化时脱落的皮壳称为蝉蜕,也有药用价值,《中华人民共和国药典》载:"(性味)甘,寒。疏散风热,利咽,透疹,明目退翳,解痉。用于风热感冒,咽痛音哑,麻疹不透,风疹瘙痒,目赤翳障,惊风抽搐,破伤风。"[③] 可见,民间"食蝉名目退翳"的说法有一定的科学依据。

蝉在我国分布广泛、种类繁多,徐州地区最常见的主要是黑蚱蝉,通体长约6厘米,全身黑色,间有褐色斑纹,且蝉鸣震噪,无论是食用还是药用均属此类。需要指出的是,蝉虽富含蛋白质,但过敏体质的人若食用这类异性蛋白可引发变态反应。新闻中不乏有过量食用炸金蝉而引起过敏反应的报道,引发如皮肤瘙痒、口周麻木、面部浮肿等不良症状。因此,金蝉味虽美,食用需谨慎。

---

① (汉)许慎撰,(清)段玉裁注:《说文解字注》,上海古籍出版社,1988年,第1919页。

② 李经纬,李振吉主编:《本草纲目校注》卷四《虫部3》,辽海出版社,2000年,第1393-1395页。

③ 国家药典委员会编:《中华人民共和国药典:2010年版》,人民卫生出版社,2010年,第346页。

第三部分

结项课题

徐州两汉饮食文化的发掘与价值研究

徐州是两汉文化之乡,地处交通要津、四方发达,历史地位举足轻重。徐州自古以来的质朴民风造就了带有地方特色的饮食文化。本课题从考古学角度,结合历史文献资料,以食材选择、烹饪方法、食器使用为出发点,论述两汉饮食的特点和形式。着重举例论述徐州地区自两汉时期已经形成的既兼容南北饮食特色,又具有地方特点的饮食风俗,两汉饮食文化至今仍有传承。本课题的开展,为深入研究两汉物质文明和推动徐州汉文化事业发展提供了有益的依据。

一、概述

古城徐州,集天时、地利、人和因素于一身,气候温润、土地肥沃、民风淳和。《史记·货殖列传》载:"沂、泗水以北,宜五谷桑麻六畜。"①自汉代以来,徐州就是理想的农业区,五谷丰登、六畜繁盛。同时,徐州地处交通要津——陆路上,秦汉以来西向连接淮阳、洛阳至长安,北向连接鲁国、济南,南向连接广陵、会稽。在水路方面,泗、汴、沂、沭贯通全境,西北通过汴水、东南通过邗沟,连接黄河、济江淮,地位举足轻重。

作为刘氏王侯的封地,徐州与两汉历史相始终,形成其独具特色的地域文化。《太平寰宇记》卷十五"河南道十五"徐州条曰:"故沛楚之民,朴真舒徐。"②徐州质朴的民风造就了徐州地区的饮食特点。

徐州两汉时期主食以稻、麦、黍、粟、高粱为主,制作方式主要为蒸食、熬粥及磨面制饼饵。副食种类丰富,畜类主要有牛、羊、猪、犬、

---

① (汉)司马迁:《史记》卷一二九《货殖列传》,中华书局,2003年,第3270页。
② (宋)乐史撰,王文楚等点校:《太平寰宇记》卷十五"河南道十五",中华书局,2007年,第296页。

鹿；禽类有鸡、鸭、雉、鸡蛋等；水产类有鱼、螃蟹；水果类有枣、李、杏、桃、梅、酸枣、葡萄等；饮食器包括鼎、釜、甑、壶、钫、锺、耳杯、染具、烤炉等；烹饪方法多样，主要有羹、濡、炙、蒸等较为固定的几种方式，其中的羹、炙等烹饪法对当今中国的烹饪仍有深远影响。

二、基于考古资料的徐州汉代饮食

东晋人总结当时中国各地饮食口味各异的特点，如晋人张华《博物志》记载："东南之人食水产，而北人食陆畜。……食水产者，龟蛤螺蚌以为珍味，不觉其腥臊也；食陆畜者，狸兔鼠雀以为珍味，不觉其膻也。"①地处南北要津之徐州，在饮食口味上兼容南北特点，既有北方地区鲜咸之味，亦有南方水产之好。

（一）肉酱和苴酱

考古资料证明，徐州两汉时期已经形成了既兼容南北饮食特色，又具有地方特点的饮食风俗。鲜咸的代表——酱，乃是加酒及盐腌制的肉酱，据《说文解字·酉部》释酱："酱，醢也。从肉酉。酒目龢酱也。"段玉裁注曰："从肉者，醢无不用肉也。"②可见，肉与酒是制酱不可或缺的材料。酱也是汉代饮食生活中重要的佐餐物，讲求食不厌精的王侯贵族在食酱方面可谓穷尽水陆之鲜。徐州地区汉墓考古发现的酱类包括"肉酱""苴酱""卵酱"等。

狮子山楚王墓东侧耳室E1出土4件小陶瓮，其中一件（E1：52）陶瓮上刻纹"月（肉）酱二石食官第二"，另一件（E1：61）肩有刻文"苴酱二石食官第二"（图一、图二）③，说明这两瓮原分别盛放有肉酱和苴酱各二石（约合今20公斤左右）。肉酱是徐州大汉楚王最常食用的酱，六畜皆可制

---

① （晋）张华撰，范宁校正：《博物志校正》卷一，中华书局，1980年，第12页。
② （汉）许慎撰，（清）段玉裁注：《说文解字注》卷十四下，上海古籍出版社，1981年，第751页。
③ 徐州博物馆：《江苏徐州市狮子山西汉墓的发掘与收获》，《考古》1998年第8期。第1-20页。

酱，以猪、牛、羊肉最为肥美滋润。为使肉酱更加鲜美，人们也会在其中加入各类香料提味。文献中有"芥酱""枸酱""芍药之酱""榆荚酱""橙皮酱"等，分别是指加入味辛的芥子、味甘的蒟楱及具有芬芳气味的芍药、榆荚和橙皮制作的肉酱。楚王的肉酱中还有"芷酱"，文献中藐（紫草）、凫茈（荸荠）、茈胡（柴胡）、姜、蕨等皆可称为"茈"，它们或为蔬食、或为中药，但最有可能制酱者，非姜莫属。① 姜含有辛辣和芳香的成分，是汉代常用的调味品，长沙马王堆汉墓考古发掘所见编号为355的笥中即盛有姜。因此，"茈酱"应是指加入生姜调味的肉酱。在辣椒尚未引进的汉代，食物的辛辣味觉主要从姜、芥、花椒等本土香辛料中获得。

图一 狮子山楚王墓出土"茈酱"陶瓮　　　　图二 陶瓮刻铭

（二）水产类

徐州水泽众多、水产丰富，考古资料中常见鱼骨、螃蟹、鱼子酱等水产类食物资料，证明地方饮食中常以鱼、蟹等河鲜为重要食材。

以鱼为代表的河鲜是两汉时期重要的食材，徐州地区出土的表现庖厨场景的汉画像石，给我们呈现了最直观、生动的景象。1986年铜山县汉王乡东沿村发现的东汉元和三年（86年）汉画像石，第一层《庖厨图》表现膳夫准备盛筵的场景，在罗列众多的食材中很醒目地悬挂着两条鱼，显然是等待烹饪的食材。贾汪青山泉子房的一方东汉时期画像石，表现置于案桌上的三只鱼分盛三盘内依次排开，与现代菜肴别无二致（图三）。②

---

① 彭卫：《汉代食饮杂考》，《史学月刊》2008年第1期，第22-23页。
② 中国画像石全集编辑委员会编：《中国美术全集》卷四《江苏、安徽、浙江汉画像石》，山东美术出版社、河南美术出版社，2000年，第67页。

图三　徐州贾汪青山泉子房《鱼盘图》汉画像石

　　徐州汉墓考古发掘也常见鱼类骨骼,狮子山楚王墓[1]、翠屏山刘治墓[2]、小金山西汉墓[3]、奎山西汉墓[4]等都曾发现鱼骨,说明王侯贵族嗜好食鱼。鱼既能熟食又可生啖,熟制之法主要有炙、羹、蒸、炖等火熟法,也有脯、腊、熏、酢等腌渍法。[5] 生食法则为"鱼脍",是汉代的珍馐佳肴,汉乐府《羽林郎》载:"就我求珍肴,金盘脍鲤鱼。"马王堆3号墓出土竹简遣策(简233)载:"鱼脍一器。"《礼记·内则》载:"鱼脍芥酱。"[6] 食用鱼脍通常要搭配芥子酱,既能提鲜又能中和生鱼片的腥冷之气。

　　世人视螃蟹为至鲜,先秦时代已有食蟹之例,《周礼·天官·庖人》载:"祭祀之好羞"。郑玄注云:"谓四时所谓膳食,若荆州之鲤鱼,青州之蟹胥。"所谓蟹胥,据《释名·释饮食》所载之法:"取蟹藏之,使骨肉解之,胥胥然也。"[7] 这应是经过腌制的螃蟹,具体之法或与《齐民要术》中保留的"藏蟹法"类似:"藏蟹法:九月内,取母蟹,得则著水中,勿

---

[1] 韦正,李虎仁,邹原本:《江苏徐州市狮子山西汉墓的发掘与收获》,《考古》1998年第8期,第6-20页。

[2] 徐州博物馆:《江苏徐州市翠屏山西汉刘治墓发掘简报》,《考古》2008年第7期,第11-24页。

[3] 徐州博物馆:《徐州小金山西汉墓清理简报》,《东南文化》1992年第2期,第194-196页。

[4] 徐州博物馆:《江苏徐州奎山汉墓》,《考古》1974年第2期,第120-122页。

[5] 王仁湘:《美味图景读汉代画像中的鱼纹》,《中国饮食文化》2008年。

[6] (汉)郑玄注,(唐)孔颖达等正义:《礼记正义》卷二七《内则》,《十三经注疏》,上海古籍出版社,2007年,第1464页。

[7] (汉)刘熙撰,(清)毕沅疏证,王先谦补:《释名疏证补》卷四,上海古籍出版社,1984年,第216页。

令伤损及死者。一宿则腹中净。先煮薄糖。著活蟹于冷糖瓮中一宿。煮蓼汤，和白盐，特须极咸。待冷，瓮盛半汁，取糖中蟹内著盐蓼汁中，便死，泥封。二十日，出之，举蟹脐，著姜末，还复脐如初。内著坩瓮中，百个各一器，以前盐蓼汁浇之，令没。密封，勿令漏气，便成矣。"[1] 将处理干净的新鲜活蟹，整只放入由饴糖、盐、蓼汁熬制的冷汤中，罐装密封。20天后启封，将姜末填入蟹中，再次入冷汤中密封。此法颇似现代之"醉蟹"，唯不加酒而已。

天独有偶，2003年考古人员曾在徐州翠屏山西汉刘治墓中发现一罐螃蟹，刚出土时螃蟹个体清晰可辨，呈金黄色，想必这位楚国宗室成员大概生前嗜蟹吧！根据螃蟹出土时的状况推测，应该是经过蒸煮加工后随葬，这可视为汉代徐州地区食蟹法的代表。这种看似简单的烹饪方法，反映出汉代质朴的饮食风格，也最大限度地保留了螃蟹的鲜美。

后世烹蟹之法虽手段繁多，但美食家李渔却认为最简单的方法反而最能体现蟹之鲜美。《闲情偶寄》卷五《饮馔部》论"蟹"："凡食蟹者，只合全其故体，蒸而熟之，贮以冰盘，列之几上，听客自取自食。"[2] 清人袁枚也颇为认同，但却推崇盐水煮食最佳。《随园食单》载："蟹宜独食，不宜搭配它物。最好以淡盐汤煮熟，自剥自食为妙，蒸者味虽全，而失之太淡。"[3]

汉代的食蟹之法除上文所列之"蟹胥"、蒸蟹外，尚有"蟹䐹"，即螃蟹酱。据《释名·释饮食》记载其制法："去其匡，䐹熟捣之，令如䐹也。"[4] 即将螃蟹剥壳腌渍后捣碎成酱，经过这番加工，可延长螃蟹的保鲜贮藏期。蟹䐹在两汉时代也是较为高级的美食，《太平御览》卷四七八《人事部》"赠遗"条引汉张敞《答朱登书》曰："登为东海相，遣敞蟹酱。

---

[1] （北魏）贾思勰，缪启愉校注：《齐民要术校注》卷八，中国农业出版社，1998年，第545页。

[2] （清）李渔著：《李渔全集》卷三《闲情偶记》，浙江古籍出版社，1991年，第255-256页。

[3] （清）袁枚：《袁枚全集》卷五《随园随笔》，《水族无鳞单》，江苏古籍出版社，1993年，第57页。

[4] （汉）刘熙撰，（清）毕沅疏证，王先谦补：《释名疏证补》卷四，上海古籍出版社，1984年，第216页。

敞答曰：蘧伯玉受孔子之赐，必以及其乡人，敞谨分斯贶于三老尊行者，曷敢独享之。"①将蟹酱如此珍之重之地作为馈赠，由此不难想象其在时人眼中的重要地位。

（三）食犬和羊酒

先秦时代，国人已有屠犬食用之例，"狡兔死、走狗烹"可谓人尽皆知的典故。《淮南子·修务训》记载了楚人佯制狗羹的故事："人有烹猴者，召其邻人，以为狗羹也。"2010年11月陕西西安咸阳机场二期考古工地发现战国时代秦国墓，其中出土一件青铜鼎，鼎内盛骨头汤，经过对其中残留骨骼的分析，推测为雏狗骨骼（图四）。②该考古发现也被美国《考古学》杂志评为2011年十大考古发现。

先秦时代已经开始饲养专供食用的"食犬"，《礼记·少仪》"守犬、田犬"，唐孔颖达疏曰："犬有三种，一曰守犬，守御宅舍也；二曰田犬，田猎所用也；三曰食犬，充君子庖厨庶羞用也。"③同时，也出现了以屠狗为业者，《史记·刺客列传》载，聂政家贫"客游以为狗屠。"④汉高祖刘邦的开国功臣樊哙微时，也以屠狗为业，《史记·樊哙传》载："舞阳侯樊哙者，沛人也。以屠狗为事，与高祖俱隐。"⑤也许正是因为这位开国功臣的名头太大，时至今日，徐州沛县狗肉仍闻名全国。

汉代徐州地区食狗之风，可用考古资料佐证。1986年徐州铜山区汉王乡东汉画像石墓出土了10块画像石，其中第3石上栏居左处即有屠夫半跪缚狗的场景（图五）。⑥徐州汉墓考古中也曾发现犬类骨骼，奎山西汉墓北耳室内出土了完整的小狗骨骼。⑦徐州土山东汉墓（M3）墓道近封门外，

---

① （汉）张敞：《答朱登书》，见《太平御览》卷四七八《人事部》，中华书局影印本，1980年，第2192页。
② 详见《长沙晚报》2012年12月17日B4版"发现古人吃火锅的秘密"相关报道。
③ （汉）郑玄注，（唐）孔颖达：《礼记正义》卷三五，《十三经注疏》，上海古籍出版社，2007年，第1514页。
④ 司马迁：《史记》卷八六《刺客列传》，中华书局，2003年，第2522页。
⑤ 司马迁：《史记》卷三十五《樊哙传》，中华书局，2001年，第2651页。
⑥ 徐州博物馆：《徐州发现东汉元和三年画像石》，《文物》1990年第9期，第64-73页。
⑦ 徐州博物馆：《江苏徐州奎山汉墓》，《考古》1974年第2期，第120-122页。

曾出土一瓮形罐，罐内盛放狗骨。①

图四　陕西咸阳机场战国秦墓　　图五　徐州铜山汉王东汉画像石墓
　　　出土盛狗骨铜鼎　　　　　　　　　第3石拓片

汉代人食狗肉，大多制成羹汤。枚乘《七发》曰："肥狗之和，冒以山肤。"②即用肥美的狗肉熬制的羹汤。但马王堆汉墓出土竹简遣策，对狗肉烹饪的记载则更加丰富。马王堆一号汉墓（以下简称马王堆M1）③，简一九"狗巾羹"，即狗肉水芹羹。简二八"狗苦羹"，即狗肉苦荼菜羹。马王堆三号汉墓（以下简称马王堆M3）④，简八三"狗巾羹一鼎"，简九六"狗苦羹一鼎"。除羹汤外还有炙法，马王堆M1简四一"犬其劦炙一器"，马王堆M3简二〇八"犬耆劦炙一器"，即炙烤的两膀，马王堆M1简四二"犬肝炙一器"，即炙烤的肝脏。文献中"狗"与"犬"各有所指，《尔雅·释畜》：

---

① 南京博物院：《徐州土山汉墓清理简报》，《文博通讯》1977年。原报告内无此介绍，转引自刘尊志：《徐州汉墓与汉代社会研究》，科学出版社，2011年，第228页。
② （南朝梁）萧统编，（唐）李善注：《文选》卷三十四，上海古籍出版社，1986年，第1563页。
③ 湖南省博物馆，中国科学院考古研究所编：《长沙马王堆一号汉墓》，文物出版社，1973年。
④ 湖南省博物馆，湖南省文物考古研究所编著：《长沙马王堆二、三号汉墓：田野考古发掘报告》，文物出版社，2004年。

"未成豪,狗。"①《礼记·曲礼》:"效犬者左牵之。"孔颖达疏曰:"大者为犬,小者为狗。"②汉代所谓狗、犬实则分别指乳狗与大狗,因此在食材的选择上也有不同:乳狗,多取其肉制羹,如"狗巾羹""狗苦羹";犬则因其体型较大,多选择内脏为食材,如"犬膋劦炙""犬肝炙"。

繁华的食肆还有狗肉熟食,《盐铁论·散不足》记载有"狗朘"③,即将狗肉熟制后再细切成薄片,很像如今徐州地区的狗肉铺子出售的熟食。狗朘也是帝王御膳,《东观汉记·世祖光武皇帝》载:"上至邯郸,赵王庶兄胡子进狗朘马醢。"④其制作方法或可参考《齐民要术》卷九引《食经》"作犬朘法":"犬肉三十斤,小麦六升,白酒六升,煮之令三沸。易汤,更以小麦、白酒各三升,煮令肉离骨,乃擘。鸡子三十枚著肉中。便裹肉,甑中蒸,令鸡子得干。以石迮之。一宿出,可食。"缪启愉先生认为:这是将肉撕开或切细和进作料蒸熟后,再包起来加以压榨或夹打使其紧实,再作冷凝处理,使肉汁凝结成胶冻,然后切成薄片吃,类似肉冻、肴肉。⑤可见,犬朘自西汉至北朝一直是保留菜式。

古人饮食讲求医食同源,食物不单为满足口腹之欲,更是配合养生健体的食疗法。以食用狗肉为例,先秦时代人们对于食犬已讲求膳食的温寒搭配,《周礼·天官·食医》载:"凡会膳食之宜……犬宜粱。"唐贾公彦疏曰:"犬味酸而温,粱米味甘而微寒,亦是气味相成。"⑥认为狗肉和小米搭配食用可达到温寒相配的结果。传统中医认为狗肉味甘咸酸,性温,有安五脏、轻身益气、宜肾补胃、暖腰膝、壮气力、补五劳七伤、补血脉等功效。现代营养学分析,狗肉富含蛋白质、嘌呤类、肌呔、钾、钠、氯以

---

① (晋)郭璞注,(宋)邢昺疏:《尔雅注疏》卷十,《十三经注疏》,上海古籍出版社,2007年,第2653页。
② (汉)郑玄注,(唐)孔颖达等正义:《礼记正义》,《十三经注疏》,上海古籍出版社,2007年,第1244页。
③ 王利器校注:《盐铁论校注》卷六《散不足》,中华书局,1992年,第352页。
④ (汉)刘珍等撰,吴树平校注:《东观汉记校注》卷一《世祖光武皇帝》,中华书局,2008年,第5页。
⑤ (北魏)贾思勰,缪启愉校注:《齐民要术校注》,中国农业出版社,1998年,第630-631页。
⑥ (汉)郑玄注,(唐)贾公彦疏:《周礼注疏》卷五,《十三经注疏》,上海古籍出版社,2007年,第667页。

及多种氨基酸和脂类，食用后可产生较高的热能，为冬令进补佳品。尽管营养丰富，狗肉也不可多食，否则易上火，生痰发渴；凡阳盛、火旺者不宜食用。疯狗、病狗肉绝不可食。①

徐州长期以来有伏天吃伏羊的风俗，这或许与古老的伏腊祭祀有关。《诗经·小雅·甫田》："以我齐明，与我牺羊，以社以方，我田既臧，农夫之庆。"郑笺："大腊之时，劳农以休息之也。"②羊是三牲之一，为祭祀土地神及四方的牺牲，有保佑地利丰饶、庆祝五谷丰登的深意。汉代仍恪守着类似的祭祀活动，杨恽《报孙会宗书》曰："田家作苦，岁时伏腊，烹羊炰羔，斗酒自劳。"③当然，在伏腊祭祀仪式之后，羊酒的归宿不外成为众人的盘中餐，神圣的祭祀活动也逐渐演变为民俗，徐州地方民俗伏天吃伏羊的传统，应该与此相关。

图六　河北望都汉墓（M1）"羊酒图"壁画

"羊酒"是汉代常见的连文，1952年河北望都汉墓（M1）前室西壁"羊酒图"，绘有一只羊并一只酒瓮，旁题"羊酒"二字（图六）④。羊酒在汉代生活中影响深远，除伏祭与腊祭奉献羊酒外，还用于慰劳、赏赐及庆贺等活动。史载皇帝亲自下诏甄赐博士人一羊，《东观汉记·甄宇传》曰："每腊，诏书赐博士羊，人一头，羊有大小肥瘦。……宇因先自取其最瘦者，由是不复有争讼。"⑤甄宇因此也获得"瘦羊博士"之美誉。《汉书·王莽传上》载

---

① 余孚：《古代"六畜"之一——狗》，《古今农业》1995年第2期，第70-78页。
② （汉）毛亨传，郑玄笺，（唐）孔颖达疏：《毛诗正义》卷十四，《十三经注疏》，上海古籍出版社，2007年，第464页。
③ （东汉）班固：《汉书》卷六六《杨恽传》，中华书局，1983年，第2896页。
④ 北京历史博物馆、河北省文物管理委员会：《望都汉墓壁画》，中国古典艺术出版社，1955年，图版二四。
⑤ （汉）刘珍等撰，吴树平校注：《东观汉记校注》卷十八，中华书局，2008年，第839页。

王莽犒劳其侄师友:"奉羊酒,劳遗其师,恩施下竟同学。"①《汉书·昭帝纪》载:"令郡县常以正月赐羊酒。"②则是用于表彰奖励郡国中有义行者。《后汉书·樊英传》载:"帝不能屈,而敬其名,使出就太医养疾,月致羊酒。"③《后汉书·周燮传》载:"诏书告二郡,岁以羊酒养病。"④此为皇帝对有德行之臣赐以羊酒以示慰问关怀。《史记·卢绾传》载:"卢绾亲与高祖太上皇相爱,及生男,高祖、卢绾同日生,里中持羊酒贺两家。及高祖、卢绾壮,俱学书,又相爱也。里中嘉两家亲相爱,生子同日,壮又相爱,复贺两家羊酒。"⑤则是民间百姓以羊酒庆贺,说明"羊酒"在两汉时期上至政治活动、下至百姓民生,均极其被重视。

汉代对羊肉有多种烹饪方法,据马王堆汉墓遣策记载,主要有"羊鲊羹"(马王堆M1简二)、"羊脍"(马王堆M3简二二零)、"羊昔(腊)"(马王堆M3简一四一)等,分别指用羊肉熬制的酸菜羹、羊肉片(或为炙烤食料)以及腊制羊肉,可谓丰富多样。此外,还有"羊㪍肩"(马王堆M3六七、简二一一),即将羊前肢肉切割为大块进行烹饪。需要指出的是,羊肉对王侯贵族而言是寻常之食,但斗升小民却难得消受,《汉书·货殖列传》载:"富者……犬马余肉粟,而贫者……含菽饮水。"⑥由此,普通百姓只能在每年的伏腊祭祀时得享口福,也愈发突显出羊肉的珍贵。

(四)雉羹

《楚辞·天问》:"彭铿斟雉,帝何飨?"汉·王逸注曰:"彭铿,彭祖也,好和滋味,善斟雉羹,能事帝尧,帝尧美而飨食之也。"又:"言彭祖进雉羹于尧,尧飨食之以寿考。"⑦雉,即野鸡,为避汉高祖皇后吕雉名讳,故《汉书·高后纪》注引荀悦曰:"讳雉之字曰野鸡。"⑧"雉羹"(野鸡汤)

---

① (汉)班固:《汉书》卷九九《王莽传上》,中华书局,1983年,第4040页。
② (汉)班固:《汉书》卷七《昭帝纪》,中华书局,1983年,第225页。
③ (宋)范晔:《后汉书》卷八二《方术传》,中华书局,1973年,第2721页。
④ (宋)范晔:《后汉书》卷五三《周燮传》,中华书局,1973年,第1741页。
⑤ (汉)司马迁:《史记》卷九十三《卢绾传》,中华书局,2001年,第2637页。
⑥ (汉)班固:《汉书》卷九一《货殖列传》,中华书局,1983年,第3682页。
⑦ (宋)洪兴祖撰,白化文等点校:《楚辞补注》,中华书局,2006年,第116页。
⑧ (宋)范晔:《汉书》卷三《高后纪》,中华书局,1983年,第95页。

可谓是有文字记载的最古老的徐州地方美食,因其营养丰富,自古便被视为长寿饮食。

自古以来,雉羹就是王侯贵族的专属美味。《礼记·内则》载:"蜗醢而菰食雉羹。"孔颖达疏曰:人君燕食"以蜗为醢,以菰米为饭,以雉为羹,三者味相宜。"① 即蚌蛤酱、雕胡饭和雉鸡羹三种珍贵食材相搭配的高级饮食。

雉羹,原料选取野生雉鸡,汉代贵族为能享此美羹,非田猎不能获。邳州东汉彭城相缪宇墓曾出土一方"田猎"画像石,其中就有表现网捕雉鸡的场景(图七)。② 物以稀为贵,正是雉鸡不易得,方才更加凸显出"雉羹"的高端品质。退而求其次,家鸡亦可为原料,徐州汉

图七　邳州东汉彭城相缪羽墓出土画像石"捕雉图"

墓考古也常见包括鸡骨在内的禽类骨骼,凤凰山庄西汉墓③、奎山汉墓④均出土鸡骨,小金山西汉墓西室出土的陶鼎(XJM:13)内盛放鸡骨⑤。翠屏山刘治墓出土的陶罐(M1:34)内盛大量的鱼骨和一段鸡骨⑥。龟山汉墓第十一室和狮子山楚王墓E1出土大量的禽类骨骼,但因朽败不可明辨,

---

① (汉)郑玄注,(唐)孔颖达:《礼记正义》卷二七,《十三经注疏》,上海古籍出版社,2007年,第1464页。
② 南京博物院、邳县文化馆:《东汉彭城相缪宇墓》,《文物》1984年第8期,第27-28页。
③ 发掘简报或报告依次见徐州博物馆:《徐州市凤凰山西汉墓葬》,《中国考古年鉴》,1999年,第163-164页。
④ 徐州博物馆:《江苏徐州奎山汉墓》,《考古》1974年第2期,第120-122页。
⑤ 徐州博物馆:《徐州小金山西汉墓清理简报》,《东南文化》1992年第2期,第191-196页。
⑥ 徐州博物馆:《江苏徐州市翠屏山西汉刘治墓发掘简报》,《考古》2008年第7期,第11-24页。

推测其中应该包括鸡骨。以上资料证明，鸡是汉代徐州地区王侯贵族最常享用的美食。

据马王堆汉墓考古资料，"雉羹""鸡羹"也是轪侯家族食谱上的常例。马王堆 M3 遣策简九一"鸡酸羹一鼎"（第 54 页），简九二"雉酸羹一鼎"（第 54 页），马王堆 M1 简九"鸡酸羹一鼎"（第 131 页）、简八"雉酸羹一鼎"（第 131 页）[1]，即用鸡、雉加酸菜制成的羹汤。马王堆 M3 简七八"鸡白羹一鼎"（第 52 页）、马王堆 M1 简一五"鸡白羹一鼎瓠菜"（第 132 页），所谓"鸡白羹"即用鸡、稻米熬制的羹汤。坊间一直流传，闻名全国的徐州小吃"饣它汤"据传就是源自彭祖的"雉羹"。饣它汤，以鸡汤为基，加入麦仁、面筋、胡椒粉等制成，主要原料的选材与"鸡白羹"类似，很难否认两者之间的渊源。

三、徐州汉墓出土的饮食器具

上古三代青铜器被奉为至高无上的礼器，然而历经礼崩乐坏的春秋战国，汉代的青铜器已失去了礼器功能，变成王侯贵族的实用器。徐州汉代考古发现的各类青铜器中，既有食器又有饮器。大量的陶制器皿作为汉墓中的陪葬明器，反映出汉代饮食器种类丰富、用途各异的特点。而王侯等级的大型墓葬中出土的价值连城的各式美玉饮器则让今人领略了楚王的奢华。

（一）染具

汉代肉食多和以酱汁，这种烹饪方法称为"濡"，《礼记·内则》郑玄注曰："欲濡肉，则释而煎之以醢。"[2] 此法先将肉食熟制，再放入加热的酱汁中煎制，使其滋味变浓，乃可进食。[3] 与之配合使用的食器称为"染器"，徐州黑头山刘慎墓就曾出土一套染器，由染杯和染炉组成。染炉呈长方

---

[1] 湖南省博物馆，中国科学院考古研究所编：《长沙马王堆一号汉墓》（上集），文物出版社，1973 年，第 131 页。

[2] （汉）郑玄注，（唐）孔颖达：《礼记正义》卷二八，《十三经注疏》，上海古籍出版社，2007 年，第 1468 页。

[3] 孙机：《关于染器——答黄盛璋先生》，《文博》1995 年第 1 期，第 50-54 页。

形，下有四蹄足，周身共有12个长条形箅孔。炉身两侧有系，内穿圆环连接提梁；炉身上方设托，连接椭圆形支架，支架承托染杯，其形制与耳杯近似（图八：1）。① 使用时，染杯中盛放佐餐的肉酱、染炉内置炭火用来加热，当酱汁达到一定温度后，再放入肉食继续烹制，直到肉食与酱汁调和得宜，便可大饱口福。黑头山刘慎墓铜染炉出土时，其内还放置两件一模一样的长柄陶勺，应是与染具配套使用的，或是在濡肉时用来搅拌，又或是舀盛染杯内濡制好的食物（图八：2）。徐州博物馆《汉室遗珍》展厅陈列展出的另一套完整的铜染器，由染杯、染炉和承盘三部分组成。方形染炉下有四足，炉上设镂空方形支架，用以放置染杯。炉身一侧有鋬，以便把持。炉下置承盘，起到隔热和承接炉灰的作用。

1. 铜染杯及染炉　2. 陶勺

图八　徐州黑头山西汉墓出土染器

　　汉代还沿袭先秦烹鱼之法"濡鱼卵酱"，将鱼肉放入鱼子酱汁中进行濡制。《礼记·内则》曰："濡鱼，卵酱实蓼。"郑玄注曰："凡濡谓烹之以汁和也。……卵读为鲲，鲲鱼子。"孔颖达疏曰："卵谓鱼子，以鱼子为酱，濡，享其鱼又实之以蓼。"② 制作这款菜肴应该借助染炉、染杯整套工具。濡鱼使用的"卵酱"曾在徐州翠屏山西汉墓中出土，据考古人员介绍，有三件泥质灰陶罐中内盛鱼卵，刚出土时呈有光泽的乳白色圆形颗粒，但脱

---

① 徐州博物馆：《江苏徐州黑头山西汉刘慎墓发掘简报》，《文物》2010年11期，第26-27页。
② （汉）郑玄注，（唐）孔颖达疏：《礼记正义》卷二七，《十三经注疏》，上海古籍出版社，2007年，第1464页。

水后多已变成无光泽的白色粉末。① 这一重要考古发现，不但从全国范围来看尚属首例，更证明了徐州汉代饮食的精美细致。

从全国范围看，考古所见染具大多制作精美，时代均为西汉，或可说明此时是食用濡制菜肴的盛行期，之后自先秦时代传承下来的"濡肉"法逐渐淡出筵席。汉代人的饮食习俗，时移事异，与今人已不甚相同。但其中也不乏有传承至今者，例如烤炙法就是通行两汉、流行于今的烹饪法。

炙，古老烹饪方法之一，《说文解字》释曰："炙，炙肉也。从肉在火上。"段玉裁注曰："有弗贯之加火上也。"② 先秦时代就很盛行这种炙烤肉食的烹饪方式，汉承此法，最常见的就是将肉切割成大小均匀的肉块，用烤叉串好后置于炙炉上炙烤。当时人将肉炙与鱼脍并列为天下至美的食物，枚乘《七发》曰："薄耆之炙，鲜鲤之鱠。"③ 徐州画像石艺术馆收藏的一幅《庖厨图》中就有反映炙烤的场景（图九）。④ 图中的膳夫，面前放置一原型烤炉，膳夫左手挥扇，左手执两串肉串于烤炉上炙烤，情形与现如今徐州夜市烧烤摊无别。

炙烤的重要工具就是炙炉，形制大体可分成圆形和方形两种。徐州狮子山楚王墓出土一件铜炙炉，高16厘米、口径45.4厘米，炉身圆形，下有三兽形足，腹有四个铺首衔环（图十）。⑤ 这件烤炉应该能为楚王的宫廷宴会烤炙一顿丰盛的大餐。

---

① 徐州博物馆：《江苏徐州市翠屏山西汉刘治墓发掘简报，《考古》2008年第7期，第16页。
② （东汉）许慎撰，（清）段玉裁注：《说文解字注》卷十下，上海古籍出版社，1981年，第491页。
③ （清）严可均校辑：《全上古三代秦汉三国六朝文》卷二十，中华书局，1965年，第238页。
④ 图片为作者拍摄。
⑤ 中国国家博物馆，徐州博物馆编：《大汉楚王——徐州西汉楚王陵墓文物集萃》，中国社会科学出版社，2005年，第204页。

图九 徐州汉画像石艺术馆藏《庖厨图》画像石

图十 徐州狮子山楚王墓出土铜烤炉

(二)钫与锺

汉代人将酒誉为"天之美禄"。徐州地区汉墓考古常见一种称为"钫"的大型储酒器,《说文解字》释"钫"为"方锺也。"① 其形制如狮子山楚王墓出土的鎏金铜钫,鎏金铜钫通体鎏金,腹两侧有对称铺首衔环,平底下有方形圈足。覆斗形方盖,与器身以子母口扣合,盖上立四只凤鸟钮(图十一)。② 徐州东甸子汉墓M1出土彩绘陶钫3件,覆斗形盖,束颈,鼓腹上对称2个铺首衔环,圜底,矮圈足,上有红、白、黄三色彩绘图案。③ 1970年徐州白云山西汉墓出土彩绘漆陶钫。陶胎高34厘米,腹宽19厘米,通身髹黑漆,钫盖以朱漆绘云气纹,肩颈部以朱、黄漆绘三角纹、卷云纹(图十二)。

九里山M2墓出土两件陶钫,盝顶盖上有墨书"酒上尊"三字。④ "上尊"二字在汉代考古中常见,河北满城汉墓中山靖王刘胜夫妇墓曾出土一个大酒缸,上有朱书"黍上尊酒十五石",说明"上尊"是以黍酿造之酒。⑤《汉书·平当传》有:"上尊酒十石。"颜师古注曰:"如淳曰:律,

---

① (汉)许慎撰,(清)段玉裁注:《说文解字注》,上海古籍出版社,1981年,第703页。
② 徐州狮子山楚王陵发掘考古队:《徐州狮子山西汉楚王陵发掘简报》,《考古》1998年第8期,第16-19页。
③ 徐州博物馆:《徐州东甸子西汉墓》,《文物》1999年第12期,第7-8页。
④ 徐州博物馆:《江苏徐州市九里山二号汉墓》,《考古》2004年第9期,第47-49页。
⑤ 中国社会科学院考古研究所,河北省文物管理处:《满城汉墓发掘报告》,文物出版社,1980年,第126页。

稻米一斗得酒一斗为上尊，稷米一斗得酒一斗为中尊，粟米一斗得酒一斗为下尊。"但颜师古认为："且作酒自有浇醇之异为上中下耳，非必系之米。"① 汉代酿酒尚未出现蒸馏技术，故所酿之酒均为低度酒。余英时先生认为，汉代的酒的等级是由度数决定的，度数越高，质量越好。② 而"上尊"酒是泛指由粮食酿造、质量上乘、度数相对较高的酒。

锺，也是汉代贮藏美酒的大型容器，外形腹大颈小。《说文解字》释"锺"曰："酒器也。"段玉裁注曰："古者此器盖用以宁酒，故大其下，小其颈，自锺倾之而入于尊，自尊勺之而入于觯。"③ 狮子山楚王墓出土的一件铜锺，高47.4厘米、腹径35厘米，铜锺颈腹之间"十斗六升""楚糟"刻铭（图十三）。④《说文解字》释"糟"段玉裁注曰："古则未沛带滓之酒谓之糟。"⑤ 说明"糟"是未经过滤去渣的酒，也称为"醪"，《说文解字》释为："汁滓酒也。"⑥ 其味道或许与先秦时代的"醴齐"相近。《周礼·天官·酒正》："醴齐"，郑玄注曰："醴……成而汁滓相将，如今恬酒矣。"⑦ 醴齐是酿一宿而熟之酒，微甜仅有酒味而已，酒未经过滤故中带米滓，类似今所见酒酿，酒汤中混有米粒。

汉制1升合今200毫升，则此件铜锺容积约合今21.2公升。1982年徐州东洞山二号楚王后墓也出土"明光宫"铭铜锺（图十四）⑧，高44厘米，口径15.9厘米，腹径33.5厘米，体积、容积与前者接近，都属于大

---

① （汉）班固：《汉书》卷七一《平当传》，中华书局，1983年，第3051页。
② 余英时：《汉代的饮食——人类学和历史学的透视》，《汉代的贸易与扩张》，上海古籍出版社，2005年，第213页。
③ （汉）许慎撰，（清）段玉裁注：《说文解字注》，上海古籍出版社，1981年，第703页。
④ 中国国家博物馆，徐州博物馆编：《大汉楚王——徐州西汉楚王陵墓文物集萃》，中国社会科学出版社，2005年，第190页。
⑤ （汉）许慎撰，（清）段玉裁注：《说文解字注》卷七，上海古籍出版社，1981年，第332页。
⑥ （汉）许慎撰，（清）段玉裁注：《说文解字注》卷十四，上海古籍出版社，1981年，第2989页。
⑦ （汉）郑玄注，（唐）贾公彦疏：《周礼注疏》卷五，《十三经注疏》，上海古籍出版社，2007年，第668页。
⑧ 中国国家博物馆，徐州博物馆编：《大汉楚王——徐州西汉楚王陵墓文物集萃》，中国社会科学出版社，2005年，第189页。

图十一 狮子山楚王墓出土鎏金铜钫　　图十二 白云山西汉墓出土采绘漆陶钫　　图十三 狮子山楚王墓出土铜锺　　图十四 东洞山王后墓出土铜锺

容量的储酒器。徐州楚王及王后墓中均出土体积巨大的铜锺，直接反映出汉代贵族嗜酒好饮的特点。由此可见，徐州地区的酒类多采用传统的五谷为原料酿造，质量各有上下，既有质量上乘的"上尊"酒，也有味甜带滓的"楚糟"酒。汉代酿酒多为发酵酒，度数不超过10°，属于低度酒。因此也无怪乎汉代历史上会出现酒量惊人却又千杯不醉的酒徒了。

（三）饮酒器

汉代的饮酒方式与现代的斟酒完全不同：饮酒时，需要先将酒从锺或坊内倒入尊中，再以勺从尊中舀酒，逐一向嘉宾杯中挹酒。王侯贵族的饮酒器通常为耳杯，但是徐州楚王的玉耳杯却异常奢华，是用白玉整体雕琢而成。此外，还有玉卮、玉杯等珍贵异常的酒具，反映出楚王的特权和豪奢。

尊（樽）是汉代重要的盛酒器，《说文解字》释"尊"，段玉裁注曰："凡酒必实于尊以待酌者。"[①] 徐州博物馆馆收藏的一件铜尊，外呈筒形，下有三足，腹身两侧有铺首衔环。徐州汉画像石中表现宴饮题材的图像就反映出汉代贵族的饮酒场景。徐州铜山台上出土《六博饮酒图》汉画像石，两人对坐，中有食案，上置一酒尊，尊中有勺，地面上有两耳杯。从

---

① （汉）许慎撰，（清）段玉裁注：《说文解字注》，上海古籍出版社，1981年，第752页。

尊中舀出的美酒分挹于两杯后便可开怀畅饮（图十五）。① 睢宁张圩《宴饮》汉画像石，两人坐于榻上，中置六博局，旁有樽及两只耳杯（图十六）。②

汉代贵族饮酒也有一定的禁忌，《风俗通义·佚文》载："坐不移尊。俗说：凡宴饮者，移转樽酒，令人讼争。"③ 可见，酒尊在宴饮中是不能轻易移动的，否则会让人产生纠纷。不过，推测其真实的原因，或许因为美酒佳酿难得，移动酒尊很可能不慎洒溅，那岂不是太扫兴？

图十五　铜山台上出土《六博饮酒图》画像石　　图十六　睢宁张圩《宴饮》汉画像石

汉代贵族最常用的饮酒杯是耳杯，形制为椭圆身，口沿处对称有弧形双耳，故名，多以漆器为之。徐州狮子山楚王墓出土的一批玉质饮器，反映出楚王的奢侈与豪富。玉耳杯（W1∶94）整玉雕琢而成，耳杯呈椭圆形，两侧沿有桥耳，通体抛光，素面。玉卮（W1∶93）半透明青白玉，由器身和盖两部分组成，器身呈筒形，直壁平底，下有兽头形足。子母口盖，盖面微凸，盖上雕饰三涡纹，中间立雕一朵翻卷梅花，器身外雕刻勾连纹。《汉书·高帝纪》狮子山楚王墓出土玉卮，半透明的和田玉制成，器身、器盖以子母扣和，盖纽为五瓣柿菱形。盖面四周凸雕三枚柱状纽，器身呈筒状，下有三兽形足。口沿及底边各有一圈卷云纹饰带，其间遍布

---

① 《中国画像石全集》编辑委员会编：《中国美术全集》卷四《江苏、安徽、浙江汉画像石》，山东美术出版社，河南美术出版社，2000年，第43页。
② 《中国画像石全集》编辑委员会编：《中国美术全集》卷四《江苏、安徽、浙江汉画像石》，山东美术出版社，河南美术出版社，2000年，第92页。
③ （汉）应劭撰，王利器校注：《风俗通义校注》，中华书局，1981年，第565页。

勾连雷纹。考古所见玉卮主要集中于西汉,且数量质量上乘者尤稀。玉杯(W1:97)两件,上大下小,直壁,下有喇叭形圈足。杯体上部饰有一组兽面纹,其余饰勾连纹。[①]

四、结论

汉代饮食文化丰富多彩,在继承先秦饮食传统的基础上又形成其鲜明的特点。通过考古资料、结合文献史料所见徐州汉代饮食,在体现了饮食基本特征的同时更表现出徐州的地域饮食特色。

主要体现在三方面:

其一,烹饪方法多样,形成了较为固定的几种主要烹饪方式,对当今中国的烹饪仍有深远影响。汉代烹饪方法多样,徐州汉代考古所见的烹饪法则主要有羹、脍、炙、濡等代表方法,至今仍沿用。

其二,食材种类丰富,体现出鲜明的地方特色。通过考古资料所见,徐州汉代食材种类丰富,包括六畜肉类、禽类及水产等。肉食种类多样,鸡、犬、羊、雉等是较为常见的食材,在重视食物美味的同时,也兼顾食材的养生,其中汉代徐州地区食犬、伏羊、雉羹等都是营养丰富的滋补佳品,这几种地方菜不但在汉代流行,至今仍有传承:徐州沛县狗肉被视为汉代食犬风俗的孑遗,伏天吃伏羊的传统也与汉代伏腊祭祀有关,而雉羹据传是徐州地方美食饣它汤的原型。

徐州汉代时期的饮食体现出兼容南北饮食特色的特点,北人重咸鲜,南人食水产,前者主要是各种酱类,包括肉酱、芷酱等佐餐物。水产类主要有鱼、蟹、鱼子酱等,其中蟹及鱼子酱是较为高档的食材,汉代徐州地区的食蟹法主要有蟹胥、蟹䐹、蒸蟹,而鱼子酱则是用来濡鱼的贵重材料,体现出徐州饮食自古以来的食不厌精的传统。

其三,食器精美,与美食相得益彰,体现出汉代生活的精致细节。徐州汉墓考古所见青铜染具及铜烤炉,不但是汉代王侯贵族的烹饪工具,同时也是工艺精美的艺术品。通过鎏金铜钫、铜锺等盛酒器,可以获知汉代

[①] 徐州狮子山楚王陵发掘考古队:《徐州狮子山西汉楚王陵发掘简报》,《考古》1998年第8期,第97-100页。

王侯的主要饮酒种类，包括度数较高的"上尊"和未经过滤的"楚糟"。而铜樽、耳杯、玉卮、玉杯等一系列饮酒器，除说明汉代饮酒方式与现代完全不同外，还让我们更直观地见识到汉代徐州王侯的奢华生活，并惊叹于汉代物质文化之丰厚。

以上对徐州汉代饮食文化的发掘研究，为开发徐州地区汉文化提供了较为可靠的物质资料和参考价值，对弘扬徐州饮食文化特点、宣传徐州地方文化特色，也具有较为现实的积极意义。

2015年度徐州市社科研究课题 15XSM-057

"犀毗金头带"
——徐州汉代金腰带相关问题探论

《禹贡》列九州，徐州居其一。从地理范围看，徐州地处苏北丘陵地带，周围群山环绕呈天然屏障，北起泰山、南至淮水、西自济水、东止于海，自古即为中原门户、江淮藩屏。同时，河道纵横的地形特点，使徐州水源充沛、土壤肥沃，得灌溉舟楫之利。徐州也是两汉时代的重要政区之一，秦汉之际，楚怀王熊心、西楚霸王项羽先后于此建都。西汉初年，高祖封同父异母弟弟刘交为楚王，治三十六郡。汉武帝置十三州刺史，楚隶属徐州刺史部。宣帝地节元年（前69年）更为彭城郡，其后又分封其子刘嚣为楚王。王莽时，废楚为和乐郡。东汉开国，光武帝刘秀封其子刘英为楚王，都彭城。后废楚国为彭城郡，章帝时徙封刘恭为彭城国，隶属徐州刺史部。东汉末年，曹操迁徐州刺史部治彭城。得益于特殊的地理位置和重要的行政意义，徐州虽地处东南，与汉代两京遥遥相望，但文化上却无半点滞后。分封徐州的各级王侯，像两汉时期的达官显贵一样，享受中原物质文明的繁华，其中也包括自域外远播而来的奇珍异宝。

作为两汉之乡，徐州气候温和，农耕条件优渥，地宜桑麻，人善耕织。徐州地区考古出土及征集到的汉画像石，就是反映汉代纺织业发展的资料。铜山洪楼、贾汪区青山泉均发现《纺织图》画像石，其中贾汪区青山泉出土的分为上下两层，上层为纺织图，左侧为脚踏提综式斜织机，右侧为纺车，上有纺好的丝团，这反映了当时家庭纺织业的发展状况（图一：1、2）。[①] 服饰文化是反映社会发展水平的重要标志之一。农业社会有了优越的农桑条件，服饰文化自然随之发达。徐州两汉考古成绩斐然，先后发掘的一系列极具价值的王侯级墓葬中，出土了反映两汉服饰文化的重

---

① 徐毅英主编：《徐州汉画像石》，中国世界语出版社，1995年，第28页、第53页。

要资料,对研究徐州汉代服饰文化意义重大。

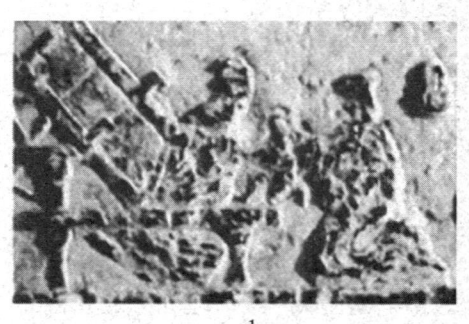 

1. 贾汪区青山泉出土　2. 铜山洪楼出土

图一　徐州出图汉画像石纺织图

一、徐州出土的汉代金腰带

1994 年徐州狮子山楚王陵发掘,在丰富的随葬品中,出土于墓外墓道耳室(W1)的兵器堆中的两副形制相同、重叠放置的金扣缀贝腰带扣尤其引人瞩目(图二)。① 编号为 W1:239 的一副腰带上带长 97 厘米,上缀 3 排海贝,贝中夹缀用薄金片做成的花饰。带两端各有一枚金带头,带头长 13.2 厘米、宽 6.2 厘米、厚 0.2 厘米。② 正面主体纹饰表现猛兽撕咬场景,主题花纹周边饰以勾喙怪兽纹。背面有两个竖置的环钮,两扣带间可用扣舌扣合(图三)。③

类似风格的金带头在徐州簸箕山西汉宛朐侯刘埶墓以及后楼山西汉墓(M6)均有出土。刘埶墓出图的金带头共一组两件,由两块带板、一枚扣舌组成,带板呈长方形,大小相同,长 9.1 厘米、宽 5 厘米,背部四周有凸出的边框,中间有内凹,有方格形布纹,每块带板四角处均置鼻形钮,

---

① 狮子山金腰带出土照片为笔者翻拍自徐州博物馆《汉室遗珍》展厅展板。
② 狮子山楚王陵考古发掘队:《徐州狮子山西汉楚王陵发掘简报》,《文物》1998 年第 8 期,第 9 页。
③ 徐州博物馆编:《古彭遗珍——徐州博物馆馆藏文物精选》,国家图书馆出版社,2011 年,第 276 页。

右侧带板内侧中有一杏仁形孔，正面有浅浮雕图案（图四）。[①] 后楼山西汉墓出土的一对金带头，长 8.1 厘米、宽 4.4 厘米以纯金镂铸，主体纹饰均为肢体扭曲夸张变形的三兽，四周边框饰麦穗纹，其中一带板一侧有椭圆形穿孔。（图五）。[②]

图二　徐州狮子山楚王陵缀贝金腰带出土现场照

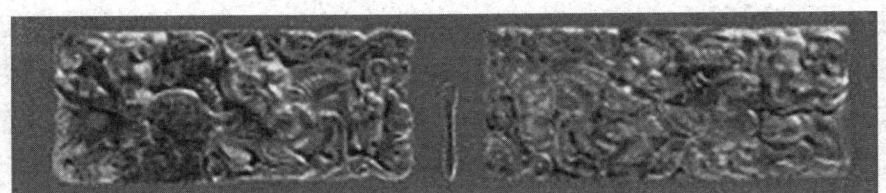

图三　徐州狮子山楚王陵出土金带头

图四　徐州簸箕山西汉宛朐侯墓出土金带头

---

① 徐州博物馆：《徐州西汉宛朐侯刘埶墓》，《考古》1997 年第 2 期，第 16 页。
② 徐州博物馆编：《古彭遗珍——徐州博物馆馆藏文物精选》，国家图书馆出版社，2011 年，第 279 页。

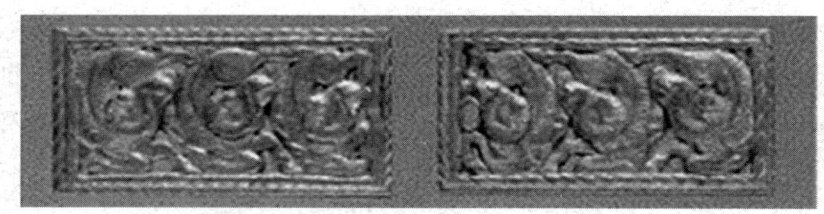

图五　徐州后楼山西汉墓（M6）出土金带头

从全国范围看，风格类似、材质各异的带头在汉代墓葬中多有发现且分布广泛。如宁夏同心倒墩子19号西汉匈奴墓出土的鎏金铜带头，西安三店村西汉王许墓出土鎏金铜带头，扬州西汉"妾莫书"墓出土鎏金嵌玉铜带头，长沙咸家湖西汉曹女巽墓出土玉带头，江苏盱眙大云山江都王墓M1、M9出土金带头，重庆巫山秀峰村汉墓（M3）出土鎏金铜带头，广州登峰路福建山M1120、M1121及广州东郊M1176、象岗南越王墓均出土成对的鎏金铜带头等。经过孙机先生考证，以上各式汉代带头就是班固《与窦将军笺》所谓"犀毗金头带"。①"犀毗"一作"师比"，颜师古注曰："胡带之钩也；亦曰鲜卑，亦谓师比，总一物也，语有轻重耳。"②由此可知，汉墓中出土的各式带头与外来的"胡带"渊源颇深。因装其在腰带两头，既能加固带端又起装饰效果。王国维先生研究胡服，认为："古大带、革带，皆无饰。有饰者，胡带也。"③胡带与汉人传统的带具的区别在于有无带头装饰。史籍中又将带头称为"犀毗"，《史记集解》引张晏对"犀毗"之解："鲜卑郭落带，瑞兽名也，东胡好服之。"④说明"犀毗金头带"上装饰有瑞兽一类的纹样，又因是"胡带"，故瑞兽之形貌必然不同于中原固有的纹饰。

二、金带饰的文化信息

徐州狮子山楚王陵、宛朐侯墓以及后楼山西汉墓（M6）出土的金带头，作为"胡带"的重要构件，反映出北方胡族文化的特征。战国时期北

---

① （宋）李昉：《太平御览》卷六九六《服章部十三》，中华书局影印本，1960年，第3150页。
② （汉）班固：《汉书》卷九四上《匈奴传》，中华书局，2000年，第2898页。
③ 王国维：《胡服考》，《观堂集林》卷22《史林十四》，中华书局，1961年，第1072页。
④ （汉）司马迁：《史记》卷一一〇《匈奴列传》，中华书局，2007年，第2898页。

方匈奴墓葬中常见与之类似的带头,而带头主体纹饰表现出的猛兽撕斗的图案又是草原民族斯基泰的典型纹样。

（一）斯基泰人的影响

斯基泰人（Scythians）是古代希腊人对活跃于欧亚草原的游牧骑马民族的称呼。自公元前6世纪开始,斯基泰人已形成强大的骑马民族国家,以北高加索和南俄草原为中心展开大规模的活动。① 斯基泰人横行欧亚大陆,其生活方式和文化创造了独特的斯基泰文化,也深刻影响了当地其他游牧民族。最迟自公元前4世纪或公元前3世纪起,斯基泰文化就已东及蒙古高原、长城地带,西达多瑙河流域的欧亚内大陆干燥地带及周边。

斯基泰人偏爱大量的黄金铸造器具和装身具,同时也喜欢造型独特鲜明的动物主题纹饰,随着斯基泰势力在欧亚草原的扩大,代表其独特审美风尚和特征的富丽堂皇的装身具得以迅速传播。哈萨克斯坦阿拉木图（Almaty）的一座公元前5—前4世纪斯基泰贵族墓,墓主人全身缀有多达4000件的黄金饰品。② 经过复原可以看出,墓主人头戴尖顶高帽、身着窄袖紧身短外套及长裤长靴。高帽、整件外套以及长靴上密布各式金饰片,尖帽上装饰有鹿角、树木、矛、飞鸟形状金片,额头装饰两个相背的有翼神兽及后肢反转的虎形金饰,外套上的金片有鹿头和虎头形,袖口、领口以及衣襟边缘的金片作反转状的麋鹿和马造型,腰部系带金牌饰的腰带,金牌饰上有麋鹿纹样（图六）。③

图六　哈萨克斯坦阿拉木图斯基泰贵族墓墓主衣装复原图

---

① ［日］江上波夫著,张承志译：《骑马民族国家》,光明日报出版社,1988年,第14-15页。
② 张文玲：《黄金草原：古代欧亚草原文化探微》,上海古籍出版社,2012年,第74-75页。
③ 单月英：《移动的文化桥：黄金草原与东西文化交流》,《艺术品》2015年第5期,第28页。

斯基泰人通过在欧亚地区侵略、掠夺、征税、通商等手段,逐渐积累了大量财富,上层贵族掌握更丰富的资源,尤其是黄金。号称"金人"的阿拉木图的贵族,就是其中的典型代表。日常生活中使用大量金器,服饰上披挂重重金饰的传统,与斯基泰固有的生活习性密不可分,因为在广袤草原上居无定所,故将贵金属制成小巧便携的器具,更适宜其迁徙移动的生活规律,于是也就形成了其偏好将大量黄金制品随身携带的习惯。

斯基泰人的黄金制品中最引人注目的是装饰其上的各种动物纹饰,武器、容器、车马具以及装身具上均有这类被称为"斯基泰野兽纹"或"斯基泰—西伯利亚野兽纹"的装饰纹样(图七:1、2)。这类程式化装饰主题,无疑与其生态环境和地域特点密切相关,虎狼、牛马、麋鹿、羚羊皆是草原的生灵,而有翼神兽这类虚幻的神物则源自美索不达米亚。

 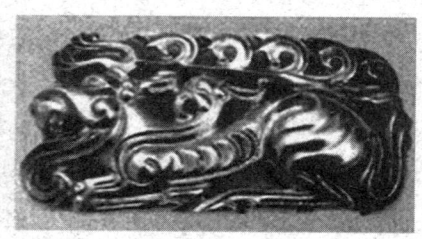

1　　　　　　　　　　　2
1. 欧亚草原相关文物　　2. 伊塞克墓葬出土遗物
图七　斯基泰动物纹金饰件

而以上动物主题也并非源自动物花纹所包含的宗教意识和象征型魅力,而是出自装饰目地的实用性,反映出斯基泰人美术的实用性和实力主义观念。[①]高度文明的斯基泰艺术形式、纹饰和母题在游牧民族之间流传、吸收和融合,形成了大致相同的格局。匈奴人遗物上随处可见的动物主题,大多能从中找到本源。

---

① [日]江上波夫著,张承志译:《骑马民族国家》,光明日报出版社,1988年,第22页。

（二）匈奴人的传播

斯基泰文化传播至东方，深刻影响了活跃在西伯利亚和蒙古高原地区周围的游牧民族，这些游牧民族就包括公元前3世纪末开始崛起的匈奴。因为同属骑马民族，加之在地理位置上的实际接触，使处于同一文化阶段上的匈奴人和斯基泰人产生了相同的习惯。① 在服饰、器具、纹饰以及装饰风格等具体方面亦相差无几。

匈奴人的服装与其迁徙骑射的生活习惯密切相关，像斯基泰人一样，匈奴人也头戴尖帽、身着束腰上衣及长裤长靴。1924年，蒙古人民共和国诺颜乌拉西汉晚期匈奴墓（M6）出土一件尖顶帽，内径53厘米、高34厘米，帽内以桦树皮为框架，帽里用丝织品对缝，外缝以薄毡。② 这件匈奴尖帽在山东博物馆收藏的汉画像石《胡人被俘图》中刻画的匈奴俘虏形象中也有体现，其衣装装扮与宽袍大袖的汉人不同，头戴与之相类似（图八）。③ 诺颜乌拉匈奴墓同时出土三件衣物，其中包括一件窄袖短上衣和长裤。④ 不知这是否就是日本学者江上波夫所述，在骑马民族国家中极其常见的适合骑射的"卡呼单"（褶）（图九）。⑤ 对襟短上衣无纽扣之属，那么穿着时必以腰带束缚。在时代相当于中原春秋战国的匈奴墓葬考古中多见金属牌饰，这正是腰带的带头。内蒙古阿鲁柴登的匈奴墓群出土的一批带具中包括长方形带头4件，其中两件完整，黄金铸成，正面为虎、牛争斗图案，四周为绳索纹，四角皆穿圆孔，背面两端各有桥形钮，长12.6厘米、宽7.4厘米、厚0.2厘米（图十：2）。⑥ 金带头系匈奴遗物，可谓"犀毗金头带"或"胡带"，究其原型则无疑源自斯基泰传统。而金带头无论

---

① ［法］格鲁塞：《草原帝国》，商务印书馆，1998年，第27页。
② 赵斌，张睿丽：《秦汉匈奴服研究》，《西部考古》第四辑，第169-171页。
③ 程雅娟：《从匈奴铁马骑装至东洋雅乐舞服：古代服饰"吊敦"的传奇发展史》，《美术与设计》2015年第4期，第29页。
④ 程雅娟：《从匈奴铁马骑装至东洋雅乐舞服：古代服饰"吊敦"的传奇发展史》，《美术与设计》2015年第4期，第29-30页。
⑤ ［日］江上波夫著，张承志译：《骑马民族国家》，光明日报出版社，1988年，第22页、第41页。
⑥ 田广金，郭素新：《内蒙古阿鲁柴登发现的匈奴遗物》，《考古》1980年第4期，第334-335页。

形制还是纹饰，都与徐州狮子山楚王陵、宛朐侯墓、后楼山汉墓所出金带具类似，足可见两者之间的渊源联系。

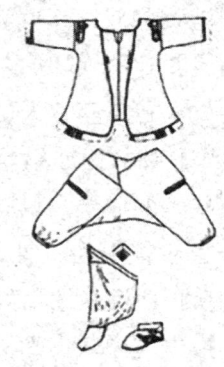

图八　山东博物馆藏《胡人被俘图》　　图九　蒙古人民共和国诺颜
　　　　汉画像石　　　　　　　　　　　　　乌拉墓（M6）出土衣物

在胡汉交战的背景下，源自斯基泰人后经匈奴人传入汉地的"胡带"逐渐在中原流行。《史记·赵本纪》载：公元前307年，赵武灵王胡服骑射以备燕、三胡、秦、韩之边。① 自此以后，随着胡服在中原地区的推广，胡带得以迅速传播开来，自战国至两汉发展迅速。②

1　　　　　　　　　　　　2

1. 内蒙古鄂尔多斯准格尔西沟畔匈奴墓（M2）出土　　2. 鄂尔多斯杭锦旗阿鲁柴登出土

图十　匈奴墓出土金带头

考古资料显示，战国晚期中原工匠已经能熟练仿制出匈奴式样的胡带。内蒙古鄂尔多斯准格尔西沟畔匈奴墓（M2）曾出土一对长方形金带头，主

---

① 司马迁：《史记》卷四十三《赵世家》赵武灵王曰："今中山在我腹心，北有燕，东有胡，西有林胡、楼烦、秦、韩之地，而无强兵之救，是亡社稷，奈何？夫有高世之名，必有遗俗之累。吾欲胡服。"中华书局，2007年，第1806页。
② 宿白：《考古发现与中西文化交流》，文物出版社，2012年，第23页。

题纹饰为虎豕咬斗纹，四周边缘装饰绳索纹，背面有钮。其中一件一端有孔（图十：1）。两件金带头上均刻画汉字，其中一件上文字为"一斤五两四朱少半"，另一件为"一斤二两廿朱少半"，另有"故寺豕虎三"五字。①同时，发掘者在金带头背后还发现了粗麻布的痕迹，或许就是金腰带的带身残留，这显然是汉地工匠仿制出的带头，又辗转传入匈奴人手中。

（三）汉人的创造力

胡带自战国时期传入中原，最初出于军事目的，时至西汉却逐渐演变为贵族的装饰品。匈奴人的"胡带"多是有一对金属带头的革带。②而汉人仿制的"胡带"，带头不但以金属为材，甚至使用珍贵的玉石、玻璃，带身则选择柔软的丝织品，并以金花、贝壳作装饰。

1. 嵌玉镶玻璃

汉人重玉，在仿制"胡带"时也不忘镶嵌美玉。湖南长沙咸家湖西汉曹女巽墓出土的一对长方形单面透雕龙马玉珩就是此例，玉珩原应镶嵌在金属带头上，其下应有垫片和金属边框作为支撑（图十一：1）。③江苏扬州西汉"妾莫书"墓出土一件嵌玉鎏金铜带头，边框为四龙纹，内嵌细雕蟠螭纹白玉片（图十一：2）。④

　　　　　1　　　　　　　　　　　　　　　　　　2

1. 湖南长沙咸家湖西汉曹女巽墓出土　　2. 江苏扬州西汉"妾莫书"墓出土

图十一　汉代镶玉鎏金带头

---

① 伊克昭盟文物工作站，内蒙古文物工作队：《西沟畔匈奴墓》，《文物》1980年7月，第98-99页。
② 宁夏倒墩子墓群中M1、M5、M19出土带头，背后的半环钮内均有皮革残迹，倒是很符合游牧民族的特点。发掘简报见《宁夏倒墩子匈奴墓》，《考古学报》1988年第3期，第343-345页。
③ 长沙市文化局文物组：《长沙咸家湖西汉曹女巽墓》，《文物》1979年第3期，第4页。
④ 扬州市博物馆：《扬州西汉"妾莫书"木椁墓》，《文物》1980年第12期，第2页。

徐州石桥汉墓（M2）曾出土一枚残缺的透雕夔龙纹玉饰，单面抛光，原推测或为镶嵌于漆器上的玉饰件①，然而，对比以上两墓出土的玉带头判断，这很可能是一件玉带头的残件。近年新出的材料，莫如江苏盱眙大云山江都王墓出土的两副鎏金镶玉带头，形制上与扬州"妾莫书"墓类似，下文另有详述。

汉代的玻璃制品，既有通过海陆从遥远的罗马输入的域外奇珍，也有本国的产品，总体而言玻璃制品在当时属于难得一见的奢侈品，其中就包括以玻璃镶嵌的胡带。广州象岗南越王墓曾出土6件镶嵌玻璃带头。以其中一对（D71、D164）为例，带头四周有穗纹鎏金铜边框，中心镶嵌一块蓝色平板玻璃，玻璃背面贴一块长方形铁板，板上铸两半环钮。因为玻璃在汉代属于奇珍异宝，故也只有王侯级别的贵族方可受用。同墓"右夫人"墓室中也出土了两块用于镶嵌带头的平板玻璃。②据研究人员考证，这些玻璃为铅钡玻璃，属于自制的国货。

汉代工匠仿制的胡带，虽保留了带头原有的形制，但装饰上却结合汉代传统的审美，镶嵌了玉石、玻璃等珍贵材料，不但比单纯铸造的贵金属带头更美观，也更突出了工艺上的精细。

2. 编贝饰金花

前文已述狮子山楚王陵出土的金腰带，带身原以丝织物为地，其上编缀三排海贝，中又等距间饰以金花。以贝饰带起初是汉代郎及侍中之类天子近臣的装束，《史记·佞幸传》记载："故孝惠时郎侍中皆冠鵕鸃、贝带。"《集解》引《汉书音义》曰："以毛羽饰冠，以贝饰带。"③可见，贝带不仅珍贵，更起到彰显身份的作用。徐州北洞山汉墓门阙内侧墓道曾出土两件彩俑，其中一件深衣箭箙彩绘俑（WK2:1）腰带正中有一对带头，带身部分镶嵌海贝及白珠，带下垂组带及绶带，绶带上书"郎中"。另一件（Wk2:20）束红色腰带，身前正中有一对带头，带身镶白色海贝横置

---

① 徐州博物馆：《徐州石桥汉墓清理报告》，《文物》1984年第11期，第30页。
② 广州市文物管理文员会，中国社科院考古研究所 广东省博物馆：《西汉南越王墓》，文物出版社，1991年，第249-252页。第212-213页。
③（汉）司马迁：《史记》卷一二五《佞幸》，中华书局，2007年。第3191页。

一圈，右胯悬一组玉佩（图十二：1、2）。① 作为楚国宫廷中的侍卫，"郎中"俑束贝带与文献所载一致。只是与楚王的贝带相比，装饰亦略逊一筹：没有金花点缀，而海贝也仅缝缀一圈。

汉墓中除狮子山出土饰贝腰带外，尚有广州象岗南越王墓、长沙咸家湖墓、重庆巫山秀峰村汉墓（M3）以及江苏盱眙大云山江都王墓M1及M9。象岗南越王墓出土了镶玻璃铜带头，同墓出土的还有玻璃贝及金花泡，推测这些玻璃贝和金花原本是腰带的装饰，其形制很可能类似于狮子山的金腰带。长沙咸家湖汉墓的玉带头，出土于墓主人内棺腰部，附近散落12枚两端均有穿孔的玉贝，据此推测这些玉贝或许也是"贝带"装饰。据此还绘制出相应的复原图（图十三：1、2）。② 重庆庆巫山秀峰村汉墓（M3）出土一副饰贝鎏金铜带头，贝带由66枚海贝组成，排列成两排编缀于织物带身上。③ 江苏盱眙大云山江都王墓（M1）出土两件重合叠压在一起的贝带。其一为鎏金镶玉玉贝带，长方形带头四边为镂雕通体鎏金的外框，正中镶嵌透雕云龙纹玉片，右置的鎏金外框伸出一环形穿孔。周围散落玉贝，两端均钻孔，以细小的金丝穿在丝织的衬托上。其二为鎏金镶玉玛瑙贝带，整条贝带由两件鎏金镶白玉带头、44件红色玛瑙贝饰组成。带头四边镂雕，正中向前透雕龙纹长方形玉片（图

1　　　　2
1.WK2：20　　2.WK2：1

图十二　徐州北洞山汉墓出土束贝带陶俑

---

① 徐州博物馆，南京大学历史学系考古专业：《徐州北洞山汉墓》，文物出版社，2003年，第89页。
② 左俊：《浅谈"贝带"》，《中国历史文物》，2006年第6期，第32-33页。
③ 四川省文物考古研究所，巫山县文物管理所，重庆市文化局三峡文物保护工作领导小组：《重庆巫山县巫峡镇秀峰村墓地发掘简报》，《考古》2004年第10期，第50-51页。

十四：1、2）。① 大云山 M9 出土的一组金腰带，腰带部分则装饰蓝色玻璃珠及金花泡（图十四：3）。

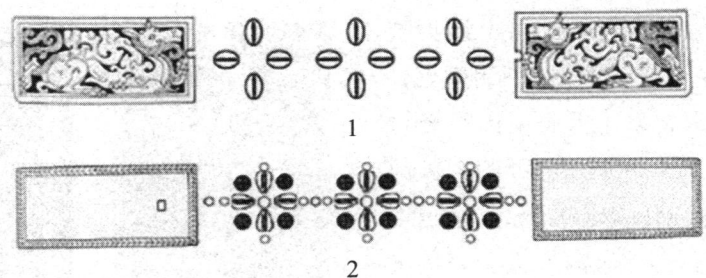

1. 江苏扬州西汉"妾莫书"墓出土　　2. 广州象岗南越王墓出土

图十三　贝带复原图

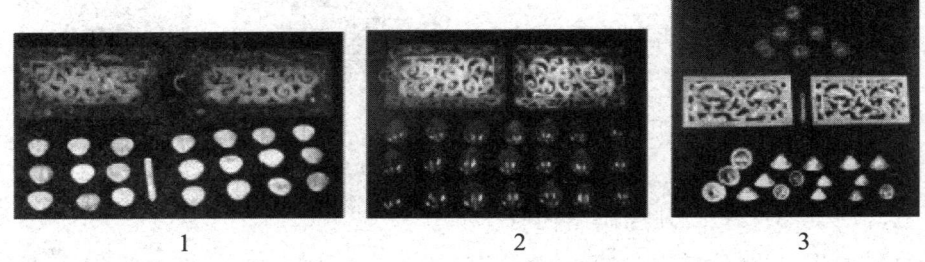

1. 大云山 M1 出土鎏金镶玉玉贝带　　2. 大云山 M1 出土鎏金镶玉玛瑙贝带
3. 大云山 M9 出土金腰带玻璃珠、金花泡装饰

图十四　江苏盱眙大云山江都王墓出土带具

　　从装饰材料看，除狮子山及巫山秀峰村汉墓（M3）出土饰贝腰带采用天然贝壳外，其他诸墓则以玉石、玛瑙、玻璃等雕琢成贝状，或许是因为天然海贝在颜色、质地或是珍稀程度上不如以上材料华丽珍贵，故取而代之吧。巫山秀峰村汉墓（M3）出土的贝带，两排天然海贝上就曾染过红、绿两色。通过以上材料可知，以贝壳或仿贝宝石缝缀在腰带带身上是汉代贵族彰显地位和财富的惯例。

　　值得注意的是，徐州汉墓中还出土了一类特殊的"贝带"资料。狮子

---

① 南京博物院，盱眙县文广新局：《江苏盱眙大云山西汉江都王陵 1 号墓》，《考古》2013 年第 10 期，第 3-68 页。

山楚王陵出土的一件玉豹（W1∶1），其全身呈卧伏状，头前倾，双目圆睁前视，嘴微闭露齿，颈上戴镶一圈装饰海贝的项圈。① 此外，北洞山汉墓出土的一件玉熊（1954年出土于主墓室），其颈部也戴有镶嵌海贝的项圈。② 以上两件玉器，反映出汉代徐州楚王豢养猛兽为宠物的嗜好。说明上层社会对于贝饰的喜好程度至深，不但自己披挂上身，甚至给王室宠物也佩戴了镶嵌贝壳的项圈。

3. 鎏金铜带头

除金带头外，汉墓中也出土有长方形鎏金铜带头，其形制与金带头类似，主题纹饰均为动物搏斗纹，背面皆有钮环。成对出土的鎏金铜带头，其中一件左端中部均有一孔。如广州北郊福建山M1120、M1121，广州东郊M1176各出土一对鎏金铜带头，广州象岗南越王墓的墓道随葬的殉人残存两对鎏金铜带头，主棺室内也有一对鎏金铜带头。西安三店村王许墓、安徽阜阳汝阴侯墓、重庆庆巫山秀峰村汉墓（M3）以及广西壮族自治区贺州河东高寨墓（M4）均出土一对鎏金铜带头，广西平乐银山岭汉墓（M94）则出土单件鎏金铜带头。随葬这类鎏金铜带头的汉墓，墓葬等级各有等差，其中墓主既有南越王、汝阴侯级别的王侯贵族，也有汉代一般官吏。出土的鎏金铜带头大多质地薄脆，与金带头不可同日而语。

三、金带饰的使用

斯基泰人的金腰带，带头本身仅作为装饰而不具备括结功能。而继承了斯基泰服饰及装饰风格的匈奴人则对"胡带"进行实用性改造，中原汉人通过与匈奴的长期接触，引入"胡带"并进一步加以改良。

（一）"胡带"的束结方法

斯基泰人的金腰带本身不具备括结功能，哈萨克斯坦伊塞克王族墓葬

---

① 狮子山楚王陵考古发掘队：《徐州狮子山西汉楚王陵发掘简报》，《文物》1998年第8期，第17页。
② 徐州博物馆，南京大学历史学系考古专业：《徐州北洞山汉墓》，文物出版社，2003年，第124页。

中出土一套金带具，包括 13 件小牌饰和 3 件兽形牌饰，均以特殊之法固定在带鞓上：牌饰之钮均穿过带鞓在其背后透出，再用两条细带贯穿各钮孔，细带超出带鞓的部分又可用于系结，但是牌饰本身并不能束结腰带。① 这反映出斯基泰人惯于将贵重装身具随身携带的习性。

  与斯基泰人重装饰而轻实用的带具相比，匈奴人的"胡带"则完全出自实用。阿鲁柴登匈奴墓出土的一对长方形金牌饰，其中一件上有直径 1 厘米的圆孔，孔有磨痕，说明在使用过程中或用扣舌之类的小零件固定，因此这对金带头具有括结功能（图十：2）。② 成对的带头，其中之一上有圆孔，是匈奴人带头常见的特征，而同类型的斯基泰带头，则不见钻孔。这也进一步说明匈奴人的带头真正起到括结功能。同样，西沟畔匈奴墓（M2）出土的一对金带具，其中之一也有一穿孔，也是为束带约括所用（图十：1）。考古发掘甚至曾见带鞓遗痕，宁夏同心倒墩子匈奴墓群中 M1、M5、M19、出土的铜带饰上均发现皮带残留，其中 M1 墓主右手端的两件带饰之间用皮带相连，皮带上还有两个穿孔。M19 腰间两件浮雕带饰，其中一件带饰的背面也有皮带残留，皮带上有穿钮的小孔，脚端发现一件透雕带饰的透孔中也有皮条。③ 可见，匈奴人使用的带头，其固定方式可能与伊塞克王族墓出土的腰带大同小异，但是与完全作为装饰的斯基泰带头相比，匈奴人则利用皮带将固定在腰带两端的带头联结，让带头真正发挥束结的功能。

  匈奴人将纯粹装饰的斯基泰腰带头加以改造，利用皮条穿结固定，成为具有括结实用功能的"胡带"。而改造后的"胡带"后传入中原，上文所列汉墓出土的成对的带头，穿戴时居左的那枚，其近边缘处均有一小孔，这就是模仿匈奴"胡带"束括的构造。大云山 M1 的鎏金玉龙纹带板，虽无小孔，但位于左侧的带头一侧另有一半圆形的扣钮，其作用是相同的。④ 中原仿制的金带头，带头背面均有钮（数量或 2 或 4 不等），用途或许类似

---

① 孙机：《中国古舆服论丛》，文物出版社，2001 年，第 256 页、第 258-259 页。
② 田广金，郭素新：《内蒙古阿鲁柴登发现的匈奴遗物》，《考古》1980 年第 4 期，第 334-336 页。
③ 宁夏文物考古研究所，中国社科院考古所宁夏考古组，同心县文物管理所：《宁夏同心倒墩子匈奴墓地》，《考古学报》1988 年第 3 期，第 352 页。
④ 南京博物院，盱眙县文广新局：《江苏盱眙县大云山西汉江都王陵》，《考古》2013 年第 10 期，第 49-50 页。

哈萨克斯坦伊塞克王族墓葬中出土的金带具，可串结绳带将其固定在腰带带鞓上，同时也能辅助腰带括结。但是，考察汉墓金属带头出土时的状况可知，汉代人采取的是另一种固定带头的方式。广西壮族自治区贺州河东高寨汉墓（M4）出土的一对鎏金铜带头，出土时背面两个钮环连接小木条。[①] 广州象岗南越王墓主棺室内出土的一对鎏金铜带头，出土时带头上残留丝绢缠裹的痕迹，带头背面有两个竖直的半环钮，钮孔内也横直一段小木栓。[②] 由此可见，带头是通过小木栓横贯其背后的环钮而固定在带鞓上。

徐州狮子山、宛朐侯刘埶墓以及大云山江都王墓M1、M9均保留了用于穿结束带的扣舌，这些扣舌形制相似，均作长条束状，上端圆滑带孔，下段尖细。扣舌在束带时起到穿针引线的作用：首先将两枚带头分别固定在腰带两端，其次从腰带右端的带头背面的钮环中引出一条窄带，窄带一端与扣舌连接，利用扣舌穿过至腰带左端的带头的孔隙，之后再引出，最后将窄带首尾打结，完成整条腰带的束结。据此，笔者以狮子山楚王陵出土的饰贝金腰带和簸箕山西汉宛朐侯墓出土的金带头为例，将束带法进行还原，以求方家指正（图十五：1、2）。

1. 狮子山楚王陵出土　　2. 簸箕山西汉宛朐侯墓出土

图十五　徐州汉墓出土金带头连接方法图

这两组金带具出土时均保留了一对带头以及一个扣舌，根据以上的研究思路，狮子山出土的一对金带头，背后各有两个竖直的环钮，而簸箕

[①] 广西壮族自治区文物工作队等：《广西贺县河东高寨西汉墓》，《文物资料丛刊》（4），文物出版社，1983年，第29-43页。

[②] 广州市文物管理文员会，中国社科院考古研究所，广东省博物馆：《西汉南越王墓》，文物出版社，1991年，第165页。

山宛朐侯墓出土的一对金带头,背后各有四个鼻形钮,这些设置在带头背后的环钮应该是为将带头分别固定在腰带首尾两端,有孔带头是为腰带末端,无孔者则为首端。从居于首端带头后引出一条细带,细带一头连接扣舌,扣舌舌引带由前至后穿过居末端带头孔,之后再将细带首位系结。

(二) 使用者的身份

考古发掘显示,汉墓出土的金属带头时代多集中在西汉时期,说明其流行期主要集中在西汉,尤其在西汉早期,中晚期则较少。汉初郎官、侍中服贝带,对照徐州北洞山汉墓出土的两件"郎中"俑,饰贝腰带正中均有一对带头,其材质虽不可考,但是根据西汉官吏墓葬中出土的鎏金铜带头之例推测,应该也是相似的材质。至于金带头则非王侯般高等级贵族不得使用,尽管文献中缺乏对金腰带使用的等级的详细规定,但出土的镶玉嵌琉璃、编贝饰金花的各类金腰带,其豪华的装饰风格本身就非常人所能承担。首先,镶嵌玉器本身就是贵族的专属权利,是所谓"匹夫无罪,怀璧其罪",因此限制了使用者的身份等级。其次,琉璃、玛瑙类豪华的装饰品价值连城,若无王侯般雄厚实力则难能消受。因此,金腰带自然成为汉代王侯族彰显其尊贵身份的佩件。

《后汉纪·舆服志》载:"自公主封君以上皆绶带,以采组为绲带,各如其绶色。黄金辟邪,首为带鐍,饰以白珠。"[1] 东汉制度规定自公主封君以上的女性贵族腰带可以使用装饰白珠的黄金辟邪形带鐍,这一传统可以追述至西汉。考古资料显示,西汉女性贵族也有以金腰带随葬之例。徐州后楼山西汉墓(M6)与金带头同墓出土的尚有一枚"刘泾·南阳夫人"双面铜印。[2] 说明该墓墓主人或许是刘氏王族中的女性成员,则饰有金带头的腰带当属于这位贵妇。汉代贵族女性墓葬中也常有"胡带"出土,前文已经介绍在长沙咸家湖西汉曹𡝊墓出土一对透雕玉带头,江苏扬州西汉"妾莫书"墓出土一件嵌玉鎏金铜带头,大云山 M9 则出土一组金腰带。咸

---

[1] (南朝宋) 范晔:《后汉书》志三十《舆服志》, 中华书局, 2000 年, 第 3678 页。
[2] 徐州博物馆编:《古彭遗珍——徐州博物馆馆藏文物精选》, 国家图书馆出版社, 2011 年, 第 279 页。

家湖西汉墓的墓主人身份可能是诸侯王的近亲或是长沙定王发的妃。① 扬州"妾莫书"女性墓主身份属于刘氏家族。② 而大云山 M9 则判断是陪葬江都王的妃嫔墓。③ 广州象岗南越王"右夫人"墓室中则出土原用于镶嵌带头的玻璃片。目前所见有"胡带"出土的汉代女性墓葬,墓主均出身显赫,是王侯家的女眷。

汉代贵族女性佩戴"胡带",大概也是模仿自骑马民族的传统。前文所述,宁夏倒墩子匈奴墓群中 M13 即为女性墓主,墓中出土铜带饰 21 件,其中长方形带头有 17 件,说明匈奴女性有系"胡带"之俗。随着"胡带"传入中原并成为王侯彰显身份的标志,汉代的贵妇也将镶玉嵌宝的"犀毗金头带"作为彰显身份地位的服饰佩件,无怪乎考古所见的各式"胡带"精工细作、华丽异常。

(三) 远播的影响

汉代工匠仿制的"胡带"逐渐摆脱了骑马民族的文化因素,在纹饰、装饰方面则迎合汉人的审美标准,具有强烈的汉风。两汉时期汉庭与匈奴的长期"和战",客观上促进了汉文化与匈奴草原文化的交流和融合,经过中原工匠改造的"胡带"又反播至欧亚草原。

《史记·匈奴传》载,汉文帝前六年,汉遣匈奴书,约为兄弟,并随书赠送一批礼物,其中包括黄金饰具带("具"或为"贝"之误)④、黄金胥纰(即犀毗)等金带具。⑤ 实际上,汉与匈奴长期的和亲、通关市以及战争,都包含汉朝向匈奴进行物质上的输出。同时,自张骞开通西域以来,

---

① 长沙市文化局文物组:《长沙咸家湖西汉曹女巽墓》,《文物》1979 年第 3 期,第 4 页。
② 扬州市博物馆:《扬州西汉"妾莫书"木椁墓》,《文物》1980 年第 12 期,第 2 页。
③ 南京博物院,盱眙县文广新局:《江苏盱眙大云山江都王陵 M9、M10 发掘简报》,《东南文化》2013 年第 1 期,第 68-69 页。
④ 王国维:《胡服考》按所谓"具带"指"黄金具带"之略,观点与之不同。详见王国维:《胡服考》,《观堂集林》卷 22《史林十四》,中华书局,1961 年,第 1072 页。
⑤ (汉)司马迁:《史记》卷一一〇《匈奴列传》,中华书局,2007 年,第 2897-2898 页。

汉王朝对于西域的开发和长期经营，也促进了中外物质文化交流的进程。经过汉代工匠改造过的胡带，或可称为"汉化的胡带"，又作为奢侈品在欧亚草原及西域传播。

大约公元前2世纪晚期左右，汉化的胡带传播至欧亚草原，南乌拉尔山区博克罗夫卡墓地17号库尔干出土一件类似狮子山楚王陵饰贝金腰带带头纹饰风格的腰饰牌，其时代约为公元前2世纪晚期至前1世纪，或认为是自中国传入的产品。此外，俄罗斯罗斯托夫区诺维依墓地70号库尔干出土了装饰贝壳的腰带，时代为公元前1世纪至公元1世纪，源头被认为应是来自汉地流行的饰贝腰带（图十六）。①前文已述，西沟畔战国晚期匈奴墓（M2）中已出土中原仿制的金腰带，说明匈奴人是最早接受中原名物的草原民族。西汉

图十六　俄罗斯罗斯托夫区诺维依墓地70号库尔干出土贝带复原图

中期中央王朝对于西域的开发和长期经营，促进中了外物质文化交流的进程，汉化的胡带再次西传，反映出古代社会物质文化交流的双向性特点。

四、结语

随着时间的推移，西汉时期王侯贵族流行的金腰带被带钩、带鐍类带具取代，从而逐渐退出历史舞台。带钩小巧轻便又实用，是汉代贵族最常用的一类带具。而带鐍本身有穿孔和固定的扣舌，其形制与现代的皮带扣很相近，故在使用上更加灵活方便，在带具中也占有一席之地。

犀毗金带头，不仅是精工细作的装饰品，本身更承载了大量文化信息。以徐州狮子山楚王墓、簸箕山西汉宛朐侯墓以及后楼山西汉墓（M6）出土的金带饰为代表的金带具，是汉代上层贵族的重要服饰配件，王候贵

---

① 单月英：《移动的文化桥：黄金草原与东西方文化交流》，《艺术品》2015年第5期，第41页。

族及其女眷以束佩金腰带彰显高贵身份。文献中称这类金带具为"犀毗金头带"。从来源分析，成对使用的金带头是欧亚草原斯基泰人通行的带饰，但是斯基泰金带饰仅有装饰功能却不实用，不能起到腰带的括结作用。匈奴人继承斯基泰带具传统并加以改进，将金带头改造成能够发挥实用括结功能的带具。中原地区自战国至两汉，通过长期与匈奴的交往，中原匠人逐渐仿制出匈奴式样的"胡带"。从纹饰上看，仿制的胡带主体纹饰逐渐摆脱草原民族崇尚的动物撕咬噬斗纹，而变为龙凤、玄武等具有中原文化风格的纹饰。从工艺上看，仿制的胡带以金属为材，其上镶嵌玉石、玻璃，并以金花、贝壳以及仿贝宝石作装饰，既是对传统装饰工艺的继承，更反映出汉代中外物质文化交流状况。从功能上看，仿制的胡带实用性强，通过扣舌、绳索之类的辅助构件，能真正起到腰带的括结作用。随着汉朝国力和影响力的不断扩大，这类仿制的胡带与丝绸、铜镜等中原名物再次传播至欧亚大陆，成为中外物质文化交流的见证。

2016年度徐州市社科研究课题16XSM-043

新媒体在文化遗产保护与宣传中的应用研究
——论博物馆动漫形象对青少年教育的推动作用

现代社会语境下,新媒体主要是指利用数字技术、网络技术,通过互联网、无限通信网、卫星等渠道,以及电脑、手机、数字电视等终端设备,向用户提供信息和娱乐的传播形态和媒体形态。现代社会已然进入了所谓"读图时代",人们掌握的信息中60%~70%是通过图像的方式获得,包括动漫文化在内的各类文化活动纷纷借助直观图像呈现在观者面前。新媒体时代信息传播的特点为动漫传播提供了广阔的空间,动漫形象生动、情节通俗、内容清新,构成了阅读的主要内容之一,并潜移默化地影响和改变着人们的日常生活和行为习惯。

一 新媒体环境下的青少年状况分析

在高新技术的支撑下,动漫产品的传播介质和呈现方式发生了变化,"数字格式+网络传输+多种终端呈现"成为主流。青少年基于独特的心理特点,思维活跃、个性鲜明,对新媒体资源的感受和捕捉能力较强,最容易受到新兴事物的吸引。在新媒体的使用人群中,青少年也是不可忽视的重要群体。

一、青少年群体的界定

人一生的成长历程可以大致归纳为童年、青少年和成人三个主要阶段,其中青少年时期恰处于儿童和成人之间的过渡阶段,是人的生理、心理以及社会性逐渐成熟的转变期。时至今日,国内外对于"青少年"的年龄范畴始终没有统一的界定标准,联合国教科文组织、世界卫生组织以及联合国人口基金对于青少年年龄的界定均有不同,分别为14～34周岁,14～44周岁和15～34周岁。[①]日本从社会统计的角度,将0～24周岁的人口统称为青少年。[②]

我国对"青少年"的界定一直受到各学科的影响,政治学、经济学、社会学、人口学、传播学、法学、心理学等各学科根据其理论方法和具体知识结构的不同,对"青少年"这一群体也有不同的划分标准,因此各有侧重。大致而言,狭义的"青少年",特指处于12～17岁的未成年人。广义上的"青少年"概念,则主要以人的社会化进程为度,认为从儿童期到中年期之间的阶段均属于青少年期。这一阶段跨度较长,包括儿童期(6～11岁)、狭义青少年期(12～17岁)和青年期(18～40岁)三个阶段。[③]2017年中共中央国务院印发《中长期青年发展规划(2016—2025年)》,明确指出青年的年龄范围是14～35岁。[④]

综合以上观点,同时考虑到由于经济的增长、高等教育的延伸以及整个社会人口平均寿命延长等综合因素,青少年群体受教育程度不断提高,接受正规教育时间顺势延长,一般情况下,我国年满6周岁的儿童进入小学开始接受教育,顺利完成大学本科甚至是研究生学习阶段的年龄大概集中在22～28周岁之间,因此将"青少年"的年龄界定在6～28岁是较为合理的。本课题所关注的对象,即年龄集中在6～28岁的青少年人群(处于这一时期的人多为在校学生),对其进行相关研究。

二、青少年心理特点

青少年时期作为儿童期和成人期的过渡阶段,是个人身心发展的关键时期,在生理、心理和社会属性等方面逐渐由幼稚走向成熟。在生理方

[①] 吴烨宇:《青年年龄界定研究》,《中国青年研究》2002年第3期,第38页。
[②] 张华:《日本青少年发展指标体系的特点及其借鉴意义》,《中国青年研究》2014年第4期,第109页。
[③] 莫小春:《关于"青少年"年龄界定问题的思考》,《青少年导刊》2009年第8期,第21-22页。
[④] 新华社:中共中央国务院印发《中长期青年发展规划(2016—2025年)》,《人民日报》,2017年4月14日第1版。

面，青少年大脑发育健全、思维敏捷、精力充沛；在心理方面，青少年自我意识增强，智力显著发展，情感丰富，对世界充满好奇心和求知欲；在社会属性方面，青少年通过与家人、老师、同学的接触，进而开始初步接触社会，在逐渐社会化的过程中，其接受能力、评价能力、应变能力等不断提高。其中，青少年时期的心理特征在个体成长过程中具有复杂多变且不可捉摸的特点。主要表现为：

（一）自我意识增强

自我意识是对自己总体的一个主观认识，随着年龄的增长，青少年大脑神经发育完全，智力、思维、感知能力等不断提高，表现出独立思考、反应敏捷、精力充沛的特点。年龄的增长也使其见识和阅历不断丰富，对外界事物观察和理解的能力不断提升，进而逐渐形成对周遭环境、社会人际关系等的独立认知，在观念和行动上具有较强的自主性，个性独立洒脱，形成自己初步的世界观、人生观和价值观，对个性化的追求有较高的标准，不愿墨守成规、一味听取或赞同他人的观点。

尽管自我意识觉醒，但是却极不稳定，很容易受到外界环境的影响，具有易变性特点。而青少年的社会经验和阅历尚浅，对事物的认知不能全面准确把握，世界观、人生观和价值观未定型，极易被复杂的事物蒙蔽和迷惑。

（二）智力显著发展

青少年生理发展特征决定了其智力水平处于飞速发展的状态，他们对世界存在强烈的好奇心，易于接受新事物、新思想，讨厌庸俗又害怕与时代脱节，因此渴求新知识、新文化、新观点。当今教育的主要目标就是针对青少年智力发展的特征，培养和发展青少年的想象力和创造力，促使其综合能力全面发展。但是由于接受的知识主要来自学校和家庭，所以青少年思维较为单纯，独立思维、准确判断的能力尚未确立。尽管青少年时期可塑性强，但对生活中的问题和挫折尚无法通过现有的知识、经验、阅历来解决，因此也很容易陷入困境。

（三）情感发展不平衡

青少年生理机能发展日趋成熟，但是心理发展相对滞后，身体和心理发展呈现出不平衡的特征。进入青春期的青少年往往表现出叛逆的特点，抵触家长、老师，却很容易和同龄人亲近，更重视在同伴中得到群体的认可。因为为了获得群体中的归属感和认同感，其极易受到同伴群体中的价值观和规则的强烈影响。本质上，这也是一种社会化的过程。而在行为方式上则有敏感、叛逆、情绪化的特点，极易做出过激反应。

青少年是国家的未来和希望，肩负着承前启后推动社会进步、人类发展和文明传承的伟大使命。正确认识青少年心理特征，促进青少年健康发展，意义深远。

三、新媒体环境下青少年与电子媒介的关系

"新媒体"（the new media）的概念可追溯至1967年，最早由美国哥伦比亚广播电视技术研究所的戈尔德马克提出，当时主要是指电子录像。[①] 随着数字技术在信息传播领域的广泛应用，新式的传播媒介和传播形态纷现，"新媒体"的概念逐渐成为动态的概念，当今社会新媒体主要是指以数字媒体技术、通信网技术、互联网技术和移动传播技术为基础，为用户提供资讯、内容和服务的新兴媒体。其共同点是融会了多种传播技术，使传播可以在更多元的方式下实现。[②]

新媒体主要是利用数字、网络技术，通过互联网、宽带局域网、无线通信网、卫星等渠道，以及电脑、手机、数字电视机等终端，向用户提供信息和娱乐服务的传播形态。[③] 2019年以来我国互联网发展迅速，"双G双提"（即固定和移动宽带双双迈入千兆）加快落实；网络应用持续完善、移动流量高位增速；惠民为民加速推进，信息化水平持续提高。基于此，新媒体已深入到人们日常生活，成为现代人不可或缺的生活要素。根

---

① 蒋宏，徐剑：《新媒体导论》，上海交通大学出版社，2006年，第12页。
② 马为公，罗青：《新媒体传播》，中国传媒大学出版社，2011年，第10页。
③ 蒋宏，徐剑：《新媒体导论》，上海交通大学出版社，2006年。

据中国互联网络信息中心（CNNIC）最新统计结果，截至2020年3月，我国网民规模已达到9.04亿人，互联网普及率为64.5%，较2019年年末增长4.9%；我国手机网民规模达8.97亿，网民通过手机接入互联网的比例高达99.3%。表一是2019年中国互联网络发展状况调查统计，对我国网民的年龄结构进行了图标分析，清晰地显示出我国网民各个年龄阶段所占比重：我国网民以10～39岁群体为主，占网民整体的40.8%，其中10～19岁网民占19.3%、20～29岁网民占21.5%（表一）。[①] 由此可见，处于10～29岁年龄阶段的青少年思维活跃、个性鲜明，对互联网资源的感受和捕捉能力较强，是我国网民中不可忽视的重要群体。

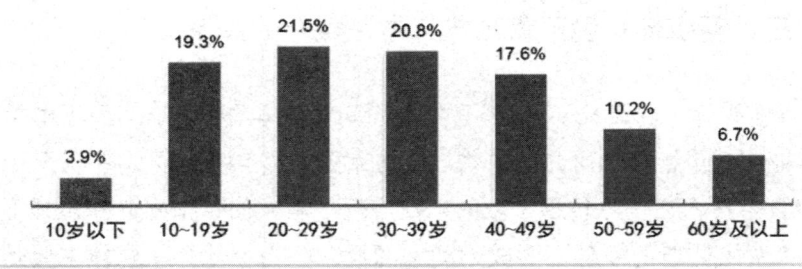

表一　中国网民年龄结构分析图

　　智能手机和电脑（台式电脑、PC、平板电脑等）因其具有便携、即时、网络接入便捷等特点，成为我国网民使用最广泛的新媒体。尤其是智能手机，集无线通信、信息网络、计算机技术和媒体服务等功能于一身，这些优点使得它比电脑更易于被大众接受，成为新媒体传播时代使用最广泛的移动设备，普及率远超其他同类产品。随着技术的日益成熟，智能手机早已不再是传统意义上的移动通信工具，而成为扩展性高、性能强大的新媒体设备，具有堪比电脑的操作系统，可随时接入互联网、具有完备的用户界面、可以随意安装和卸载第三方提供的App软件。同时，智能手机大小

---

① 《第45次中国互联网络发展状况统计报告》（2020年），http://www.cnnic.net.cn/hlwfzyj/hlwxzbg/hlwtjbg/202004/P020200428596599037028.pdf。第33页。

适中，具备灵敏的触屏技术，更方便使用者随身携带和操作。据中国互联网络信息中心（CNNIC）统计，截至2019年3月，我国手机网民规模已达8.97亿，网民使用手机上网的比例为99.3%，台式电脑、PC（笔记本电脑）和平板电脑上网比例分别为42.7%、35.1%和29%，而这一比例还将逐年提高。同时，手机用户的规模也不断上升。[1]当今社会，智能手机为现代人提供了极大的便利，在日常生活中已成为不可或缺的工具，除通信功能外，上网、阅读、社交、游戏、购物等功能逐渐成为主流。

新媒体与传统媒介最大的不同在于其实现了一定程度上的"有限交互"。[2]传统媒体主要体现的是单向性的传播特点，这就会导致受众对于信息的反馈在很大程度上是延迟的、滞后的，缺乏直接沟通，时效性较差。而新媒体时代，受众不再是被动的信息接收者，而能主动进行信息交流和传播，这种主动地位在智能手机媒介的助攻下又进一步增强。与互联网络相比，手机新媒体更加便携和易普及，智能手机的互动性特征大大调动了媒介受众参与的积极性，使受众获得了前所未有的表达想法、交流沟通的权利和机会，又由于手机的便携性与移动性，时时互动得以实现。

青少年是智能手机的主要使用人群，得益于技术的迅猛发展，普通智能手机基本具备上网等基本功能，而且售价适中，即使在尚未有收入来源的青少年人群中普及率也极高。青少年的社交、求知、休闲以及情感宣泄等心理特点和需求都能通过智能手机获得体验和满足，因此成为他们无可替代的媒体形式。中国互联网络信息中心（CNNIC）统计，截至2020年3月，中国网民中的学生群体所占比例为64.9%，一直居于首位。[3]青少年智能手机普及率高、手机上网频繁的事实，突显出利弊相承的结果：一方面，智能手机提供了有效的功能，方便青少年获取信息、休闲娱乐、紧跟潮流、社交联系等活动。而另一方面也存在负面效果，包括过度使用智能手机产生的手机依赖和手机成瘾等心理疾病。与其严禁使用智能手机这种

---

[1]《第45次中国互联网络发展状况统计报告》（2020年），http://www.cnnic.net.cn/hlwfzyj/hlwxzbg/hlwtjbg/202004/P020200428596599037028.pdf，第9页。

[2] 马为公，罗青：《新媒体传播》，中国传媒大学出版社，2011年，第10页。

[3]《第45次中国互联网络发展状况统计报告》（2020年），http://www.cnnic.net.cn/hlwfzyj/hlwxzbg/hlwtjbg/202004/P020200428596599037028.pdf，第34页。

不现实的防范，不如因势利导充分发挥智能手机的积极影响，相关领域的研究者纷纷结合青少年课堂教育，从发挥智能手机的积极效果等方面展开探讨，已达到顺势利导的目标。

新媒体也为动漫的传播提供了更加迅捷的技术手段和传播途径，动漫内容的传播渠道日益互联网化。目前，中国动漫的发展正处于从传统媒体向新媒体加速迁移的重要阶段，基于互联网发行平台的数字动漫产品已经成为不可逆转的趋势。根据《青少年手机上网行为调查报告》统计数据显示，青少年新媒体的使用中，网络漫画所占比重较大。在高新技术的支撑下，动漫产品的传播介质和呈现方式发生了变化，"数字格式 + 网络传输 + 多种终端呈现"成为主流。[①] 无线网络的推广使智能手机、平板电脑等移动多媒体终端成为随意连接网络的便携设备，以手机为主要发行渠道的手机网络动画也逐渐兴起。这一群体密切关注新事物、紧密跟进新潮流，同时具有一定的消费能力，熟练使用智能手机等设备。在智能手机和互联网基础上发展起来的手机动漫，改变了人们尤其是青少年阅读和观看动漫的习惯，因内容丰富、信息量大，兼具娱乐和互动性，故深受青少年群体的欢迎，成为新时期动漫传播的主流趋势之一。

二　动漫的影响力及对青少年的宣教作用

动漫是最吸引青少年的新传媒内容，其影响力长久且持续，不但在青春期影响深刻，更对青少年未来的人生也存在深远影响。应借助动漫的影响力，为广大青少年提供更好的道德宣传和知识传播途径，充分发挥动漫积极的导向价值。

一、动漫的影响力

动漫文化内涵丰富、发展迅猛、影响广泛深远，既是流行文化的重要门类，也是产值巨大的经济产业。此外，动漫还具有教育和文化传播功

[①] 卢斌，郑玉明，牛兴侦：《动漫蓝皮书 2015 年中国动漫产业发展报告》，社会科学文献出版社，2015 年，第 13 -14 页。

能，承担着社会教育和文化宣传的重大使命。

（一）动漫的内涵与外延

"动漫"，主要包括动画和漫画，在我国流行语中将属于印刷品的漫画和属于影视的动画统称为动漫。一般而言，漫画（comic）是指用简洁而夸张的手法绘制出来的饱含幽默、讽刺、诙谐等丰富情感的图画，具有直观性和通俗易懂的艺术效果。动画（aniamtion）则是以图画表现人物形象、故事情节和作者构思的影片，采用逐格拍摄的方法将一些动作连贯的图画整合成活动自如的电影作品。随着动画制作技艺、电脑技术日臻成熟，动画形式突破传统，已经不单纯是动画和漫画的简单叠加，而逐渐成为一种合成概念。国外研究动漫文化，用 ACG 三个英文单词表示"动漫"的内涵，A 代表动画（animation）、C 代表漫画（comic），而 G 则代表游戏（game / goods），指动漫衍生出来的网络游戏以及周边商品，至于动漫外延则包括所有带有动漫形象的事物及文化现象。[①]

由于外延宽泛、形式多样，以致目前业界及学界对"动漫"尚无准确定义，但作为一种新型文化载体和表现形式，动漫以可视化的形象和通俗的特征向大众传达信息，以多样的方式参与人们的社会文化生活，尤其对青少年的影响力不容小觑。

（二）动漫的特点与价值

传统观念认为动漫是低龄幼儿的专属，但是随着新媒体的发展，动漫已经从一个艺术门类提升为一个产业门类，从针对低龄儿童的娱乐产品，演变为全龄化的文化产品。

动漫本身是动漫作品和受众之间的媒介，小到日常生活中的人际交往，大到国家政府形象，都能通过动漫形象得以直观表达，因此也被称为能够引起受众文化共鸣的"软媒体"。[②] 日本万代动漫形象研究所曾对现代

[①] 谭玲，殷俊：《动漫产业》，四川大学出版社，2006 年，第 4 页。
[②] ［日］竹内长武著，李斌译：《战后漫画 50 年史》，南京大学出版社，2010 年，第 9-10 页。

人与动漫的关系做过相关调研,结果表明在紧张的现代社会中,人们在很大程度上能从动漫形象中获得安慰和平静,这也是大多数人对动漫形象持有好感的主要原因。① 2006 年日本外相麻生太郎提出了"动漫外交"的策略。2008 年日本外务大臣高村正彦委任经典动漫形象哆啦 A 梦(ドラえもん)作为日本动漫文化大使,自此正式开启官方动漫外交。②

同时,动漫产业也是文化创意产业中的重要分支,创造了巨大的经济价值和文化价值。2015 年美国动漫产品和衍生产品年产值约 2000 亿美元,占其文化产业总值的近 1/3;日本的动漫产业链则是以漫画为基点,动漫周边产品几乎涵盖了日常生活的各个领域,漫画产业则是其经济的三大支柱产业之一。③ 相比之下,中国动漫产业正处于快速走向成熟期的阶段,发展空间很大。2017 年,我国动漫产业总值已突破 1500 亿元,在 6300 亿元的文娱业总产值中占 24%。④

除了巨大的经济利益、产能以及娱乐功能外,动漫的教育和文化传播功能同样具有重要价值。作为文化产业,动漫不仅是追求经济效益的手段,更为重要的是应积极承担社会教育和文化宣传的重大责任,在文化传播、宣传教育以及审美培养等方面发挥其特殊的价值。

二、青少年与动漫的关联

从世界范围看,青少年是动漫文化的主要受众,全球的动漫产业也主要迎合青少年市场。在新媒体蓬勃发展的大背景下,互联网全方位覆盖、智能手机在青少年群体中普及,为动漫进一步传播提供了条件。

---

① 夏瑛:《动漫传播与知识经营——日本漫画产业研究》,浙江大学博士论文,2014 年。
② 严圣禾:《日本借助"动漫文化"扩大国际影响力》,《光明日报》,2008 年 3 月 28 日第 8 版。
③ 臧剑、赵雯:《2015 年美国动画电影产业发展报告》,参见牛兴侦、卢斌、郑玉明:《中国动漫产业发展报告(2016)》,社会科学文献出版社,2016 年,第 187 页。
④ 新浪微博数据中心:《2018 动漫在年轻人中的影响力》,https://www.useit.com.cn/thread-21719-1-1.html。

（一）青少年是动漫主要受众

动漫是最吸引青少年的传媒内容，全球数量庞大的动漫迷群体中，青少年所占比例极高。在我国，生于20世纪70年代中期至80年代的人是中国第一代"动漫迷"，对动漫及其周边相关文化形成了独特且固定的欣赏习惯和审美习惯。[①] "90后""00后"的青少年与动漫更加密不可分，据新浪微博数据中心发布的《2020微博动漫白皮书》统计，截至2020年4月，微博动漫爱好者已达到2.92亿，动漫用户中90后、00后占绝对主导，25岁以下的用户超过61%（表二）。[②]

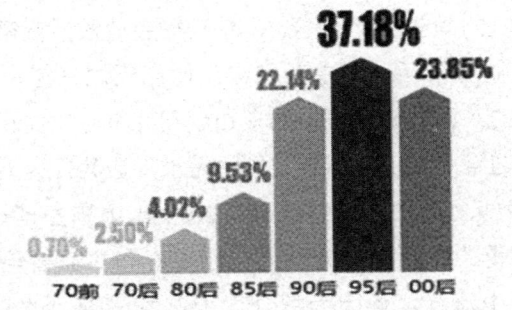

表二　新浪微博中心发布2020微博动漫用户年龄统计表

可见，青少年是活跃在微博领域最大的动漫用户群体，也是中国原创动漫的主要消费者。

（二）青少年的动漫需求

在新媒体蓬勃发展的大背景下，青少年选择动漫来寄托情感，主要源自其行为需求和心理需求，在动漫世界中释放自我、张扬个性，认知自我、感受成功。

---

① 蔡骐：《大众传播时代的青少年亚文化》，岳麓书社，2011年，第65页。
② 新浪微博数据中心：《2020微博动漫白皮书》，https://data.weibo.com/report/reportDetail?id=444。

1. 心理需求

首先，青少年个性张扬、自尊心强、不宥传统、崇尚自我，对现实时常表现出反抗和叛逆的行为。在动漫阅读的过程中，喜欢构筑自我的理想虚拟世界，和动漫主人公一同成长，更容易从中体会与领悟到珍贵的人生哲理。在动漫阅读过程中，也能获得满足和发泄，对现实的反抗和叛逆在一定程度上得以缓解。

其次，青少年普遍存在焦虑情绪。青春期生理急速发展，社会交往空间不断扩大，社会角色多重性加强，但自我概念尚不成熟，接受能力、承受能力尚不完善，当面临影响与干扰时，就容易出现焦虑情绪。苦于对学业、对未来的无法回避的焦虑，他们转而进入动漫世界，暂时忘却生活中的烦恼与压力，缓解紧张的学业和生活压力，精神彻底放松，获得心理安慰。

再次，青少年思维活跃，求新求奇。他们厌烦枯燥、单调的生活，通过各种追求新潮的东西，满足自己的求知欲和好奇心。而动漫天然具有新奇多变的特点，正迎合了青少年标新立异的需求，让其释放天性、激发潜能。

据《2020微博动漫白皮书》统计，2019年中国微博用户中90%偏爱国漫，而最受喜爱的作品题材分别为校园青春和热血冒险。[1] 可见，动漫之所以在青少年中流行，正因为契合青少年发展阶段的心理和情感特征，迎合甚至是弥补了青少年的心理需求。

2. 行为需求

从青少年的动漫阅读行为来看，除了最基本的阅读动漫作品（新媒体时代最常见的阅读方式是手机媒体，动漫作品的表现方式既有定格漫画，也有动漫剧集，还有微动漫短视频）外，用户还有与动漫同好交流分享、参与互动交流活动的社交需求，以及多种与动漫作品相关的泛动漫需求。

动漫为青少年成长创造出一个"拟态环境"，青少年大多心智尚未完全成熟，理性思维未能完全确立，在这一成长发展阶段，他们认识和感知世界往往是通过动漫产业实现的。[2] 尽管传统观念仍固执地认为动漫只是低龄儿童群体的娱乐消遣，同时认为动漫负面影响较大，会分散青少年学

---

[1] 浪微博数据中心：《2020微博动漫白皮书》，https://data.weibo.com/report/reportDetail?id=444。

[2] 殷俊：《动漫产业与国家软实力》，中国书籍出版社，2012年，第79页。

习和工作的精力和时间,但随着时间的推移,从相关统计结果以及动漫产业对观众不同群体的定位看,动漫从心理到情感、从情感到信息、从信息到文化深刻影响着广大青少年,这种影响力长久且持续,不但在青春期影响深刻,更对青少年未来的人生产生深远影响。

三、博物馆借力动漫对青少年的教育与宣传

随着新媒体技术的发展,动漫构成了现代阅读的主要内容之一,并潜移默化地影响和改变着人们的日常生活和行为习惯。动漫特殊的图像风格对青少年尤其具有吸引力。有鉴于此,博物馆界在审慎分析青少年的心理特征、认知水平、知识储备、接受程度等基础上,逐渐开始借力动漫,向广大青少年进行教育与宣传。

(一)博物馆引入动漫宣教的优势

现代社会已然进入了所谓"读图时代",图像成为人们认识和感知事物最常见的方式。动漫本质上也是图像,对青少年群体更具天然吸引力,以之充当知识传播和信息交流的重要媒介,能起到积极乐观的效果。

1. "读图时代"背景下动漫强大的信息传播力

在"读图时代",图片以非语言的形式、多维度传播,与文字一并成为重要的信息传播方式。人们掌握的信息中60%～70%是通过图像的方式获得的。[①] 随着生活节奏加快,信息碎片化程度加深,这种通过视觉进行的知识传递逐渐成为迅捷、高效且被广为接受的方式。借助新媒体强大传播力的加持,图像传播超越了时空和地域的界限,优势尽显。

动漫图像内容短小精悍、一目了然,在"读图时代"的背景下,借助网络平台,以视觉化传播为主要方式,也得以更加迅捷广泛地传播,而这一过程也对青少年产生了重要影响。动漫图像往往根据青少年成长阶段、心理特征、行为喜好等进行设计,动漫形象的绘画风格、人物造型等也以青春靓丽、动感活力、软萌可爱为主要特征,表现成长、梦想、友情、努力等主题

---

① 陈龙、陈一:《视觉文化传播导论》,上海三联书店,2006年,第149页。

思想，因此能始终保持新鲜感和趣味性，也深深吸引了广大青少年。

青少年对动漫图像的接收和解读过程，也是不断提高思维能力、接受新知识、新观点，增强记忆力、进行有效沟通的过程。通过阅读漫画，青少年逐渐培养出敏锐的观察力、跳跃性思考方式以及创造性思维，而这种打破固有思维定式，培养跳跃性和发散性思维方式的过程在传统学校教育中相对薄弱。

2. 博物馆"第二课堂"的使命

博物馆是青少年课外教学的重要基地和学校教育的重要补充，被誉为"第二课堂"。我国青少年在6～28岁年龄段大多处于接受正规学校教育阶段，而目前课堂教育大多模式较为单一、学业繁重枯燥，与青少年的身心发展特点不相符合，很容易使其产生抗拒和排斥心理。应适时展开博物馆"第二课堂"，转换学习环境，使青少年在轻松愉快的氛围中获取新知、增长见识、提升品位。博物馆宣教与学校教育不同，没有严格的教育者和被教育者的界限，突出青少年的主体地位，使其在心理认知和人格个性方面充分获得尊重。无论是面对面的现场宣教还是远程传播，均是青少年丰富知识、拓宽眼界、培养兴趣的重要途径。

2020年年初受疫情影响，全国各级学校通过互联网实现网络课程学习。据统计，截至2019年12月，全国共有89.6%的未成年网民使用互联网进行学习。[1] 互联网教学平台备受瞩目，也为博物馆探索青少年教育的方式提供了新思路——在新媒体飞速发展的背景下，博物馆引入数字新媒体，以丰富的馆收藏的资源、多样化的展陈方式和个性化服务，在线下、线上同时发力，满足青少年的好奇心和求知欲。其中引入动漫就是充分尊重青少年兴趣、吸引青少年积极参与的创新举措。动漫表现方式多样，既可通过文字对话框的形式，也可借助语音解说，还可通过多媒体互动操作系统，无论是作为博物馆馆内宣教者还是线上代言人，都能轻易抓住青少年眼球。博物馆借力动漫元素，采用灵活多样的交流方式，以动漫人物为出发点，通过虚拟课堂，关联藏品数据库，实现更大范围的传播，增进了

---

[1] 中国互联网络信息中心：《2019年全国未成年人互联网使用情况研究报告》，第15页。http://www.cnnic.cn/hlwfzyj/hlwxzbg/qsnbg/202005/P020200513370410784435.pdf。

博物馆与青少年、青少年群体之间的交流互动。

作为展示人类文明发展历程、传播历史人文知识的殿堂，博物馆应切实着眼于青少年的宣教工作，从青少年身心发展特点出发，借助新技术、新手段，不断满足青少年成长过程中必需的精神文化需求，增长历史人文知识、培养社会责任感、提升审美水平、陶冶情操。

（二）博物馆动漫形象对青少年宣教的主要内容

青少年时期是增长知识、开阔眼界、健全人格、树立正确价值观的关键期，博物馆作为青少年教育的重要场所，迎合青少年喜好、引入动漫形象，在学术的严肃性和趣味性之间找到最佳平衡点，最终实现以人为本的教育理念，促进青少年身心健康发展。

博物馆动漫形象对青少年宣教主要有以下方面：

1. 激发求知欲、拓展知识面、丰富课外生活

博物馆引进动漫元素，为合理调动青少年的好奇心和求知欲，并将其向积极方向引导，提供了重要契机。

目前，博物馆主要以馆内展览和线上宣传两种方式吸引青少年参与活动，馆内展览又主要以展板、语音讲解、触屏展示作为宣教方式。而增加了动漫元素，立刻增加了活力和灵活性，使厚重的历史变得鲜活，让严肃的学术变得轻松，契合青少年行为和心理需求。借助新媒体技术，博物馆通过动漫向青少年介绍历史文化、考古理论、文物知识，把专业知识通俗化，将专业术语、专有名词、历史大事等较为枯燥和单调的知识用更有利于青少年融会贯通的方式表现出来。

例如，故宫博物院在宣传和展览展板创意方面，到处彰显清代皇家紫禁城的威仪。以漫画的形式表现清宫中的各色人等，上至帝后，下至官宦、百工，妙趣横生。这些辨识度极高的动漫人物形象以对话的形式将中国古代建筑、古代服制、职官权掌等较为复杂专业的知识娓娓道来，引人入胜。在导引方面也使用动漫人物，比之一般的标示更加自然生动（图一）。[①]

---

① 照片为笔者拍摄。

图一　故宫博物院动漫宣传创意展板

同时,博物馆引入动漫元素进行线上宣传,以直观方式调动学生的视听感受,创造可知可感、沉浸其中的虚拟情境,配合富有感染力的解说,更易引起学生的情感共鸣。网络环境下,博物馆和青少年之间的线上互动更加便捷、频繁。

例如,甘肃省博物馆官方微博定期推出《大包小包甘肃省博物馆漫游记》系列漫画,以大包、小包父子为主角的漫画,每期向社会公众介绍馆收藏的文物,用漫画对话框的方式依次介绍文物基本信息、历史掌故、文物发展脉络等,内容丰富翔实、画面萌感十足(图二)。在微博坐拥24.8

万粉丝,日阅读量1万+。① 庞大的粉丝群中,青少年群体占绝大多数,通过转发、留言、评论等方式,粉丝之间、粉丝与博物馆之间互动交流,教学相长。

图二　甘肃省博物馆微博《大包小包甘肃省博物馆漫游记》系列漫画

　　博物馆所传播的知识妙趣横生,是课堂教学的重要补充,也是课外知识的重要来源。博物馆行业中的基本知识,在课堂教学中不常见;而教科书中的历史人文知识,通过博物馆宣教,更能加深理解、扩充知识点、丰富视野。同时,博物馆碎片化知识最适合通过"动漫读图"形式展现。

　　湖北省博物馆智慧博物馆App宣传页,以湖北省博物馆镇馆之宝——随州战国曾侯乙墓出土的青铜立鹤为原型,设计出一个活灵活现的动漫神兽"楚楚"形象,既展示地方特色,也是对青少年进行宣传教育的有效手段(图三)。让凝固冰冷的青铜器变得生机勃勃,拉近了博物馆文物和青少年之间的心理距离,激发求知好学的心理,并能及时答疑解惑。

---

① 甘肃省博物馆官方微博 http://weibo.com/u/6753627877。

图三　湖北省博物馆动漫神兽"楚楚"

由此可见，动漫拉近了博物馆和青少年的距离，并在无形之中发挥了丰富知识、拓宽眼界、培养创造性思维的积极作用。

2. 引导青少年树立正确价值观

青少年时期是身心健康发展的关键期，在这一成长阶段，青少年开始注重独立意识、关心个性成长、获得社会认知、规范行为准则，树立正确的价值观和自我选择。博物馆应秉承以人为本的教育理念，有意识地引导青少年树立正确价值观。

博物馆动漫形象对于引导青少年树立积极向上价值观影响深刻。首先，动漫形象的塑造经过慎重考量，为青少年量身定制，选择形象鲜明、蓬勃向上又能吸引青少年关注的动漫形象作为形象代言人，展示积极健康的精神风貌。动漫形象设计者必须从道德高度出发，对青少年身心健康发展负责，规避动漫文化产业中的消极面，将理性思维与美好情感融入动漫形象设计中，创造出内容丰富的动漫情节和动漫形象，让青少年透过美的表象，获得心灵陶冶、净化和升华。

其次，博物馆动漫形象宣传正确的道德观和价值取向。在现代社会重实用、好功利的氛围下，个人主义、享乐主义、消费主义大肆抬头，对单纯的青少年产生不良影响。博物馆通过动漫形象，从历史文化发展角度，讲述历史上重情重义、是非分明、惩恶扬善的精神，结合新时期精神文明建设要求，宣传中华传统美德，让青少年在欣赏动漫的过程中对真善美进行自我判断，净化心灵，树立正确的价值观。

再次，博物馆动漫形象弘扬正能量。青少年思想认知尚不成熟，对人生的意义、价值、未来发展仍未找到准确方向，因此容易受到周围环境的影响。博物馆根据青少年认知和接收程度，为青少年树立了正直诚实、乐观好学、不畏困难、敢于担当的正面榜样，鼓励青少年开展对社会、群体和个人有意义的道德实践活动，自觉抵御周围庸俗消极的价值观影响，为未来的人生作出正确的选择。

博物馆应在尊重客观性和合理性的基础上，选择具有人文性和人性化的动漫形象，为青少年建立一个被他们所接受和喜爱的动漫文化阵地，让动漫成为走进青少年心灵价值观教育的新途径。

3. 培养青少年审美意识

爱美之心与生俱来，人类出于本能从美向善，同时是按照美的规律塑造自我。处于青春期的青少年崇尚新奇、敢于尝试，审美意识逐渐觉醒，并开始按自己的方式进行审美探索。

在新媒体时代，青少年以其特有的观察力和审美角度去感受美，并深受流行文化的影响。网络流行文化沉浸式的视听体验，为青少年提供了更多选择，让其可以足不出户，自主选择感兴趣的内容。博物馆纷纷通过新媒体平台吸引青少年关注，不断丰富官方网站、微博、微信公众号、智慧APP等宣教内容和形式。

例如，湖南省博物馆为向青少年介绍马王堆汉墓出土的精美的汉代丝织品，参考旌幡上描绘的轪侯夫人辛追肖像，设计出汉代贵族女子的动漫形象（图四）。让动漫汉服美人向青少年介绍马王堆汉墓考古发现、考古成果，通过展示精美绝伦的丝织衣物，还原西汉贵族生活的场景和细节。

美重在形式，更重在内容。青少年在欣赏美的形式的同时，更能感受到美的内涵。博物馆引入动漫形象，促进青少年审美能力的提升。相比于在博物馆内实地参观，借助新媒体技术，利用移动终端设备进行博物馆线上参观，能获得更好的视觉体验。青少年能近距离感受文物之美，惊叹古代工艺之精，内心自然而然受到美的熏陶，审美能力获得提升。

图四　湖南省博物馆马王堆动漫人物

  青少年在审美能力的提升同时，也能净化心灵、陶冶情操，并最终对培养高雅品位、提升人生境界有深远的影响。而美好情操的培养并非一朝一夕可促就，这需要一个持续而漫长的过程，因此对博物馆提出更高的要求，需要不断丰富并及时更新其宣教内容。

4. 培养青少年社会责任感

  社会责任感是青少年踏入社会所需的重要素质之一，对个人发展影响深远，也是判断青少年成熟与否的重要标志。当代青少年正处于朝气蓬勃的年龄段，是培养敢于担当优秀品德、勇于承担社会责任感的黄金时期。

  博物馆作为青少年教育基地，承担着培养青少年社会责任感的重任。而为鼓励其积极参与社会公益活动、引导其建立社会责任感，最常见的方式就是有序组织博物馆志愿者活动。在这一过程中，博物馆引入动漫元素发挥了积极的号召力，以动漫作为代言人吸引青少年关注和参与，使志愿者队伍不断壮大。

  例如，北京观复博物馆以馆内网红"观复猫"为原型创作漫画，猫儿们身着制服变身博物馆志愿者，肩负社会公众服务的职能，在参观导览、注意事项、行李寄存位置等方面进行温馨提示（图五：1、2、3）。[①]"观复猫"漫画也在官方微博、微信公众号中出现，发布馆内活动通知信息和志愿者

---

① 图片均为作者拍摄。

招募，吸引青少年踊跃报名。

图五　北京观复博物馆"观复猫"志愿者

博物馆引入动漫形象进行公益宣传、组织志愿活动，鼓励青少年成为博物馆志愿者，以参与者的身份加入博物馆具体工作中，如在咨询台作志愿咨询员、在展厅作志愿引导员或公益讲解员，或是发挥各人特长，参与资料整理、网站信息发布等工作。在博物馆公益活动中，青少年切身体会到博物馆运行的具体过程，积累了宝贵经验，加深了对博物馆的理解，更坚定了服务公众、承担社会责任的使命和信心。树立正确的人生观、价值观、世界观，培养其树立高尚的道德情操、社会责任感，丰富其精神文化生活，培养创新精神和实践能力。

三　结合博物馆自身特色设计动漫形象的原则

动漫形象实质上是一种虚幻的真实，在真实的世界中并不存在。成功的动漫形象集创意设计、文化内涵于一身，形象设计上不但充满想象力和美感，更能体现文化底蕴和知识内涵。

一、博物馆动漫形象设计理念

博物馆动漫形象设定在一定程度上是对创作者的严格考验，因为要结合博物馆特点，用鲜明的动漫形象表达严肃的理论知识，并传达更深层次的内涵和价值观。

（一）动漫形象的基本内涵

动漫形象（character），是动漫作品中虚构的人物、动物以及拟人化动物等经过插图化之后而被视觉化的东西。同时，动漫形象也是一种典型的符号存在，是动漫借以传播的依据。[①] 而符号所传达的讯息超越国界、跨越代沟，所以作为典型视听符号的动漫足以充当文化传播使者的角色，不但易于被接受，而且深入人心。对于动漫形象的设计，主要包括动漫形象头部设定、躯体设定、服装设定、道具设定等，通过动漫形象设定，可以看出角色的年龄、职业、喜好甚至是性格特点。优秀的动漫往往也以轻松搞笑的形象示人，在寓教于乐的过程中，给人以深刻的启示和教育，并能够提供心灵上的共鸣和慰藉。动漫形象不等同于低龄化、幼稚化，尤其是在传达思想和文化知识方面绝对不幼稚，而是带有丰富的文化内容，不同年龄阶段都能从中获得各自的体会和感触。动漫形象承载深厚的文化内涵和精神意义。

动漫形象设计主要是为受众服务，青少年对动漫形象的关注点主要集中在动漫的主题、传达的思想内容、绘画风格、人物特征等几个主要方面。作为图像传播的形式，动漫首先引起青少年注意的就是绘画风格、人物造型等直观的视觉形象。人皆有爱美之心，清新靓丽、生动可爱的动漫形象自然成为吸引青少年关注的首要条件。其次，动漫主题的选择也要兼济青少年心理发展特征，青少年正处于自我意识强烈、个性洒脱自由的心理历程，动漫情节的设计应该符合青少年特殊的视角和心理特点，符合其思维方式。

---

① 李涛：《美日百年动画形象研究》，光明日报出版社，2008年，第7页。

（二）动漫形象设计基本原则

博物馆动漫形象的设定既要结合博物馆特点，将历史、考古、文献等理论知识荟萃于一体，又要以鲜明的动漫形象传达更深层次的内涵和价值观，让动漫形象成为对外宣传的媒介载体和代言人。因此在设计动漫形象过程中需要深思熟虑，一般而言，动漫形象设计主要有以下几个基本原则：

1. 识别性

识别性也可以称作符号化，要求角色的形体、结构、个性等特征都必须具有鲜明的形象特点，区别于其他的任何造型，如同一个特定的符号，使观众能够一眼就识别出角色。在动漫形象的具体表现形式上，要在面部刻画、服饰、色彩、形象个性等细节设定中加以表现。

2. 变形与夸张

变形与夸张是动漫造型的基本特征之一，过于写实或接近自然的动漫形象，就会显得很索然无味，失去了动漫的艺术特点和存在的必要。因此，对动漫形象采用变形和夸张的手法，可以使形象更加富有特点、个性更加鲜明、造型更具有新颖感。

3. 具有感染力和亲和力

动漫形象其实是对现实生活的一种反射。富有亲和力和感染力的动漫形象能吸引观众，使观众产生一种想亲近的心理。观众自发地从心里接受，才能与动漫形象产生强烈的共鸣，促使观众对动漫形象产生喜爱之情。

一般而言，萌萌的动漫形象是动漫流行文化中的一股清流，憨态可掬、童趣十足的动漫形象都属于"萌"的范畴。"萌"本意是指草木之芽，如萌芽。[1] 而动漫爱好者则发挥了"萌"的概念，以此来形容可爱、天真的动漫形象。尽管这个形容词比较抽象，但具有"萌"特征的动漫形象在各个年龄层次的人群中极受欢迎，尤其符合青少年的生活和审美心理。日本动漫大师宫崎骏的动漫作品《龙猫》中的龙猫（totoro）就是典型的萌系动漫形象，成为吉卜力工作室当仁不让的代言人。[2] "萌文化"甚至成为建

---

[1] （汉）许慎，（清）段玉裁注：《说文解字注》卷一下，上海古籍出版社，2003年，第147页。
[2] 吉卜力美术馆官网龙猫形象，http://www.ghibli-museum.jp/。

立社会人际关系、释放社会压力、解放心灵束缚的精神文化诉求。[1]

二、结合博物馆特色进行课题动漫形象设计

徐州博物馆馆收藏的精品品质精良、驰名中外，文化内涵独树一帜。应在充分展现本馆文物精华和文化内涵的基础上，设计出能够体现文物特色和文化特征的动漫形象，作为宣传本馆精神风貌的文化使者。

（一）形象来源与素材

本课题主要以北洞山汉墓出土彩绘塑衣人俑、铜山内华北朝彩绘人俑以及内华隋唐墓仕女俑为主要形象来源，将其动漫化后进行相应的设计和展示。

1. 彩绘塑衣女俑

北洞山西汉楚王墓出土的彩绘跽坐女俑，清晰表现了西汉楚国贵族女子形象，发髻中分后绾，身着右衽深衣（图六：1）。[2] 驮蓝山汉墓出土的舞乐女俑，眉清目秀，身姿娇柔，顶发中分，脑后挽髻，身着绕襟深衣，呈"S"形优美曲线（图七：1）。[3] 两件西汉女俑表现出典型的汉代女性形象，应在此基础上设计出Q版汉服女子形象，五官设计表现大眼睛萌妹子的表情，服饰则严格遵循汉代深衣的形制特征，作右衽曲裾广袖的袍服，服饰纹饰及色彩综合参考汉代彩绘的一般特征，舞蹈人物设计为卷草纹红衣，跽坐人物则选择较为柔和的饱和色。网络流行二次元词汇"小姐姐"，最初流行于动漫论坛，多指外表靓丽的萌系女生。结合网络流行词，让动漫化的汉服女子具有优雅乖巧的"楚宫小姐姐"人物设定（图六：2、图七：2）。

---

[1] 杜浩：《"萌萌哒"为何成了文化时尚？》，《光明日报》，2014年8月16日第12版。
[2] 徐州博物馆，南京大学历史系考古专业：《徐州北洞山西汉楚王墓》，文物出版社，2003年，第177页。
[3] 中国国家博物馆，徐州博物馆：《大汉楚王：徐州西汉楚王陵墓文物集萃》，中国社会科学出版社，2005年，第158页。

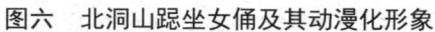

图六 北洞山跽坐女俑及其动漫化形象　　图七 驮蓝山舞俑及其动漫化形象

2. 北洞山汉墓出土仪仗侍卫俑

北洞山楚王墓出土的彩绘执兵侍卫陶俑数量众多、色彩鲜明，人物穿着类似，头戴红色武弁、身着右衽深衣，面目生动，各具情态（图八：1）。① 从中选择四件具有代表性的陶俑，以其为原型创作动漫形象，通过发、须、五官的不同刻画，着重表现人物各种生动鲜活的表情（图八：2）。此外，其中一件"郎中"俑设计为立身动漫人物，服饰细节严格遵循汉代服饰的特征，色彩则综合考察彩绘陶俑残存色彩和视觉美观，表现出汉代人物拱手直立的形象（图八：3）。

1. 北洞山楚王墓出土的彩绘执兵侍卫陶俑　2. 动漫人物头像　3. "郎中"俑动漫形象

图八 北洞山楚王墓出土彩绘执兵陶俑及其动漫化形象

① 徐州博物馆，南京大学历史系考古专业：《徐州北洞山西汉楚王墓》，文物出版社，2003年，第110页。

3. 铜山内华北朝彩绘人俑

徐州铜山内华北朝墓出土的彩绘执笏男、女立俑，是徐州博物馆魏晋南北朝时期精品文物的代表。① 执笏男俑塑造精致，头戴小冠、身着右衽窄袖红袍（图九：1）。执笏女俑同样塑造细致，头梳双髻，白面红唇，上着黑色右衽短衣，下着筒形长裤，这种上襦下袴的服饰是魏晋南北朝流行装扮（图九：2）。男女立俑面部五官立体、彩绘精细，彩绘保存状况较好，服饰有明显的北朝风格。在此基础上将其动漫化，人物形象为左右侧立的姿态。徐州博物馆以汉代精品文物陈展为主，但是徐州地区魏晋时代的考古也有相应的成果和代表文物，一直以来魏晋文物相对于两汉文物，知名度较低，宣传也主要是以照片图像的方式展示，在文物基础上将其动漫化，以动漫形象作为指引标示，给人以耳目一新的视觉效果，也间接将文物相关信息推广出去（图十：1、2）。

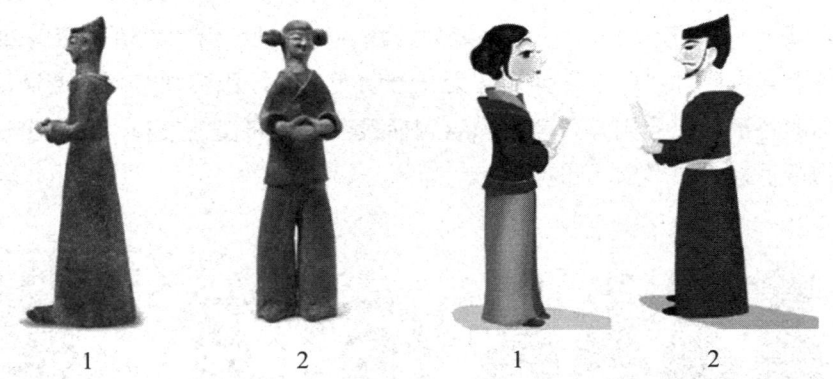

图九　铜山内华北朝彩绘人俑　　　图十　铜山内华北朝彩绘人俑动漫化形象

4. 唐代仕女俑

2018年5月16日—6月10日召开的江苏省馆收藏的文物巡回展项目《古俑焕彩——徐州博物馆馆收藏的历代陶俑特展》中有一件唐代侍女俑，造型具有典型的中唐特色：侍女身形修长，头梳半翻髻，上着窄袖短襦、下系红白高腰条纹裙（图十一：1）。② 侍女脸颊圆润，五官纤细，与

---

① 徐州博物馆：《徐州内华发现南北朝陶俑》，《文物》1999年第3期，第22-23页。
② 2018年5月16日—6月10日江苏省馆藏文物巡回展项目《古俑焕彩——徐州博物馆馆藏历代陶俑特展》展品，图像为笔者拍摄。

动漫中常见的"萌妹子"形象类似,因此动漫化的形象除基本保持陶俑的发型、服饰特征外,在五官设计上突出动漫中的"萌"文化的特征,表现大唐萌妹的人物设定(图十一: 2)。

1　　　　　　2

图十一　徐州博物馆馆藏唐代女俑及其动漫化形象

三、动漫形象的应用

在徐州博物馆汉至唐彩绘陶俑的素材基础上,设计出一系列古装动漫人物形象,将其与二维码、表情包、公共标识结合应用。

(一)文物代言人

相比之传统的文字说明和语音讲解,以汉唐动漫人物宣讲汉唐文物,用直观的"图像"传递信息,既是新媒体背景下人们阅读的主要方式之一,也是博物馆文物宣传的重要途径。将他们与汉唐历史文物相结合,作为文物对外宣传和推广大使,如"楚宫小姐姐"作为汉代青铜染具的代言人,从青铜器构造、使用的角度将复杂的青铜器具的基本信息娓娓道来。"郎中"侍卫则作为狮子山楚王陵出土金带头的代言人,从民族融合、中外交流角度讲解这件汉代珍贵文物的来源。"大唐萌妹"则是唐代万岁千秋俑的特殊讲解员,从历史文献和思想意识方面介绍唐代陶俑蕴含的历史讯息(图十二: 1、2、3)。

图十二　博物馆文物动漫代言人

（二）动漫二维码

二维码又称为 QR 码（Quick Response Code），最常使用的二维码外观呈正方形，黑白两色，在四个角落中有三个角落印有较小的像"回"字定位点，用以解码软件定位。它由数字码字、纠错码字、版本信息和格式信息的编码区域以及包括位置探测图形、分隔符、校正图像和定位图形的功能图形组成。[①] 二维码的识别过程简单易操作，只需将安装有扫描软件的智能手机或平板电脑的摄像头作为识读设备，轻松扫码即可获得相关信息，给使用者带来极大的便利。

我国博物馆行业在宣传教育、文化传播、社会服务以及互动领域也普遍使用二维码。不但如此，还适时将动漫形象与二维码相结合，从细节方面提升博物馆文化层次。创意二维码可以成为博物馆独特文化内涵的宣传标识。在展示博物馆特色文化的基础上，选择具有代表性和知名度的动漫头像标志，将其与二维码结合，在博物馆网页推广、馆收藏的文物宣传、微博、微信介绍等环节使用。徐州博物馆收藏的东洞山二号楚王后墓出土的一件龙凤貔纹玉环，造型流畅优美，可以将其作为二维码图标的背景图案。将这件汉代玉环与楚宫小姐姐、博物馆官网二维码相结合，表现出古

---

① 张苗苗，阎俊生，张游杰：《iPhone 手机二维码系统设计与实现》，《电脑开发与应用》2012 年第 12 期，第 55-57 页。

典和现代融于一体的设计，比单独的二维码更加醒目（图十三：1、2）。既体现博物馆文化特色，又宣传博物馆馆收藏的文物珍品。

1　　　　　2

图十三　徐州博物馆动漫创意二维码

（三）动漫表情包

表情包，英文 Emoticon，是表情（emotion）与小图案（icon）两个单词的组合，日语为"颜文字"。顾名思义，表情包其实就是表达情绪和内容的非语言符号图像。从世界范围看，表情包应用十分广泛，手机和输入法均自带表情符号，比如在中国有微信系统的"小黄脸"，在国外有 Facebook message 和 Line App 等。据《2018年微信数据报告》统计，截至 2018 年 9 月，微信使用人群中各年龄段喜欢的表情包依次是："00 后"喜欢"捂脸"、"90 后"喜欢"笑哭"、"80 后"喜欢"龇牙笑"、"70 后"喜欢"捂嘴笑"、55 岁以上人群喜欢"大拇指"。[①] 中国的网民群体，以"90 后""00 后"作为青少年主体，他们使用最频繁的表情包代表其年龄阶段独特的流行文化和思维表达，也是与之进行有效交流和沟通的最简单途径。

基于我国青少年网络表情包使用习惯，设计出具有标志性的汉弋侍卫头像表情，分别对应青少年最常使用的几种表情包。并在博物馆官方微信、微博上与青少年互动，拉近了博物馆与青少年之间的距离，有利于开展历史文化宣教活动（图八：2）。

（四）动漫标识

公共系统标志是用于社会公共场所配套服务的符号，具有一种指示

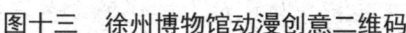

① 微信发布：《2018年微信数据报告》，https://support.weixin.qq.com/cgi-bin/mmsupport-bin/getopendays?from=singlemessage&isappinstalled=0。

的性质。它是一种非商业行为的符号语言，存在于生活的各个角落，方便人们识别。公共服务系统标志的形象特征显著，风格高度统一，在不同领域、不同环境下都很容易被人们识别。图形要直观地传递出明确而丰富的信息，这样才能使标志的服务价值得到完美展现。我国公共场所、建筑物、服务设施、方向指示牌、平面布置图、运输工具、出版物等都使用公共标识，通过禁止、警告、指令、限制以及提示，为人们提供某种信息，如标明某设施、场所，或指明其方向。[1]

博物馆作为公共信息标志使用的主要场所，在遵循公共标识安全、醒目、便利、协调的设置原则的基础上，也可突出博物馆特色和文化内涵。充分体现人文关怀，参观导览、参观注意事项、行李寄存等方面均有显而易见的公共信息标示。在指示牌中增加漫画形象，指明公共电梯、饮水机、出口、洗手间、楼梯、寄存处、咨询台等位置，既指示明确又亲切有趣，无形中彰显出博物馆的文化内涵和特色（图十四）。

图十四　动漫古装人物公共标识设计图

四　动漫形象宣传教育前景展望

在新媒体技术的支持下，博物馆以青少年喜闻乐见的动漫形象为宣传

---

[1] 艺术与设计杂志出版社编辑：《国家公共标志设计原则与图形全集》，艺术与设计杂志社，2003年，第9页。

和教育形式,旨在吸引青少年积极关注与参与,进而达到激发其主动学习历史文化知识的目的。博物馆引入动漫形象作为创意方式和技术手段,是一种寓教于乐的宣教方式,在非课堂教育方面灵活生动,在实践过程中易于操作,在关注青少年内心和精神需求的基础上,潜移默化提升其文化修养,调动其积极性和兴趣。本课题也是借由这样的思路,为探讨博物馆青少年宣传教育工作所做的尝试:在分析青少年年龄特性、心理特点、认知特征,准确掌握青少年流行文化,结合博物馆自身文化特色的基础上,设计出一系列形象清新、内容充实、表达准确的动漫形象。由于笔者本人的专业知识背景、时间精力和资金投入、技术手段等因素的限制,相关研究暂时停留在理论层面,所作尝试也仅仅提供了一个可供参考的思路和方向,实际效果仍有待实证检验和论证。同时,对动漫代言人、动漫创意二维码、动漫公共标识的设计仅仅只有几个例子,与国内成功的案例相比仍属于初始阶段,尚未成熟,未形成团队进行操作,在今后的实践方面有待扩展。

动漫作为博物馆青少年宣教手段具有一定的时效性,因为动漫本身作为流行文化,对受众的吸引力有一定的时间限制,是一时的视觉文化消遣。在今后的研究工作中将通过与青少年面对面的访谈、发放相关调查问卷、回收问卷进行统计分析等进行实证研究。在条件允许的前提下,让青少年志愿者参与其中的工作,让同龄人之间对话,增加社会实践活动,充分发挥青少年的创造力和资源。通过前文对中国动漫产业的相关分析,微动漫是未来动漫的重要门类,尽管相关研究者认为微动漫的受众对象主要是具有较高文化水准、对各类时事与资讯敏感、热衷于移动互联网等IT文化以及拥有现代生活方式的社会主流群体[1],但是这种以小见大、夸张搞怪,题材丰富的动漫形式在青少年群体中的作用不容小觑,微动漫时间短、信息碎片化的传播方式也是将来相关研究必须关注的问题。

中国是具有悠久历史的文明古国,有深厚的文化底蕴,用来传承的文化瑰宝数之不尽,在当下的动漫市场,应对我国历史文化资源进行发掘和

---

[1] 张昭乐,周瑞兰:《2011年中国新媒体动漫产业发展报告》,参见卢斌,郑玉明,牛兴侦:《动漫蓝皮书:中国动漫产业发展报告(2012年)》,社会科学文献出版社,2012年,第98页。

再创造，在表现形式和传播方式上进行创新。同时，随着互联网、移动互联网的快速发展，用户的阅读习惯发生根本性的变化，应对内容审核机制进行适当修改和完善，在内容题材和形式上创新，推崇积极向上的精神和正能量。

2017年度江苏省文物科研课题2017SK04

徐州汉墓出土人鱼画像石解析
——兼论中西历史上的人鱼形象及其文化内涵

人鱼是生活在河海中半人半鱼的神怪，有关人鱼的神话在世界范围内广泛存在，地中海、欧洲、非洲、亚洲等地均有人鱼神话，各地文字、图像资料也保留有大量的人鱼形象。本文从历史文献及考古图像资料出发，考察东西方历史上的人鱼的文化内涵。

一、人鱼的传说及形象

最早的人鱼神话见于美索不达米亚地区，在苏美尔、阿卡德人的神话中，主神之一恩奇（Enki/Ea）是世界秩序的建立者、苏美尔古城埃利都的保护神和世界淡水神。[①] 恩奇也是鱼神、水神和洁净神，拥有半人半鱼的形象，在一件巴比伦的青铜饰件上，即表现出祭祀鱼神恩奇的情景：主持仪式的祭司们将自己装扮成鱼神恩奇的模样，身着长袍、袍服模仿鱼身，后摆垂地呈鱼尾状（图一：1）。[②] 恩奇（Enki/Ea）的协侍神库卢卢（Kululu）也是半人半鱼的形象，如亚述铜印章上的一对人鱼图像，人鱼两两相对，居左者为男性颊生髭须、居右者则为女性，两者均头戴高冠、上半身直立、鱼尾呈90°弯曲（图一：2）。[③] 另一件公元前8世纪的亚述浮雕中也有库卢卢形象，其上身直立，腰部以下生鱼尾，腰下鱼尾呈直角弯曲（图

---

① 鲁刚主编：《世界神话辞典》，辽宁人民出版社，1989年，第734页。
② 戴尔·布朗主编，李旭影等翻译：《美索不达米亚：强有力的王国》，广西人民出版社，2002年，第169页。
③ Stephen Herbert Langdon: The mythology of all race Semitic. Vol.V. Cooper Square Publishers,INC. 1931, Fig45.

一：3）。①

1　　　　　　　2　　　　　　　3

图一　美索不达米亚的人鱼图像

希腊神话中也有半人半鱼形象的神祇，如海皇波塞冬之子特里同（Triton），其上半身为外貌丑陋的人形，腰部以下则为鱼尾。现收藏于大都会艺术博物馆一对公元前3世纪的希腊黄金臂环，即以海怪特里同形象为主题，其细长的鱼尾被塑造为多曲缠绕状，表面錾刻鳞片（图二）。② 公元2世纪的学者保萨亚尼斯（Pausanias）在《希腊风土记》（Description of Greece）中记叙有关阿尔卡迪亚人崇拜的河神欧律诺墨（Eurynome）。他来到欧律诺墨圣所，亲眼见到河神的木质神像，神像上半身为女性，腰部以下则是鱼尾。③

希腊神话中的海怪也是半人半鱼的形象，比如海妖希拉（Scylla）。尽管在维吉尔笔下，希拉有美貌的少女面孔和上半身，但却长着海狼的肚子和海豚尾巴。英国伦敦不列颠图书馆收藏一件公元前5世纪的陶土希拉浮雕，其上半身是美貌女子，腰部以下却生长着鳗鱼一样卷曲且带有鳞片的长尾（图三）。④

---

① Vic de Donder 著，陈伟丰译：《海妖的歌》，上海世纪出版集团，上海人民出版社，2004年，第43页。
② The Metropolitan Museum of Art: Greece and Rome. New York. The Metropolitan Museum of Art, 1987，p.83.
③ A.M.HAROMON.Lucian: with an English Tranlation. William Heinemann LTD Harvard University Press.1961.V.8.41.4-6, p.427.
④ Vic de Donder 著，陈伟丰译：《海妖的歌》，上海世纪出版集团，上海人民出版社，2004年，第44页。

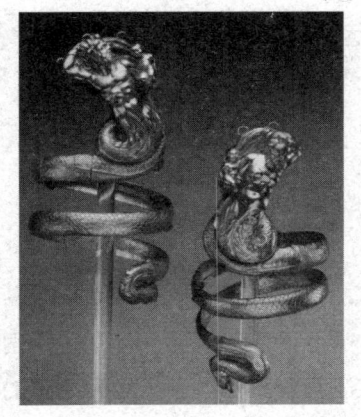 

图二　大都会博物馆收藏希腊臂环　　图三　伦敦不列颠图书馆藏陶土希拉浮雕

《山海经》中也有关于人鱼的记载，《大荒西经》载："氐人国，其为人，人面而鱼身无足。"①《海内南经》"氐人国"清郝懿行注引《竹书》云："禹观于河，有长人，白面鱼身，出曰：吾河精也。"《水经注》注引《河水》卷五也有类似记载。《海内北经》载："陵鱼人面，手足，鱼身，在海中。"②此外，《山海经》记载产人鱼处多所，如《西山经》之竹山，《北次三经》之龙侯山，《中次三经》之熊耳山，《中次六经》之傅山、阳华山，《中次十一经》之朝歌山、葴山等皆言多人鱼。《南山经》青邱山之赤鱬、《中次七经》少室山之鮨帝鱼，也为人鱼之属。③然而以上所载人鱼从属性上看，大抵可归于奇异动物，而非神话之人鱼。

《山海经》所载神话之人鱼，当为"鱼妇"。据《大荒西经》记载："有鱼偏枯，名曰鱼妇。颛顼死即复苏。风道北来，天乃大水泉，蛇乃化为鱼，是为鱼妇。颛顼死即复苏。"④根据经文之意，鱼妇是颛顼所化，之所以称之为"鱼妇"，或因风起泉涌、蛇化为鱼之机，得鱼与之合体而复苏，半体仍为人躯而半体则化为鱼，故也。《淮南子·地形训》也记载了

---

① 袁珂校注：《山海经校注》，上海古籍出版社，1980年，第415页。
② 袁珂校注：《山海经校注》，上海古籍出版社，1980年，第323页。
③ 袁珂校注：《山海经校注》，上海古籍出版社，1980年，第323页。袁珂注"陵鱼"案语。
④ 袁珂校注：《山海经校注》，上海古籍出版社，1980年，第416-417页。

类似的幻化:"后稷垅在建木西,其人死复苏,其半鱼在其间。"① 郭璞注《山海经》"鱼妇"之变曾以为征引,认为两者相通,这应该是在颛顼幻化神话影响下而产生的。

二、颛顼的幻化

颛顼神话起源甚古,但文献对其记载虚无缥缈,在上古神话中的颛顼类似造物主,经过由神而人的演变,成为人类之祖,其后世子孙众多,南有越、北有胡、东有淮夷、西有三苗,分布广泛且善恶不齐。② 作为人王的颛顼,顺天应时、威服四方,《史记·五帝本纪》曰:"帝颛顼高阳者,黄帝子孙而昌意之子也。静渊以有谋,疏通而知事;养材以任地,载时以象天,依鬼神以制义,治气以教化,絜诚以祭祀。北至于幽陵,南至于交阯,西至于流沙,东至于蟠木。动静之物,大小之神,日月所照,莫不砥属。"③

春秋战国以来,人们多从星宿的角度解释颛顼。《尔雅·释天》曰:"玄枵,虚也。颛顼之虚,虚也。"郭璞注曰:"虚在正北,北方色黑。枵之言耗,耗亦虚意。……颛顼水德,位在北方。"④ 虚为二十八星宿之一,位在天际之北,颛顼之虚就是虚宿。⑤ 颛顼另有玄冥为佐,《尚书·洪范》曰:"夫北方之极,自丁令北至积雪之野,帝颛顼、神玄冥司之。"⑥《礼记·月令》曰:"(仲冬之月)其帝颛顼,其神玄冥。"⑦《左传·昭公十八年》载"禳火于玄冥",杜预注曰:"玄冥,水神。"《昭公二十九年》载:"故有五行之官,是谓五官,实列受氏姓,封为上公,祀为贵神。社稷五

---

① 张双棣撰:《淮南子校注》卷四,北京大学出版社,1997年,第475页、第494页。
② 顾颉刚:《颛顼考》,见《史林杂识初编》,中华书局,1963年,第191-195页。
③ (汉)司马迁:《史记·五帝本纪》,中华书局,2003年,第11-12页。
④ (晋)郭璞注,(宋)邢昺疏:《尔雅注疏》卷六,《十三经注疏》,上海古籍出版社,1997年,第2609页。
⑤ 顾颉刚:《颛顼考》,见《史林杂识初编》,中华书局,1963年,第191页。
⑥ 王闿运:《尚书大传补注》卷七,《续修四库全书》经部 书类55,上海古籍出版社,1995年,第841页。
⑦ (汉)郑玄注,(唐)孔颖达疏:《礼记注疏》卷十七,《十三经注疏》,上海古籍出版社,1997年,第1382页。

祀，是尊是奉。……水正曰玄冥……"①其中又体现出五行观念，北方属水，有水德，故颛顼处北方之玄宫，并以水神玄冥为辅。秦汉因之，秦为水德而颛顼为水帝，秦色尚黑而颛顼处玄宫。②《淮南子·天文训》曰："北方之水也，其帝颛顼，其佐玄冥，执权而始终。"③马王堆汉墓M3出土帛书《五星占》载："北方水，其帝端玉（颛顼），其丞玄冥。"④可见，秦汉时代以颛顼为北方之帝、具有水的属性的观念普遍存在。

  颛顼经过从至高无上的造物神到神通天地的人王的衍变，再作为位处玄宫的北方之帝，被赋予水德属性，也自然而然地与上古洪水神话关联。首先，颛顼幻化成鱼妇，是乘"风道北来，天乃大水泉，蛇乃化为鱼"的时机，郭璞曰："言泉水得风暴溢出。"⑤似乎在暗示风起泉涌的大洪水来临之时。《孟子·滕文公下》亦曰："当尧之时，水逆行，泛滥于中国，蛇龙居之，民无所定。"注曰："水生蛇龙，水盛则蛇龙居民之地也。"⑥可知，洪水肆虐使得龙（鱼）蛇出没，也成为颛顼幻化的关键契机。

  其次，洪水的产生是颛顼间接造成的结果。《列子·汤问》载："其后共工氏与颛顼争为帝，怒而触不周之山，折天柱，绝地维；故天倾西北，日月星辰就焉；地不满东南，故百川水潦归焉。"⑦《淮南子·本经训》曰："共工振涛洪水，以薄空桑，龙门未开，吕梁未发，江淮通流，四海溟涬。"⑧共工与颛顼争位失利，随之而来的是颛顼对他的惩处，《淮南子·兵略训》记载："共工为水害，故颛顼诛之。"⑨《汉书·刑法志》亦曰："颛顼有共工之陈以定水害。"⑩神话中共工怒而触不周山，因此造成了中国西北高、东南低的地势特点，而这样的地形也被认为是引发洪水肆虐的重要原

---

① 洪亮吉撰，李解民点校：《春秋左传诂》，中华书局，1987年，第794页。
② 顾颉刚：《颛顼考》，见《史林杂识初编》，中华书局，1963年，第191页。
③ 张双棣撰：《淮南子校注》卷三，北京大学出版社，1997年，第475页、第494页。
④ 刘乐贤注：《马王堆天文书考释》，中山大学出版社，2004年，第233页。
⑤ 袁珂校注：《山海经校注》，上海古籍出版社，1980年，第416页。
⑥ 焦循撰，沈文倬点校：《孟子正义》卷十三，中华书局，1987年，第447页。
⑦ 杨伯峻撰：《列子》卷五，中华书局，1985年，第150-151页。
⑧ 张双棣撰：《淮南子校注》卷八，北京大学出版社，1997年，第838页。
⑨ 张双棣撰：《淮南子校注》卷三，北京大学出版社，1997年，第1544页。
⑩ （汉）班固：《汉书》卷二三《刑法志》，中华书局，2000年，第1081页。

因之一。

再次，颛顼和洪水神话中治水的圣王禹具有相似性。颛顼所化的"鱼妇"与禹均有"偏枯"的外形特征，"偏枯之鱼"外形具有上下半身不同的特征。而大禹偏枯，似乎是因为治理九州泛滥之水而损害身体所造成的半身不遂。《尸子》卷下曰："禹于是疏河决江，十年不窥其家，手不爪，胫不生毛，生偏枯之病，步不相过，人曰禹步。"①《列子·杨朱篇》卷七："禹纂业事仇，惟荒土功，子产不字，过门不入；身体偏枯，手足胼胝"。② 清人郭庆藩在《庄子集释》中注"偏枯"曰："偏枯之疾，半身不遂也。"作为造物之神的颛顼，子孙众多，大禹的祖先同样可追溯至颛顼。《汉书·律历志》引《伯禹帝系》曰："颛顼五世而生鲧，鲧生禹。"白川静先生认为"偏枯之神"源自洪水神话，其中奉禹为洪水神的部落，在日后成为夏的始祖。人面鱼身的鱼妇就是偏枯的禹，陕西西安半坡出土的仰韶文化彩绘人面鱼纹陶盆就是表现禹的神像。③

然而，大禹治水始终是洪水神话的主要内容，颛顼在其中仅有零星模糊的影子。《尸子》卷下："禹理洪水，观于河，见白面长人，鱼身，出曰："④《广博物志》卷十四引《尸子》曰："禹理洪水观于河，见白面长人鱼身，出曰：吾河精也。授禹《河图》而还于渊中。"⑤《酉阳杂俎·前集》卷十四《诺皋记》曰："河伯人面，乘两龙，一曰冰夷，一曰冯夷。又曰人面鱼身。"⑥《太平御览》卷八二引《尚书中侯》伯禹曰："臣观河，白面长人鱼身出曰：吾河精也。授臣《河图》，带足入渊。"⑦ 人面鱼尾的"河精""河伯"，显然继承自《山海经》中的"偏枯之鱼"，隐约保留颛顼幻

---

① （战国）商鞅著，汪继培辑：《商君书·尸子》，上海古籍出版社，1989年，第20页。
② 杨伯峻撰：《列子》卷七《杨朱篇》，中华书局，1985年，第231页。
③ ［日］白川静著，加地伸行 范月娇译：《中国古代文化》，文津出版社，1984年，第30-32页。
④ （战国）尸佼撰，汪继培辑，黄曙辉点校：《尸子》卷下《存疑》，华东师范大学出版社，2009年，第96页。
⑤ （明）董斯：《广博物志》卷十四，岳麓书社，1991年，第303页。
⑥ （唐）段成式辑，方南生点校：《酉阳杂俎·前篇》卷十四，中华书局，1981年，第128页。
⑦ （宋）李昉：《太平御览》，中华书局影印本，1960年，第381页。

化的影子，但此时已演变成水世界的主宰。

三、汉画像石中的人鱼影像

人鱼也是汉画像石中屡见不鲜的题材，山东、江苏、安徽、四川等地出土的汉画像石（砖）均有表现人鱼的情形。山东邹城北宿镇南落陵村西汉末期《鱼车图》中的人鱼为河伯鱼车先导；嘉祥武宅山出土画像石中有手脚鱼身并存的步兵；济宁喻屯镇城南张出土汉画像石，三条人鱼并排而立，人首戴笼冠，颈部以下皆为鱼身；沂南北寨村出土人鱼画像石有残损，故仅余上半身；另有徐州十里铺汉墓中室横额"双龙穿璧"图像间隙中穿插两条人鱼、铜山洪楼祠堂画像石人鱼、安徽淮北和萧县的汉画像石人鱼图以及四川巫山县出土汉画像砖的人鱼图等。

归纳以上汉画像石中出现的人鱼形象特点，大体上可分成三类：

（一）人首鱼身、颈下生尾

这类人鱼形象主要表现为人首鱼身，头戴汉代士人服饰中常见的笼冠或梁冠，脖颈以下为鱼尾，无手足四肢。山东济宁城南张汉墓、徐州十里铺、安徽淮北和萧县济宁喻屯镇城南张等地出土的画像石人鱼图像就属于这一类型。山东济宁城南张汉墓画像石人鱼像，三个形象近似的人鱼并列直立，头戴笼冠、脖颈以下为鱼身（图四：1）。[①] 徐州十里铺汉墓中宫横额"双龙穿璧"图像间隙中穿插两条人鱼，体态均作 L 型，人首戴梁冠、胸部以下为鱼身（图四：2）。[②] 安徽淮北和萧县的汉画像石人鱼图，人鱼也呈 L 形体态，人首戴梁冠、胸部以下为鱼身，与十里铺的人鱼类似（图四：3、4）。[③] 此外，徐州汉画像石艺术馆收藏的东汉《龙鱼升仙》画像石中也有人鱼图像，人鱼位于鱼车下方，躯体呈一字形游姿。人首戴平顶

[①] 《中国画像石全集》编辑委员会：《中国画像石全集》卷二《山东卷》，河南美术出版社，山东美术出版社，2000 年，第 2 页，图四。
[②] 徐州博物馆：《徐州十里铺汉画像石墓》，《考古》1966 年第 2 期，第 73 页。
[③] 李国新编著：《中国汉画造型艺术图典：神仙》，大象出版社，2014 年，第 305-307 页。

冠，颈部以下为鱼身（图四：5）。①

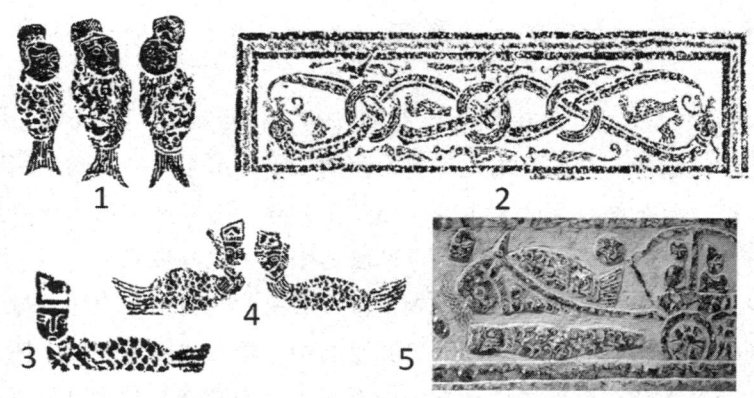

1. 山东济宁城南张汉墓出土　2. 徐州十里铺汉墓出土　3. 安徽淮北汉画像石
4. 安徽萧县画像石　5.《龙鱼升仙》画像石人鱼图

图四　汉画像石人鱼图像

（二）人身鱼尾、腰下生尾

这类人鱼形象主要特征是半人半鱼，具有人类的首颈、上肢及前胸，腰部以下为鱼尾。山东邹城北宿镇南落陵村出土的一块时代约为西汉末期的《鱼车图》画像石，其中的人鱼长发披肩、身体前倾、一臂在身前、一臂向身后，为河伯鱼车先导（图五）。② 这也是目前已知汉画像石中年代最早的人鱼图像。人鱼是河伯的从属，尽管前文论述文献中河伯形象的描述有"长人鱼身""人面鱼身"的特征，但汉画像石中的河伯与常人无异，其所乘之车均有大鱼驾驶。

图五　山东邹城出土《鱼车图》画像石

---

① 图片为笔者拍摄。
② 《中国画像石全集》编辑委员会：《中国画像石全集》卷二《山东卷》，河南美术出版社，山东美术出版社，2000年，第69页，图七七。

(三) 手脚与鱼身并存

这类人鱼,虽生有鱼身却同时具有四肢,山东嘉祥武宅山出土画像石、徐州铜山洪楼祠堂出土画像石以及四川巫山县出土画像砖中的人鱼属于这一类型。其中,徐州洪楼祠堂画像石中人鱼为"四足鱼"(图六:1),即主体为鱼形,腹下生有四肢,类似兽足。周保平先生考证四足鱼,认为此即《山海经》所载龙侯之山中的人鱼。①《山海经·北次山经》载:"龙侯之山……其中多人鱼,其状如鱼,四足,其音如婴儿,食之无痴疾。"晋郭璞注曰:"或曰,人鱼即鲵也,似鲇而四足,声如小儿啼。今亦呼鲇为。"② 此处的四足鱼应为鲵,俗称娃娃鱼,属于自然界中的生物,但汉代以其珍稀罕见而视之为神怪。此外,四川巫山县出土汉画像砖的人鱼图(图六:2)③,形象不易分辨,似乎与徐州洪楼画像石上的四足人鱼类似,鱼腹下生两肢、尾部后又两肢体,也应该是鲵,与半人半鱼的神怪有所不同。

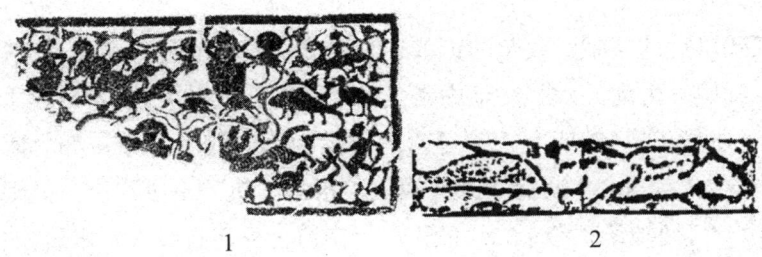

1. 铜山洪楼祠堂画像石"四足鱼"　　2. 四川巫山县出土汉画像砖的人鱼图
图六　人鱼图

综观各地出土的人鱼题材画像石,其形象各有差异:从年代最早的山东邹城北宿镇南落陵村出土的《鱼车图》中的人鱼,到东汉时期山东、江苏、安徽、四川等地出土的各式人鱼画像石,时代的变迁和地域差异都是造成人鱼形象差异的原因。此外,汉匠在制作人鱼题材画像石时,根据个

---

① 周保平:《徐州洪楼两块汉画像石考释》,《中原文物》1993年第2期,第42-43页。
② 袁珂校注:《山海经校注》,上海古籍出版社,1980年,第86页。
③ 高文编:《四川汉代画像砖》上海人民美术出版社,1987年,图一八九。

人对人鱼形象的理解加以刻画也是造成个体差异的重要原因,但大体而言,汉画像石上的人鱼形象,均具有半人半鱼的"偏枯"特征。

汉画像石上保留若干人鱼图像,总体上可视为是对《山海经》文字的图解,是汉代人对于神明世界的认知和图像反映,表现与世俗社会完全不同的另一个世界,带有想象的成分和个人理解,因此具体形象上会有所差别。人们将人鱼作为水世界的神怪,从山东到江苏北部一带大量存在一种形式的图像,或出现在《河伯出行图》中,或是与各类神怪杂处,均生活在与世俗生活截然不同的神话世界中。由此可知,人鱼与洪水神话密切相关,渊源直至上古神话之上帝般的颛顼,代表水世界的神明。属于水世界的神明和各种祥瑞、神兽等图像一同出现,云集于一处,以各种各样的姿态不留空白填充满整个画面,让地下墓室空间里充满无数动物神灵,大概是为了表现墓主人高尚的德行,因此吸引各路神明祥瑞荟萃而至。①

四、人鱼属性的演变

汉代以后的文献对人鱼的记载逐渐增多,人鱼的形象和属性变得更加具体、鲜明、生动。六朝文献中常见的"鲛人"就是人鱼。《博物志》《搜神记》《述异记》《昭明文选》等六朝文献中均有相关记录,如《博物志》卷二"异人"条载:"南海之外有鲛人,水居如鱼,不废织绩,其眠(眼)能泣珠。"②《搜神记》卷十二"鲛人":"南海之外,有鲛人,水居如鱼,不废织绩,其眼泣则能出珠。"③《述异记》卷上曰:"鲛人即泉先也,又名泉客。南海出鲛绡纱,泉先潜织,一名龙纱,其价百余金,以为服,入水不濡。"④《昭明文选》卷五录左冲《吴都赋》刘渊林注曰:"鲛人水底居也。俗传从水中出,曾寄寓人家,积日卖绡,绡者,竹孚俞也。鲛人临去,从主人索器,泣而出珠满盘,以与主人。"⑤

---

① [日] 林巳奈夫,唐利国译:《刻在石头上的世界》,商务印书馆,2010年,第226页。
② (晋) 张华撰,范宁校正:《博物志校证》卷二,中华书局,1980年,第24页。
③ (晋) 干宝撰:《搜神记》,中华书局,1979年,第154页。
④ (南朝梁) 任昉撰:《述异记》卷上,中华书局,1960年,第2页。
⑤ (南朝梁) 萧统编,(唐) 李善注:《昭明文选》卷五《赋丙·京都下·左太冲吴都赋》,上海古籍出版社,1986年,第215页。

可见，鲛人兼有人和鱼的属性，既能像人一样纺织又能像鱼一般畅游，还能像蚌一样产珠。值得注意的是，鲛人神奇的特质都非常女性化，无论是哭泣成珠还是纺绡织纱，都是女性惯有的行为。《述异记》甚至还记载了"懒妇鱼"的由来，卷上载："江南有懒妇鱼。俗云：昔杨氏家妇为姑所溺而死，化为鱼焉。其脂膏可燃灯烛，以之照鸣琴博弈，则烂然有光，及照纺织，则不复明焉。"①懒妇鱼本为世间女子，因世俗家庭婆媳的关系而亡故，死后化而为鱼（美人鱼）。而后世文献所载人鱼奇闻，绝大多数为"美人鱼"，《太平广记》卷四六四"海人鱼"条引唐郑常《洽闻记》载："海人鱼，东海有之。大者长五、六尺，状如人，眉目口鼻手爪头皆为美丽女子，无不俱足。皮肉白如玉，无鳞，有细毛，五色轻软，长一二寸。发如马尾，长五六尺。"②《天中记》卷十二引宋仁宗时人聂田的《徂异记》卷五十六"鱼"条记载："待制查道奉使高丽，晚泊一山而止，望见沙中有一妇人，红裳双袒，髻鬟纷乱，肘后微有红鬣。查命水工以篙担水中，勿令伤。妇人得水，偃仰复身，望查拜手，感恋而没。水工曰：某在海上未省此何物？查曰：此人鱼也。"③以上两书将美人鱼的外形特征描绘得较为细致，外形特征、发肤质色甚至是衣着都很详细，同时不忘强调其具有水生鱼类不离水的特点。南宋曾慥《类说》卷三四"人鱼"条曰："张守信泊船新开湖，有渔者举网得鱼近百斤，自腰而下鱼也，腰上乃美妇人。守信酌酒饮之，面益红美。或取汤一杓饮之，急喷去，似芍乎热也。舟人曰：杀之不祥，复还之深水，其鱼合掌言曰：劫火未坏人首鱼身，昔为东鲁太史，今作泊水小君。投我以酒，固以为感，沃我以汤，斯亦不仁。"④此人鱼与之前记载的人鱼故事不同，具有人类的语言能力，自述其原为东鲁太史，后化为"美人鱼"，性别发生逆转，可见随着时间的推移，后世对于人鱼的记述有详细化和具体化的倾向，发展至明清，文献

---

① （南朝梁）任昉撰：《述异记》卷上，中华书局，1985年，第4页。
② （宋）李昉等编：《太平广记》卷四六四，中华书局，1961年，第3819页。
③ （明）陈耀文撰：《天中记》卷十二引宋仁宗时人聂田的《徂异记》卷五十六"鱼"，钦定四库全书子部11《天中记》，台湾商务印书馆，1983年，第713页。
④ （宋）曾慥编：《类说》卷三四，影印文渊阁《四库全书》子部873，台湾商务印书馆，1983年，第595页。

虽多载美人鱼，但多是条目上的汇集，再没有故事的演绎和再发展。①

以上有关人鱼的记录，归根求源大抵本自《山海经》颛顼化鱼妇之说，并加以附会。颛顼之神死而复苏，化为半人半鱼之"鱼妇"，后人不解其意，想当然以为鱼妇即美人鱼。如前文所述，姜亮夫先生早已指出，颛顼所化之鱼妇，实为妇鱼（鲋鱼），最后成为半人半鱼，或是言语相传之误。其实，这极有可能是文字上的误解，《尔雅·释亲》曰："子之妻为妇。"② 可见，"妇"是对已婚女性的称呼，而后世望文而附会，以为"鱼妇"就是半身为鱼的美妇人，即美人鱼，殊不知"物类之阴者亦曰妇"③，这种说法显然是建立在阴阳观基础之上的。先秦时代产生了关于世界起源的阴阳观念，据此，古人将世界万物分为阴、阳两类，各种事物、现象依托阴阳概念加以归类，其中水生爬行类生物皆为阴属，《汉书·五行志》曰："鱼，阴类。"④ 从这一层面解释，鱼妇实则表明鱼类属阴的性质，而非性别的界定。

值得注意的是，考古所见隋唐五代至北宋时期的墓葬中还出土一类人首鱼身俑，徐苹方先生考证隋唐时期墓葬出土的人首鱼身俑即《大汉原陵秘葬经》中所载之"仪鱼"。⑤ 明器仪鱼的造型特点亦呈人身鱼尾状，代表道教雷神之一。《道法会元》卷五八引《上清玉枢五雷经真文》"祭四神（即四溟神）"曰："有四神主掌风雨事。一东南之神丁文广，人首龟身，号玉雷浩师。二西南之神丁文行，人首龙身，号火光流精。三西北之神丁文达，人首鱼身，号虚精大华。四东北之神丁文惠，人首蛇身，号洞阳幽灵。此四神，太初混沌之时，水之精也。大禹治水，令四神镇四角。"⑥ 据

---

① 田春：《古代人鱼图像与传说的互释与演进》，《美术学报》2015年第2期，第99-107页。
② （晋）郭璞注，（宋）邢昺疏：《尔雅注疏》卷六，《十三经注疏》，上海古籍出版社，1997年，第2593页。
③ 张玉书等：《〈康熙字典〉"女"部》，上海古籍出版社，1994年，第265页。
④ （汉）班固：《汉书》卷二七《五行志中》，中华书局，2000年，第1430页。
⑤ 徐苹芳：《唐宋墓葬中的"明器神煞"与"墓仪制度"——读〈大汉原陵秘葬经〉札记》，《考古》1963年第2期，第93页。
⑥ 《道法会元》卷五八引《上清玉枢五雷经真文》，见《道藏》二十九册，第157页。

考证，人首鱼身的虚精大华最初是水之精，后被道教神谱吸收为太极雷坛的四维神之一。尽管并非所有的人首鱼身俑都是雷神，但是一墓一件出土者应为西北之神无疑。两宋时期雷神俑集中出现在四川和江西两地，反映出道教雷神信仰，以雷神为明器带有保卫逝者灵魂免受各种邪魔骚扰的作用。① 人首鱼身之神被大禹命为四维神之一，似乎又可上溯至最初的颛顼，或许可视其为颛顼水神传说的孑遗。

纵观东西世界，美人鱼无疑是流传最广、最深入人心的角色。叙利亚女神阿塔伽提斯（Atargatis）就是人身鱼尾的形象，她也被视为时代最早的美人鱼。公元2世纪的哲学家琉善（Lucian）所著《叙利亚的女神》（De Syria Dea）一书中记录他曾在腓尼基见过的阿塔伽提斯（希腊名为Derketo）的大理石神像，神像上半身为女性躯体，腰部以下则是鱼尾。② 古希腊神话中的海妖塞壬（Siren），其外形最初是一只生有美女头的怪鸟，以美妙的歌声诱人死亡。大英博物馆收藏的一件公元前5世纪的希腊红陶器，其上有塞壬的彩绘鸟身人面，其嘴微张，正在放声歌唱（图七）。③ 荷马在《奥德赛》中描述塞壬的行径："迷惑所有来到她们那里的过往行人，要是有人冒昧地靠近她们，聆听塞壬们的优美歌声，他便永远不可能返回家园……塞壬们会用嘹亮的歌声把他迷惑。"④ 自公元7世纪起，海妖在西方传统文化中的形象发生变化，被描述成女子、鸟以及鱼的混合体，在整个中世纪，主流观念都将其视为邪魅的象征，其形象基本皆作腰下长鱼尾的美貌女性，她们居心叵测、专事诱惑勾引的勾当，对人类有致命的危害。其形象以巴黎国立图书馆收藏的13世纪勒克莱尔《动物志》中描绘的《海妖》插图为代表（图八）。⑤ 直到安徒生的童话《小美人鱼》问世后，

---

① 白冰：《雷神俑考》，《四川文物》2006年第6期，第68-69页。
② A.M. HARMON. The Goddess of Surry.Lucian :with an English Translaciton .V4 Harvard University Press. 1961. P.355.
③ Vic de Donder 著，陈伟丰译：《海妖的歌》，上海世纪出版集团，上海人民出版社，2004年，第16页。
④ [古希腊] 荷马著，王焕生译：《奥德赛》卷十二，人民文学出版社，2003年，第220页。
⑤ Vic de Donder 著，陈伟丰译：《海妖的歌》，上海世纪出版集团，上海人民出版社，2004年，第4-5页。

才改变了中世纪以来美人鱼具有的绝对贬义的内涵。

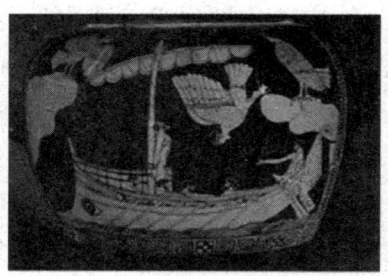
图七　大英博物馆希腊红陶器

图八　巴黎国立图书馆藏《动物志》描绘的海妖

比之西方神话长久以来对美人鱼负面内涵的宣扬，东方神话中的人鱼，在流传过程中逐渐褪去神的光环而具有世俗化和人格化的正能量。汉画像石上保留的人鱼图像，反映出汉匠对于人鱼形象的认知，人鱼穿戴的服饰包括笼冠、梁冠以及步兵袴褶等，均为汉代男子常见的冠服。而六朝文献中的人鱼正如前文已述，则逐渐具有了女性的特征，不但具有美人的容貌，更掌握世俗社会中对于女性规定的道德和技能——她们会纺纱织绡、会泣泪成珠，对人类没有丝毫危害。这一传统随时代延续，明清文献中的美人鱼大多也如此类。

五、人鱼形象的现代商业营销及借鉴意义

现代著名咖啡店星巴克，遍布世界各个角落，其成功的商业营销将普通的咖啡发展成为一个高端品牌。自1971年星巴克创始之初，首次使用双尾美人鱼作为其品牌图像标识以来，虽历经四次标志的修改，但主体图像中的双尾美人鱼标志始终位居显著位置（图九）。①

---

① 《大牌logo的进化史：星巴克篇》，https://www.sohu.com/a/328930039_120174116。

1971　　　　　　1987　　　　　1992　　　　　2011

图九　星巴克各时期徽标

星巴克的绿色双尾美人鱼徽标，是1971年美国西雅图设计师泰瑞·赫克勒受中世纪木雕版画美人鱼图像的启发设计出来的，传达出原始与现代的双重含义。在中外历史上，美人鱼既神秘又浪漫，最重要的是其广为人知的神话传说。借助这样的文化传统和影响力，星巴克轻而易举地将人们的目光吸引过来，继而又成功地将星巴克品牌在全世界范围内推广开来。

星巴克徽标的设计也是现代商业营销将古老传统文化发掘和推广的成功案例之一。通过这一案例，不难发现传统文化资源对商业营销的推动作用。如今，全国范围内开展的地方特色文化资源开发与文化产业发展的相关研究正紧锣密鼓地实施，是否能借鉴国内外的成功先例，结合现状将地方历史文化资源进行深入发掘和研究，赋予其新的生命力，通过创造性的开发和应用，成为推进地方经济发展进而振兴地方文化的重要举措，值得人们深思。

2017年度徐州市社科研究课题 17XSS-129

徐州城市质态如何充分体现"汉文化"元素
——以动漫宣传为例

历史名城徐州,东襟淮海,西接中原,南屏江淮,北扼齐鲁,自然环境优美、文化底蕴深厚,既是群山环抱的历史名城,也是自古英雄辈出的文化圣地,自古及今历来为文人骚客赞颂。元代文人萨都剌曾过徐州,并赋词一首《木兰花慢·彭城怀古》,道尽徐州往昔、历史峥嵘,其词曰:"古徐州形胜,消磨尽,几英雄?想铁甲重瞳,乌骓汗血,玉帐连空。楚歌八千兵散,料梦魂,应不到江东。空有黄河如带,乱山回合云龙。

汉家陵阙起秋风,禾黍满关中。更戏马台荒,画眉人远,燕子楼空。人生百年如寄,且开怀,一饮尽千钟。回首荒城斜日,倚栏目送飞鸿。"[①]

萨都剌在词中将徐州独特的地理位置和深厚的文化底蕴依次点出、缓缓道来。秦末大乱群雄纷争、楚汉一决雌雄的纷飞战火仿佛就在眼前;谋士张良楚歌之策、西楚霸王垓下悲歌,凄清之音依稀就在耳边;汉高祖刘邦开疆建业、整合天下的丰功伟绩,传唱千古。

徐州作为彭祖故国、项羽故都、高祖故里,是备受瞩目的汉文化名城,"两汉文化看徐州"是广为流传的口头禅。的确,作为汉文化名城,徐州不仅在历史上享有盛誉,也是集自然、人文、美学、遗产等多重价值于一身的特殊区域,承载着传承历史、服务当代、惠及子孙的历史使命,同时,在区域经济、文化生活、生态建设等诸多发展中发挥着举足轻重的作用。作为汉文化历史名城,徐州的汉代文化资源储备丰厚,但是也应该看到文化资源价值本身与开发利用程度之间存在着不平衡,表现为文化资源挖掘不足、系统开发不够、表现形式单一、认识肤浅等问题。俗话说

---

① (清)朱彝尊,汪森编:《词综》卷二九《木兰花慢·彭城怀古》,上海古籍出版社,1978年,第668页。

"酒香还怕院子深",如何开发城市资源、取得长足发展,还必须在发展思路、行业规范、文化内涵提升、品牌创新等诸多方面进行相应的建设,提高整体的竞争力,这样才能在国内众多知名城市中打响知名度。

近年来,新媒体技术逐渐成为文化传播的主要途径。尽管新媒体在我国的应用还处于研究与开发的阶段,相对于国外起步较晚,但已初显成效。21世纪初国家相继出台一系列促进文化产业振兴的规划,2010年"十二五规划"指出:要弘扬中华文化,建设和谐文化,发展文化事业和文化产业,满足人民群众不断增长的精神文化需求,大力发展文化创意、动漫等重点文化产业。这既是国家的重视及肯定也表明了动漫产业的发展方向——希望借助新媒体的应用来为大众服务,满足观众的需求。

徐州是两汉之乡,汉文化底蕴深厚,但以往对徐州汉文化的宣传尚没有采用动漫的形式。而动漫具有其他文化传播载体无法比拟的优势,充分利用现代媒体的交互和传播方式,将徐州两汉文化向社会公众传播,能达到传统媒体所不具备的特殊效果。

一、动漫宣传的优势和可行性分析

动漫是当下流行文化的重要表现形式之一,其形象引人注目、传播力广泛深远。应将动漫作为新时期文化宣传和展示的有效载体之一,结合徐州地区汉代文化特色,以积极健康的动漫形象引导社会主义核心价值观、倡导文明生活方式、繁荣群众精神文化生活。

(一)动漫的内涵及价值

"动漫",主要包括动画和漫画,在我国流行语中将属于印刷品的漫画和属于影视的动画统称为动漫。① 一般而言,漫画(comic)是指用简洁而夸张的手法绘制出来的饱含幽默、讽刺、诙谐等丰富情感的图画,具有直观性和通俗易懂的艺术效果。漫画形式不拘一格,既有单格漫画、四格漫画等传统的格式,又有连环画、漫画插图等新颖的格式。动画

---

① 张慧临:《二十世纪中国动画艺术史》,陕西人民美术出版社,2002年。

（aniamtion）则是以图画表现人物形象、故事情节和作者构思的影片，采用逐格拍摄的方法将一系列动作连贯的图画整合成活动自如的电影作品。随着动画制作技艺、电脑技术日臻成熟，动画形式突破传统，出现了3D、Flash动画等新形式。电子游戏、网络游戏以及在动漫基础上衍生出的各类玩具、文具、服装、日用品等纷纷出现，如今"动漫"已经不单纯是动画和漫画的简单叠加，而逐渐成为一种合成概念。国外研究动漫文化，用ACG三个英文单词表示"动漫"的内涵，A代表动画（animation）、C代表漫画（comic），而G则代表游戏（game / goods），指动漫衍生出来的网络游戏以及周边商品，至于动漫外延则包括所有带有动漫形象的事物及文化现象。① 由于外延宽泛、形式多样，以致目前业界及学界对"动漫"尚无准确定义，但作为一种新型文化载体和表现形式，动漫以可视化的形象和通俗的特征向大众传达信息，以多样的方式参与人们社会文化生活。

动漫产业是文化创意产业中的重要分支，具有无法取代的经济价值和文化价值。从全球范围看，美国和日本的动漫产业早已发展为成熟且庞大的支柱产业，拥有各自完整畅通的产业链，涵盖动漫生产、发行、放映、版权、衍生品等各个层面。动漫产业蕴涵巨大商机，当前全球动漫产业产值约2000亿～5000亿美元②，2015年美国动漫产品和衍生产品年产值约2000多亿美元，占其文化产业总值的近1/3，而日本的动漫产业链则是以漫画为基点，动漫周边产品几乎涵盖了日常生活的各个领域，达到了盈利的最大化，漫画产业则是其经济的三大支柱产业之一。③ 尽管我国的动漫产业尚未形成有效的生态系统和格局，但目前中国动漫产业正处成长期并快速走向成熟期，发展空间很大。据相关数据显示，2015年，我国动漫产业总值已突破1000亿元，其规模还将进一步扩大。④

除了巨大的经济利益和产能以及娱乐功能外，动漫的教育和文化传播

---

① 谭玲，殷俊：《动漫产业》，四川大学出版社，2006年，第4页。
② 杨浩鹏：《从统计数据看美日动漫产业发展状况》，《中国文化报》2011年5月4日。
③ 臧剑，赵雯：《2015年美国动画电影产业发展报告》，牛兴侦，卢斌，郑玉明：《中国动漫产业发展报告（2016）》，社会科学文献出版社，2016年，第187页。
④ 北京智博睿投资咨询有限公司：《2016-2020中国动漫产业投资分析及前景预测报告》，https://wenku.baidu.com/view/ef52d841bceb19e8b9f6ba49/html。

功能同样具有重要价值。① 作为文化产业，动漫不仅是追求经济效益的手段，更为重要的是应积极承担社会教育和文化宣传的重大责任，在文化传播、宣传教育以及审美培养等方面发挥其特殊的价值，因此动漫被称为能够引起受众文化共鸣的"软媒体"。② 动漫本身是动漫作品和受众之间的媒介，小到日常生活中的人际交往，大到国家政府形象，都能通过动漫形象得以直观表达。2006年日本外相麻生太郎就提出来"动漫外交"的策略，更是将经典动漫形象哆啦A梦申请作为2020年东京夏季奥运会的形象大使。我国2008年举办的第29届奥运会，吉祥物五个福娃也是可爱灵动、寓意丰富的漫画形象。当今社会，动漫无处不在，与动漫相关的游戏、服装、玩具、食品、文具用品、主题公园、游乐场、日用品、装饰品等，充斥着日常生活的方方面面。

（二）动漫宣传的可行性

图像是人们认识和感知事物最常见的方式，以图像来进行信息传播，超越了时空和地域的界限，具有不可替代的优势。现代社会已然进入了所谓"读图时代"，包括动漫文化在内的各类文化活动纷纷借助直观图像呈现在观者面前，给人以前所未有的视觉感受。动漫形象生动、情节通俗、内容清新，随着新媒体技术的发展，构成了新时代阅读的主要内容之一，并潜移默化地影响和改变着人们的日常生活和行为习惯。据统计，全球动漫迷的数量已超过6亿，其中青少年所占比例相当高。③ 自2002年开始，各地政府相继颁布一系列鼓励和扶植动漫产业发展的相关政策，促进动漫事业积极有序蓬勃发展。现今，我国拥有广阔的动漫市场，各地制订动漫产业发展计划，纷纷将自己打造成为动漫之都。在这种契机下，动漫播出平台、动漫作品及其衍生产品的跨文化传播迅猛发展，我国动漫已渗透到影视、广告、游戏、娱乐等各个领域，对人们的

---

① 冉红：《动漫对基础教育所起的特殊作用》，《光明日报》2009年6月8日。
② ［日］竹内长武，李斌译：《战后漫画50年史》，南京大学出版社，2010年，第9-10页。
③ 涂清华：《动漫对青少年成长的影响与对应策略》，江西大学硕士学位论文，2015年。

吸引力和影响力也日益明显。

　　同时，新媒体也为动漫的传播提供了更加迅捷的技术手段和传播途径，动漫内容的传播渠道日益互联网化。在高新技术的支撑下，动漫的传播介质和呈现方式发生了变化，"数字格式＋网络传输＋多种终端呈现"成为主流。① 动漫以"润物细无声"的方式将文化形态、价值观念、意识形态等通过各种现代传媒广泛传播。在国家、民族层面，动漫是传承本民族文化、传播核心价值观念、培养民族认同感、增强文化创造力的重要载体；在文化宣传层面，动漫能够向世界传播文化和价值观念，展现国家和民族形象，增强国家和文化的对外吸引力与影响力。

二、动漫形象设计原则

　　在徐州汉代文化特色元素动漫化表达方面，可以在分析和借鉴国内外成功动漫宣传形象特点的基础上，结合徐州文化内涵和地方特色，创作性地设计绘制出能够充当徐州汉文化宣传大使的动漫形象。以汉文化元素为契机，以动漫形象为表现方式，带动徐州人文景观的推广，将山水风光与人文古迹相映成趣，实现"三面云山一面湖"的自然态势和汉文化元素完美融合的目标。

（一）动漫形象的设计原则

　　动漫形象（character），是动漫作品中虚构的人物、动物以及拟人化动物等经过插图化之后而被视觉化的东西。同时，动漫形象也是一种典型的符号存在，是动漫借以传播的依据。② 而符号所传达的讯息超越国界、跨越代沟，所以作为典型视听符号的动漫足以充当文化传播使者的角色，不但易于被接受，而且深入人心。对于动漫形象的设计，主要包括动漫形象头部设定、躯体设定、服装设定、道具设定等，通过动漫形象设定，可以看出角色的年龄、职业、喜好甚至是性格特点。进行形象设定的作用在

---

① 卢斌，郑玉明，牛兴侦：《动漫蓝皮书 2015 年中国动漫产业发展报告》，社会科学文献出版社，2015 年，第 13-14 页。
② 李涛：《美日百年动画形象研究》，光明日报出版社，2008 年，第 7 页。

于，不仅能让创作者理解形象的特征，抓住重点，而且能使观众轻松地辨认出动漫中的所有角色。

动漫形象通过表情神情、衣着体态以及故事情节等直观的表现方式，将更深层次的内涵和意识向受众传达，成为对外宣传的媒介载体和形象代言人。在设计动漫形象过程中需要深思熟虑，一般而言，动漫形象主要有以下几个基本特征：

1. 识别性

识别性也可以称作符号化，要求角色的形体、结构、个性等特征都必须具有鲜明的形象特点，区别于其他的任何造型，如同一个特定的符号，使观众能够一眼就识别出角色。在动漫形象的具体表现形式，如面部刻画、服饰、色彩、形象个性等细节设定中加以表现。

2. 变形与夸张

变形与夸张是动漫造型的基本特征之一，过于写实或接近自然的动漫形象就会显得索然无味，失去了动漫的艺术特点和存在的必要。因此，对动漫形象采用变形和夸张的手法，可以使形象更加富有特点、个性更加鲜明、造型更具有新颖感。

3. 具有感染力和亲和力

动漫形象其实是对现实生活的一种反射。富有亲和力和感染力的动漫形象能吸引观众，使观众产生一种想亲近的心理。观众自发地从心里接受，才能与动漫形象产生强烈的共鸣，促使观众对动漫形象产生喜爱之情。

一般而言，萌萌的动漫形象是动漫流行文化中的一股清流，相貌可爱、讨人喜欢的动漫形象都属于"萌"的范畴。"萌"本意是指草木之芽，如萌芽。[①]而动漫爱好者则发挥了"萌"的概念，以此来形容美好可爱的动漫形象。尽管这个形容词比较抽象，但具有"萌"特征的动漫形象在各个年龄层次的人群中极受欢迎。日本动漫大师宫崎骏的动漫作品《龙猫》中的龙猫（totoro）就是典型的萌系动漫形象，它胖乎乎、毛茸茸的体态，可爱软萌的表情以及不可思议的神力，早已深入人心。龙猫也因此成为吉卜力工作室当仁不让的代言人。美国动漫巨头迪士尼公司创作的一系列迪

---

① （汉）许慎撰，（清）段玉裁注：《说文解字注》卷一下，上海古籍出版社，2003年，第147页。

士尼公主，也是世界范围内最具影响力的动漫形象。

从世界动漫发展史看，各国动漫发展初期的作品大多取材自传统故事题材。美国迪士尼作为历史悠久的动漫巨头，以动漫品牌作为核心竞争力，一直致力于向全世界输出动漫文化。迪士尼公司制作的第一部动漫电影《白雪公主》即取材自《格林童话》中《白雪公主和七个小矮人》的故事，此后迪士尼动漫电影不断从世界各地的传统民间文学中选择题材，如《灰姑娘》《美女与野兽》《阿拉丁》《花木兰》等。其中根据中国北朝民歌《木兰辞》而改编的动漫电影《花木兰》，由600多位迪士尼动画师历时四年制作，从中国水墨画绘画技法和意境中获得灵感，演绎出西方视角的中国风大片。花木兰造型的设计（包括发型、服饰、道具、背景等）体现出典型的东方色彩，但剧情的推进却赋予了她超越以往古典文学传统的形象，而成长为努力寻找自我、彰显自我价值的独立女性。《花木兰》不但获得全球票房3.04亿美元的收入，成为迪士尼利润最高的影片之一[①]，更重要的是它的成功给带有中国元素的动漫形象设计提供了启示和借鉴：中国古典题材故事被西方动画巨头改编，让观众开始关注中国历史、古典文学等，也让国人以崭新的视角看待传统文化如何在现代社会中进行价值发掘的问题。

（二）徐州汉文化元素与动漫形象

20世纪以来，随着徐州地区考古工作科学有序展开，一大批高规模的汉代墓葬先后发掘、大量高等级文物重见天日。以徐州博物馆为代表的文博单位，是江苏地区展示汉代丰富文物和文化遗存的综合博物馆，馆收藏的精品内容丰富、品质精良，经过几十年的努力，逐渐形成几个重量级的精品展览，其中的馆收藏的文物精华驰名中外。本课题就是在充分展现本馆文物精华和文化内涵的基础上，结合动漫形象的设计原则，力图设计出能够体现馆收藏的文物珍品特色和地方文化特征的动漫形象，并将其作为宣传本馆精神风貌的文化使者所作的尝试。

徐州博物馆《俑偶华彩》展厅中陈列徐州地区历年来考古出土的汉至

---

① 李涛：《美日百年动画形象研究》，光明日报出版社，2008年，第235-236页。

明清各类陶俑,其中以西汉驮篮山出土的一组彩绘舞乐女俑最为著名。从全国范围看,这套彩绘舞乐俑无论是从造型艺术、工艺水平还是保存状况、研究价值等方面比较,均堪称同类文物中的佼佼者,由此也成为展示徐州汉文化元素的重要代表,屡次出现在大众传媒和公众视野中。陶俑中的舞俑发梳垂髻、身姿曼妙、曲裾深衣、长袖飞纷,大有《西京杂记》所载汉高祖戚夫人"翘袖折腰舞"的风采(图一)。[①] 本课题便从这件精美的陶俑获得灵感,设计出西汉古装侍女动漫形象:主体为甜美的"萌妹子"人设,五官着重表现明眸善睐的表情特征;发髻服饰严格依据实物绘制,发型为额前中分、脑后绾髻的样式,服装颜色方面则参考陕西西安阳陵出土的彩绘女俑的服饰色彩,深衣主体颜色为白色,衣领袖缘纯以朱红,体现西汉早期典型的时代风格;人物动作上则突出表现挥袖舞蹈的造型美感,给人静态中不乏动感的视觉体验(图二)。[②]

图一 徐州驮篮山西汉墓出土陶俑　　　　图二 动漫西汉舞人

此外,还借鉴了国外设计师 Shamekh Bluwi 的画景相融的经典创意。约旦建筑师和时装插画师 Shamekh Bluwi,曾将其设计手稿中模特服装的部分裁掉,以城市景色填补镂空部分,让风景成为手绘模特们衣裙上的纹

---

① 中国国家博物馆,徐州博物馆编辑:《大汉楚王:徐州西汉楚王陵墓文物集萃》,中国社会科学出版社,2005年。第158页。
② 西汉舞人动漫形象作品著作权版权登记号:苏作登字-2018-F-00132948。

饰（图三：1、2）。这一设计创意一经发布即刻在网络爆红并广为流传，国内外也纷纷出现了类似的创意设计。本课题通过参考这一创意，将设计出的汉代动漫舞人形象服饰部分也做了类似的处理，尝试将徐州的自然人文风景名胜和动漫人物相融合，将其作为展示徐州独特自然风光和人文风貌的重要方式，以古典风格展示时尚元素。

1　　　　　　　　　　　2

图三　约旦设计师 Shamekh Bluwi 的时尚创意图

（三）动漫形象的具体展示

以动漫人物推荐自然景观，将美景融入华服，是本课题最主要的展示方式。在景观方面，主要选择徐州几个著名的风景名胜地作为展示实例，依次为云龙山、云龙湖和快哉亭，三个集人文历史和风景名胜为一身的文化圣地。

1. 云龙山

云龙山景区位列徐州名胜之冠，是徐州山水文化的代表作之一。云龙山位于市区南郊，海拔140米，由九节山头组成。南北逶迤，长约3公里。清晨山间云雾缭绕，宛如一条腾飞的巨龙，故名云龙山。山上巨石嶙峋、林壑葱郁；四季更迭、山色斑斓，变换无穷。北宋文豪苏东坡任徐州知州时，曾赋诗《登云龙山》吟咏，诗曰："醉中走上黄茅岗，满岗乱石如群羊。岗头醉倒石作床。仰看白云天茫茫。歌声落谷秋风长，路人举首东南望。拍手大笑使君狂。"① 此诗作于北宋元丰元年（1078年）九月，当时苏东坡邀王巩、颜复、张天骥等诗友饮酒唱和所作，诗人趁着酒兴结伴登云龙、游黄茅冈，甚至途中醉卧于黄茅冈大石，即后世广为人知的"东坡石床"，今尤可见其遗迹，正位于云龙山西麓，依山自成一处景致。北宋隐士张天骥为人风雅，以养鹤著名，山中犹有与之相关的遗迹，如张山人故居、放鹤亭及饮鹤泉等。苏东坡亦不惜笔墨，分别作《放鹤亭记》《饮鹤泉》及《游张善人园》。至今，山中仍有相关遗迹。

云龙山四季景致各有不同，苏东坡曾在《放鹤亭记》中着力描绘山中美景："春夏之交，草木际天，秋冬雪月，千里一色。风雨晦明之间，俯仰百变。"② 山中春日则阳光普照、山花烂漫；夏日则绿树成荫、飞鸟云集；秋季山果累枝、枫叶绚丽；至冬则白雪纷飞、银装素裹。本课题主要选择云龙山春光烂漫以及冬雪皑皑两个场景进行展示。借鉴 Shamekh Bluwi 的设计思路，将云龙山春景与冬景作为动漫汉服舞人的衣装纹饰，同时将舞人设计为左右对舞的排列，既突出汉服舞人的舞蹈动态特征，也表现出不同季节的特色（图四：1、2）。居左的动漫汉服舞人回首挥袖作舞，着交领深衣，有长短两层衣袖，深衣及衣袖部分做镂空处理，填充以云龙山山花

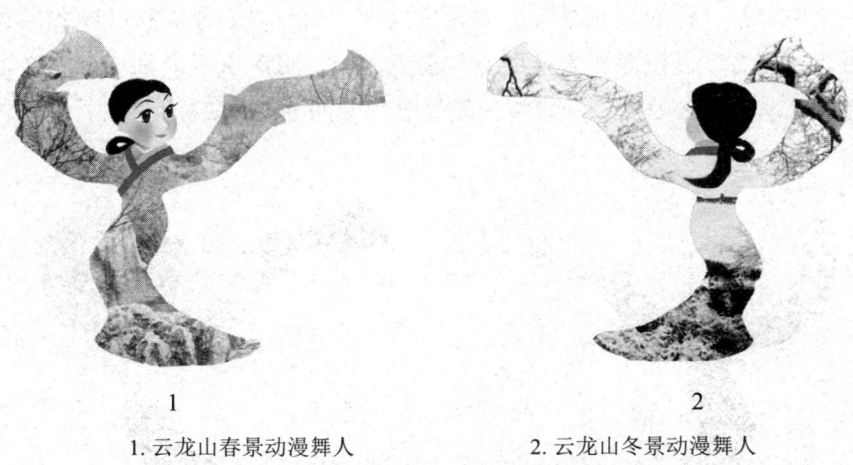

1. 云龙山春景动漫舞人　　　　2. 云龙山冬景动漫舞人

图四　云龙山景动漫汉服舞人展示

① （宋）苏轼著，（清）冯应榴辑注，黄任轲、朱怀春点校：《苏轼诗集合注》卷十一，上海古籍出版社，2001年，第852页。
② 孔凡礼点校：《苏轼文集》卷十一，中华书局，1986年，第360页。

烂漫的春景照片,作为深衣特有的花纹。居右动漫汉服舞人,动作与前者反向,服饰设计与前者类似,只是将深衣及衣袖部分做镂空处理后,填充以云龙山漫山素裹的雪景照片。因为是反向姿态,特别设计为背向观者的形象,表现出汉代女子垂髻的特点。如此对舞的设计,一正一反,既能表现汉代女子服饰特征,又能展现徐州云龙山春、冬两季的不同山景。

2. 云龙湖

云龙湖位于徐州市区之南、云龙山之西,三面秀峰环绕,湖光山色相映成趣。旧有"簸箕洼"之称,缘自簸箕山下有洼,雨水交注汇集成湖而得名。北宋时称为尔家川,明代称苏伯湖。明代万历年间因湖水经常泛滥成灾,作而石狗镇水,故又有"石狗湖"别名。云龙湖以其优越的自然美景,成为徐州标志性景点之一,2016 年被授予国家 5A 级景区。云龙湖东岸有杏林百亩,每至初春,则花开三十里、艳若云霞。盛夏则芰荷旖旎、清香袭人;一年四季朝霞暮云各有神采,本课题即选取云龙湖自然风景进行展示。与云龙山动漫汉服舞人的设计思路类似,将云龙湖秋季色彩斑斓的风景和清晨霞光映湖的场面作为汉服舞人的衣饰,两个舞人左右对舞排列、形象一正一反。居左的动漫汉服舞人回首挥袖作舞,着交领深衣,有长短两层衣袖,深衣及衣袖部分做镂空处理,填充以云龙湖秋叶映照的秋景照片。居右动漫汉服舞人,姿态与前者反向,将深衣及衣袖部分做镂空处理后,填充以云龙湖一片碧空的晨景照片(图五:1、2)。

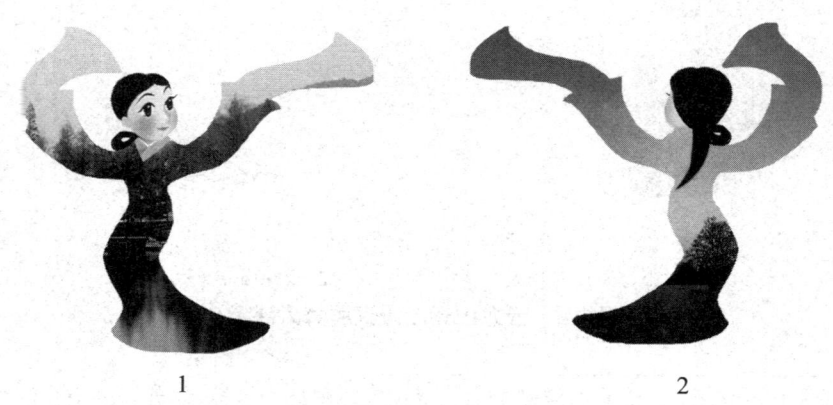

1. 云龙湖秋景动漫舞人　　　　2. 云龙湖朝霞动漫舞人

图五　云龙湖景动漫汉服舞人展示

3. 快哉亭

快哉亭是徐州市区闹中取静的公园。唐代徐州刺史薛能曾在徐州城墙上建有阳春亭，因周围有大片荷塘环绕，每到夏季，凭栏瞭望荷叶田田如翠盖，成为阳春观荷的绝佳胜地，《全唐诗》中收录有其诗作《汉庙祈雨回阳春亭有怀》，其辞曰：

"南荣轩槛接城闉，适罢祈农此访春。

九九已从南至尽，芊芊初傍北篱新。

池中水是前秋雨，陌上风惊自古尘。

欲召罗敷倾一盏，乘闲言语不容人。"[1]

北宋熙宁年间苏轼任徐州知州，友人李邦直在阳春亭旧址建成一新亭，便邀请其登亭游览，苏轼有感于亭中清风怡人，心情畅快，故名之为"快哉亭"，并作《快哉此风赋》歌咏抒怀，辞曰："贤者之乐，快哉此风。虽庶民之不共，眷佳客以攸同。穆如其来，既偃小人之德；飒然而至，岂独大王之雄。若夫鹢退宋都之上，云飞泗水之湄。寥寥南郭，怒号於万窍；飒飒东海，鼓舞於四维。固以陋晋人一咦之小，笑玉川两腋之卑。野马相吹，搏羽毛於汗漫，应龙作处，作鳞甲以参差。"[2]

本课题即选择阳春荷景的风光进行展示，凸显快哉心境的场景作为动漫汉服舞人的衣饰。动漫汉服舞人回首挥袖作舞，着交领深衣，挥舞长短两层衣袖，深衣及衣袖部分做镂空处理，填充以快哉亭盛夏荷塘一片翠盖的照片（图六）。

以上五个动漫汉服人物展示，将徐州汉代文化精品和自然人文风光合二为一，既能体现两汉之乡的历史文化风貌，也能更好地表现徐州优越的自然人文风光。驮篮山西汉舞人俑是徐州汉墓出土的代表性彩绘陶俑，经过长期的媒体宣传已经具有较高的知名度，将其动漫化后，仍具有较高的

图六　快哉亭阳春荷景动漫汉服舞人展示

---

[1]（清）彭定求等编：《全唐诗》卷559，中华书局，1999年。
[2] 孔凡礼点校：《苏轼文集》卷一，中华书局，1986年，第30页。

可识别性；而将云龙山、云龙湖、快哉亭这三处徐州著名自然人文景观与动漫人物形象融为一体，以一种新潮的方式展示出来，给人以过目不忘的深刻印象。

三、未来展望

城市的精神文化是城市文化的内核或深层结构。城市的精神文化与狭义的文化概念内涵相一致，是相对于城市物质文化、制度文化的城市精神文明的总和，包括一个城市的知识、信仰、艺术、道德、法律、习俗以及作为一个城市成员的人所具有的其他一切能力和习惯。城市的精神文化，又可以分成两部分：一部分是通过一定的物质载体如印刷媒体、电子媒体以及其他有形物质媒体得以记录、表现、保存、传递的文化；另一部分则是以城市市民的思想观念、心理状态等形式存在的文化。本课题尝试通过动漫这一时尚元素，表现徐州两汉文化以及自然人文风景，在表现方式上仍以定格的动漫图像为主要方式。将来，随着研究的深入和技术手段的成熟，可以尝试制作动画，静止的动漫形象"活"起来，有语言表达和肢体活动，从而更加精彩生动。

目前对于引入动漫元素宣传徐州汉文化的研究还比较薄弱，缺乏对于动漫形象与宣传教育活动研究的分析、归纳以及对未来发展之路的探讨。但是，对于这一方面及时开展相关研究既是必要的也是迫切的，本课题主要论述通过漫画形象这一新媒体的应用，解决或弥补以往宣传活动中存在的局限性，改变传统的文字、人工宣讲的单一模式，找到与时俱进且与新时期大众精神文化需求相适应的宣教途径，以达到既适合时代发展需求，实现技术与内容高度统一的新型宣传模式，又能使宣教更加人性化、趣味化的目的，最终达到寓教于乐的效果，充分彰显"以人为中心"的最高理念。

尽管目前动漫新媒体的应用还存在一些不足，但相信经过相当一段时间的研究探索，会变得更加成熟。在动漫形象的合理应用过程中，也可以延伸应用文化活动、休闲娱乐、观光旅游等功能，本课题对此提出了一些合理化建议，具有一定的创新意义和现实意义。

2018年度徐州市社科研究课题 18XSM-18

徐州地区考古资料所见饮酒文化相关问题研究

在徐州汉文化特色中，酒文化占据重要地位，高祖刘邦好酒，千古《大风歌》就是畅快酒酣后吟就，著名的鸿门宴也是刀光剑影的酒场。中国酿酒历史悠久，饮酒过程也遵循特定的程式，不但是一种饮食行为，更作为一种礼法仪式。同时，中国饮食文化中食不厌精、脍不厌细的精神也延续到饮酒程式中，对酒器的选择和使用也有深意。饮酒方式反映了文化领域的变革，汉代继承先秦时代的行酒方式，以勺酌酒，徐州地区出土的汉画像石保存了很多关于汉代宴饮的图像，其中清晰地反映出汉人行酒的方式。通过徐州地区的考古资料，发掘汉晋时期饮酒文化印记，对徐州历史文化名城形象有积极的推动意义。

一、考古所见鸭形勺及其命名

状若浮鸭的陶勺在徐州地区汉晋时代墓葬考古发掘中常有发现，且往往与樽、魁、壶、耳杯等酒器成组并出，由此推测其为酒器之属。

（一）徐州地区墓葬考古所见陶鸭形勺

徐州地区汉晋时代墓葬考古发掘中常见一类陶制小勺，整体形似一只昂首浮游的小鸭。如后楼山西汉墓曾出土两件陶勺，其一（XHM：68）勺首呈碗形，小平底，柄细长弯曲，顶端作鸭首状，柄两端及勺首内施白地红彩，通高10.5厘米、勺首径6.5厘米、高2.8厘米。另一（XHM：75）为钵行勺首，口内敛，小平底，勺柄弯曲，勺内及柄施白底红彩，通高7.6厘米、勺口径6.4厘米、高3厘米（图一：1）。[①] 徐州奎山西汉墓也出土一

---

① 徐州博物馆：《徐州后楼山西汉墓发掘简报》，《文物》1993年第4期，第33页。

件鸭形勺，勺柄塑成昂首鸭头状，通高8.5厘米、径6～7厘米。（图一：2）。① 2016年江苏邳州新河煎药庙西晋墓中也发现了一件陶制鸭形勺（图一：3）。② 这类陶勺虽属粗制的明器，但却代表古人饮酒时使用的注挹器。

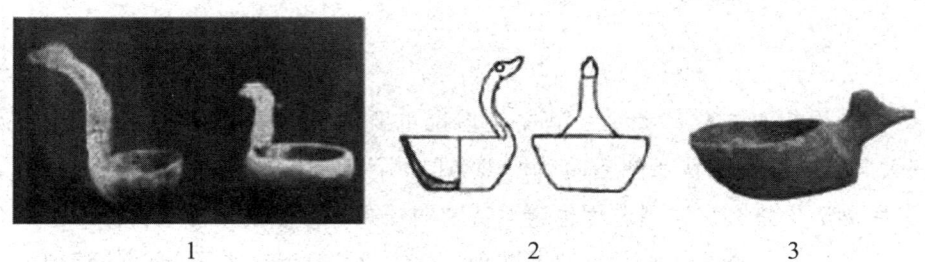

1. 后楼山西汉墓出土陶勺　2. 奎山西汉墓出土陶勺　3. 邳州新河煎药庙西晋出土陶勺

图一　徐州汉晋墓葬出土陶鸭形勺

徐州出土汉画像石，其中也有表现使用鸭形勺的图像，如铜山汉王乡东汉元和三年（86年）墓出土的一方画像石即有表现饮酒的场景（图二：1）③ 图像中酒勺浮于酒尊内，勺面椭圆、勺柄弯曲，整体形似小鸭，或许为了表现尊中满盛美酒，也说明酒勺应该是质地轻巧的木器或漆器。徐州铜山台上村出土《六博》画像石也有相似的图像，图中两人对坐，中置酒尊，尊内浮一勺，尊旁置二杯（图二：2）。④ 图中所见酌酒之勺，形制与前文所述汉墓出土的几件陶质鸭形勺近似，说明两者用途属性相同。

文献中所言"勺"绝大多数是指行酒注挹酒时所使用的器具，而非后世佐餐使用的餐具。《仪礼·士冠礼》载："勺觯、角柶。"郑玄注曰："勺，尊斗也，所以挹酒也。"⑤ 可见，先秦时代勺是用以舀酒的工具。《楚辞·招魂》："瑶浆密勺，实羽觞些。"注曰："勺，挹酒器。"⑥ 意为用勺将

---

① 徐州博物馆：《江苏徐州奎山西汉墓》，《考古》1974年第2期，第121页。
② 南京博物院，徐州博物馆，邳州市博物馆：《江苏邳州煎药庙西晋墓地发掘》，《考古学报》2019年第2期，第270-271页。
③ 徐州博物馆：《徐州发现东汉元和三年画像石》，《文物》1990年第9期，第70页。
④ 图像为笔者拍摄于徐州汉画像石艺术馆。
⑤ （汉）郑玄笺，（唐）贾公彦：《仪礼注疏》卷二，《十三经注疏》，上海古籍出版社，2007年，第951页。
⑥ （宋）洪兴祖：《楚辞集注》卷七，中华书局，2012年，第306页。

美酒琼浆从盛酒器中取出后注入羽觞（即耳杯）中畅饮。

1. 铜山汉王乡东汉元和三年墓出土画像石　　2. 铜山台上村出土《六博》画像石

图二　江苏徐州画像石饮酒图像

（二）鸭头勺的渊源

勺作鸭头柄，也是由来已久的传统，《礼记·明堂位》记载："其勺，夏后氏以龙勺、殷以疏勺、周以蒲勺。"汉经学家郑玄注曰："龙，龙头也、疏，通刻其头、蒲，合蒲如凫头也。孔疏引皇氏云：蒲谓合蒲，当刻勺为凫头，其口微开，如蒲草本合而末微开也。"[①] 因为形状类似蒲草，故先秦时代的鸭头勺文献中称之为"蒲勺"，属于礼器性质。

行酒时，鸭头勺作注挹之用，将盛酒器中的酒舀至杯中，从性质看是"勺"属。其整体造型似浮鸭，鸭头颈为勺柄、鸭身凿空成勺头，早先的研究者根据以上特征名其为"鸭头勺"当在情理之中。宋人《三礼图集注》中曾经复原蒲勺，将勺头作鸭头状，勺柄细长（图三）。[②] 其形与考古所见汉晋时期的鸭形勺将勺体塑造

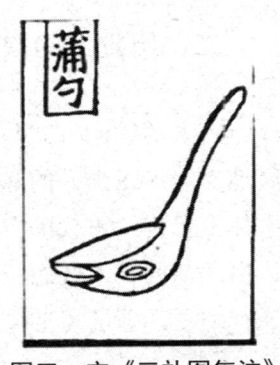

图三　宋《三礼图集注》
复原蒲勺

---

① （汉）郑玄注，（唐）孔颖达等正义：《礼记正义》，《十三经注疏》，上海古籍出版社，2007年，第1490页。
② （宋）聂崇义：《三礼图集注》，影印文渊阁《四库全书》经部129，台湾商务印书馆，1983年，第166页。

为一只完整的小鸭状不同，说明蒲勺作为先秦时代的礼器流传范围甚小，时至宋代人们已很难准确复原其形。

（三）鸭头勺的命名

鸭，古称凫、鹜。《尔雅·释鸟》曰："凫，鹜。"郭璞注曰："鸭也。"邢昺疏曰："舒凫，鹜。"又引李巡曰："野曰凫，家曰鹜。"[1] 凫，指野鸭；鹜，则指家鸭。而"鸭"之称谓前所未见，晋时始有称者。除郭璞注《尔雅》外，传王献之《鸭头丸帖》书作："鸭头丸故不佳明当必集当与君相见。"[2] 据《本草纲目》载："鸭头丸，治阳水暴肿，面赤，烦深喘急，小便涩，其效如神，此裴河东方也。用甜葶苈（炒）二两（熬膏），汉防己末二两，以绿头鸭血同头全捣三千杵，丸梧子大。每木通汤下七十丸，日三服。一加猪苓一两。外台秘要。"[3] 从药性分析，此方肃肺、降气、利水、补虚为主要功效，治疗水肿、腹胀、喘急等病症。萧梁顾野王《玉篇》释曰："鸭，水鸟。"[4] 南朝墓葬中，砖石端面往往有"大鸭舌""中鸭舌""小鸭舌"等铭文，说明"鸭"成为社会通行的俗语，而其古称则逐渐不见。

二、历史上的饮酒方式及其相关问题

古人的饮酒方式与生活起居密切关联。古代社会，中原汉人长期保持席地而坐（跽坐）的起居方式；中古时期，坐姿呈现垂足高坐的变化，但大体上仍延续古代的姿势。垂足高坐在晚唐五代逐渐定型，至宋代则成为近世生活的基本姿态。饮酒方式也随起居生活变化而变化，席地而坐时代通行酌酒，垂足高坐时代则变为斟酒。

---

[1] （晋）郭璞注，（宋）邢昺疏：《尔雅注疏》卷十，《十三经注疏》，上海古籍出版社，2007年，第2648页。

[2] 上海博物馆：《晋王献之鸭头丸帖》，文物出版社，1965年，第4页。

[3] （明）李时珍著，陈贵廷等点校：《本草纲目》卷四七，中医古籍出版社，1994年，第1071页。

[4] 顾野王：《宋本玉篇》，中国书店，1983年，第444页。

（一）汉晋时代的饮酒方式

古人的起居方式深刻影响着日用家具的形制及主要陈设方式。席地而坐的时代，家具大多低矮，摆放位置也不固定，器用也大多体形偏矮小且重心偏低。古人饮酒方式也是与这种起居方式相适应，以勺酌酒。

汉代仍保持先秦时代的行酒方式，以勺酌酒，酒勺之形类似"蒲勺"。徐州出土汉画像石中也有表现行酒的图像，如铜山汉王东沿村东汉元和三年墓（86年）出土的汉画像石有不少表现汉代宴饮的场景。其中《庖厨图》画像石，中有一尊、两壶、四耳杯，尊内有一曲柄勺（图四：1）。[①] 这套酒器的组合可谓是席地而坐时代饮酒的标配，大量的酒一般贮藏于瓮、壶等海量容器，盛酒则多以尊，以耳杯为饮器。《六博图》画像石对博的二人，身侧陈列酒杯和酒尊，尊内浮一勺。[②] 此外，还有表现"酌酒"场景的画像石（图四：2）[③]，图中三人皆席地跽坐，居左者一手持杯，居右躬身者似为侍从，左手持杯，右手执勺，正将美酒从尊中舀出再注挹于前者杯中。因饮酒必以勺，故盛酒行觞的动作称为"酌"，金文作"𢓠"，可见，勺与酌应为同源字。《说文》"酉"部释曰："酌，盛酒行觞也。"段玉裁注曰："取盛酒之意。"[④]

[①] 信立祥：《中国汉画像石全集·江苏安徽浙江汉画像石》，山东美术出版社，河南美术出版社，2000年，第11页。

[②] 信立祥：《中国汉画像石全集·江苏安徽浙江汉画像石》，山东美术出版社，河南美术出版社，2000年，第14页。

[③] 徐州博物馆：《徐州发现东汉元和三年画像石》，《文物》1990年第9期，第66页。

[④]（汉）许慎，（清）段玉裁注：《说文解字注》，上海古籍出版社，2008年，第748页。

 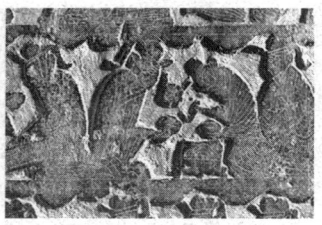

1. 铜山汉王东沿村出土《庖厨图》画像石　　2. 铜山汉王东沿村出土酌酒画像石
图四　江苏徐州出土行酒汉画像石

魏晋六朝时代，人们仍然延续汉以来的饮酒传统，以勺酌酒。南京西善桥南朝墓所出竹林七贤与荣启期模印拼镶壁画，是目前所知南朝墓同题材壁画中保存状况最为完整的一例。该墓于1960年进行考古发掘，墓室南北两壁上的模印拼镶壁画"竹林七贤与荣启期"，南壁自外而内依次为嵇康、阮籍、山涛、王戎（图五）①，北壁自外而内依次为向秀、刘伶、阮咸、荣启期。② 根据图像显示，阮籍身旁放置一带柄器、下有承盘，器内浮一只小鸭。王戎其前亦放置同类器皿一件，内浮小鸭一只，另有一耳杯。

竹林七贤是历史上鼎鼎大名的酒徒，《世说新语·任诞》曰："陈留阮籍、谯国嵇康、河内山涛三人年皆相比，康年少亚之。预此契者，沛国刘伶、陈留阮咸、河内向秀、琅琊王戎。七人常集于竹林之下，肆意酣畅，故世谓'竹林七贤'。"③ 因此，王戎、阮籍身旁的器物无疑是酒器，但是王振铎、孙机两位先生考证，其中带柄器皿实为"魁"。④《说文·斗部》曰："魁，羹斗也。"即盛羹的容器，器形特点是平底或带圈足、可平放，虽形似斗勺，但体量过大。汉晋时期的魁宽腹平底、一侧带柄方便掴取。西善桥宫山墓壁画中的带柄容器其实就是魁，原本应该作为盛羹器，但时移世

---

① 《中国画像砖全集》编辑委员会：《中国画像砖全集》卷三《全国其他地区画像砖》，四川出版集团，四川美术出版社，2006年，第1页。
② 南京博物院，南京市文物管理委员会：《南京西善桥南朝墓及其砖刻壁画》，《文物》1960年8、9期合刊。
③ 余嘉锡：《世说新语笺疏》，中华书局，1983年，第853-854页。
④ 王振铎：《论汉代饮食器中的卮和魁》，《文物》1964年第4期，第6-9页。
孙机《汉代物质资料图说》，上海古籍出版社，2011年，第361-363页。

易，被这些林下群贤当作酒器使用，反映出器物用途的发展变化。魁中浮游的小鸭，早先有研究者认为它是作为量酒标识的"浮标"。① 因为古人席地而坐，宴饮时要知道对方酒具中的酒是否饮尽，便看对方酒具中小鸭浮没的高低程度，小鸭为木雕，称为"浮"。《世说新语·任诞》："拍浮酒池中。"便是"拍浮"一类的东西，即起浮标作用。将鸭形器视作"酒浮"，似乎尚存商榷的余地。

图五　南京西善桥南朝墓出土模印拼镶壁画

古人饮酒常有饮之不尽而获罚者，《说苑·善说》载：魏文侯与大夫饮酒，使公乘不仁为觞政，曰："饮不釂者，浮以大白。文侯饮而不釂，公乘不仁举白浮君，君视而不应"。② 所谓"举白"则类似今人饮酒，为表明饮酒尽，倒杯示人的作法。《礼记·投壶》曰："鲁令弟子辞曰：毋幠、毋敖、毋偝立、毋逾言，偝立逾言有常爵。薛令弟子辞曰：毋幠、毋敖、毋偝立、毋逾言，若是者浮。"郑玄注曰："常爵，常所以罚人之爵也。浮亦谓是也。"③《汉书·叙传》曰："及赵、李诸侍中皆引满举白。"孟康曰："举白，见验饮酒不尽也。"服虔曰："举满杯，有余白沥者，罚之也。"颜师古曰："谓引取满觞而饮，饮讫，举觞告白尽不也，一说，白者，罚爵之名也。饮有不尽者，则以此爵罚之。魏文侯与大夫饮酒，令曰：不釂

---

① 南京博物院：《试谈"竹林七贤及荣启期"砖印壁画问题》，《文物》1980年第2期，第27页。
② （汉）刘向撰，向宗鲁校正：《说苑校证》，中华书局，1987年，第276页。
③ （汉）郑玄笺，（唐）孔颖达等正义：《礼记正义》，《十三经注疏》，上海古籍出版社，2007年，第1667页。

者，浮以大白。"①"白"则指罚酒之爵。晋·左思《吴都赋》曰："里嬿巷饮，飞觞举白。"注曰："贾谊《过秦论》曰：白，罚爵名也。《汉书》曰：引满举白。②但"罚爵"并非特定的酒器，《诗经·小雅·桑扈》："兕觥其觩。"郑玄注曰："兕觥，罚爵也。古之王者与群臣燕饮，上下无失礼者。其罚爵，徒觩然陈设而已。"③又《康熙字典》"角"部释"觯"，注引《正韵》曰："罚爵也。"④先秦时代，觥、觯均可作为罚爵，由此推测汉晋时期的"白"可能是与之类似的容器。

至于"浮"，根据上下文意，应作"惩罚"之解。《小尔雅》释曰："浮，罚也。""浮"旧本作"俘"，《说文》释："俘，军所获也。"案军所获者必因之以示罚，故训为罚。⑤《世说新语·任诞》曰："毕茂世云：一手持蟹螯，一手持酒杯，拍浮酒池中，便足了一生。"⑥所谓"拍浮"，据文意当作动词解释。杨勇先生认为：拍浮，即拍水浮游，亦游泳也。⑦张万起先生也以"拍浮"释为游泳。⑧所以毕卓的人生夙愿应该理解为在酒池中纵游畅饮。

（二）考古所见木鸭形勺的属性

魏晋时期，酌酒之勺因循古制，也常作鸭形。《太平广记》卷二二五载："魏陈思王有神思，为鸭头勺浮于九曲酒池，王意有所劝，鸭头则回向之。"⑨《太平御览》卷七六二引《东宫旧事》曰："漆注八合，鸭头勺四。"⑩漆质鸭头勺材质轻巧，故能浮于酒池中，其意颇似六朝名士优雅的

---

① （汉）班固：《汉书》，中华书局，1990年，第4200-4201页。
② （梁）萧统撰，（唐）李善注：《昭明文选》，中华书局，1986年，第218页。
③ （汉）郑玄笺，（唐）孔颖达等正义：《毛诗正义》，《十三经注疏》，上海古籍出版社，2007年，第480页。
④ 张玉书：《康熙字典》，中华书局，1958年，第2739页。
⑤ 黄怀信撰：《小尔雅汇校集释》三秦出版社，2002年，第1224-1225页。
⑥ 余嘉锡：《世说新语笺疏》卷二十三《任诞》，中华书局，1983年，第869-870页。
⑦ 杨勇：《世说新语校笺》，中华书局。2006年，第666页。
⑧ 张万起：《世说新语词典》，商务印书馆，1993年，第376页
⑨ （宋）李昉：《太平广记》卷二二五，中华书局，1961年，第1732页。
⑩ （宋）李昉：《太平御览》卷七六二，中华书局，1980年，第3382页。

曲水流觞。2003年山东临沂洗砚池晋墓M1西室棺内出土一件彩绘漆质木胎鸭形勺（图六：1），通长7厘米，宽4厘米，高4厘米，鸭身为勺头，呈椭圆形、圆底，鸭头作柄、嘴扁长上翘，勺内部髹红漆，并绘黑漆草纹、涡纹及点纹。同墓又出一件铜魁，敞口、宽沿、弧腹、平底、下附三乳丁足，腹部连接一弧形六棱曲柄，口径20.4厘米，底径12.3厘米，通高10.8厘米。[①]尽管残毁，但形制尺寸可与M1东室出土的两件铜魁相对照，推测倘若M1铜魁中注满液体则鸭形漆勺完全可以浮于其中，其情景应该与本文开头所述西善桥宫山墓壁画王戎与阮籍身侧魁内浮小鸭类似。

张弛先生研究吐鲁番阿斯塔那墓葬群出土的彩绘木鸭，曾将其与南京西善桥南朝墓出土竹林七贤壁画中的鸭形器相关联，认为两者之间存在源流关系。[②]自6世纪至8世纪中叶，新疆吐鲁番三大墓区墓葬中常见随葬彩绘木鸭的现象（图六：2）。其中，吐鲁番阿斯塔那古墓群先后13次发掘的321座墓葬，其中出土彩绘木鸭的墓葬有54座，占总数的1/6，多数为一墓一件，少数为一墓两件。哈拉和卓墓群发掘的107座墓葬中，有资料可考的墓葬57座，其中出土木鸭的墓葬共7座，基本是一墓一件。巴达木墓群发掘清理的79座墓，其中16座墓出土21件木鸭。可见，随葬木鸭是一种较为普遍的习俗，而且持续了相当长的时间。

1　　　　　　　　　　　2

1. 山东临沂洗砚池晋墓M1出土彩绘漆质木胎鸭形勺　2. 新疆吐鲁番墓葬随葬彩绘木鸭

图六　木鸭形勺

[①] 山东省文物考古研究所，临沂市文广新闻出版局：《临沂洗砚池晋墓》，文物出版社，2016年，第115页，第83-84页。

[②] 张弛：《吐鲁番阿斯塔那出土彩绘木鸭源流——兼论南京西善桥南朝墓所出"竹林七贤"砖画中的鸭型器》，《吐鲁番学研究》2013年第2期，第95-96页。

新疆吐鲁番地区出土木鸭墓葬的墓主人大多数是汉人，但也有聚居于此地的昭武九姓。① 随葬木鸭制作手法有粗有精、有素面也有彩绘；既有以一整块原木雕刻而成，也有身首分别雕刻后再接成一体；既有背部平滑、形似小船，也有背部凿开，形成凹槽。木鸭尺寸虽有大有小，但通长约在10厘米左右、高4～6厘米、宽5～6厘米。其中制作较为精细的木鸭，如1972年吐鲁番阿斯塔那出土一件，长14厘米②，形制上与洗砚池晋墓M1出土的漆鸭形勺近似。尽管目前对于吐鲁番出土木鸭的属性尚存争议，但不排除其有作为酒器使用的可能性。

如此看来，前文西善桥宫山墓壁画中反映的魁中小鸭并不是"浮"，而是用于挹酒的蒲勺。

（三）隋唐五代以后的饮酒方式

酌酒而饮自先秦至唐末五代一直延续，直至宋代，近世生活方式定型后方才消失，取而代之的饮酒方式是斟酒。古人饮酒方式的变化，与起居方式的变化密切相关，其中，坐姿的变化是最直接的原因。中原汉人由跪坐到垂脚坐的全过程从魏晋开始，至唐末五代已基本接近完成。③ 魏晋南北朝时，胡床、筌蹄等垂足倚坐家具的引入，使坐姿呈现垂足高坐的变化；盛唐时，成套使用的长桌、长凳和单独使用的椅子促使垂足高坐进一步推广；晚唐五代至宋，垂足高坐已成为通行的坐姿。

考古所见唐墓壁画以及传世唐代绘画中即有表现饮酒场景的图像，如1978年陕西长安南里王村唐壁画墓中位于墓室北侧的《宴饮图》壁画，完整清晰地向世人展示了中唐前期宴饮的格局和做派（图七：1）。④ 画面中置一长方形低案，上布各色美食及饮食器，低案东西及北侧各安放一件连榻，每榻上各有三人，或盘腿而坐、或垂足半跪。低案前置一小案，上置

---

① 卫斯：《吐鲁番三大墓地随葬彩绘木鸭习俗研究——兼与张弛先生商榷》，《吐鲁番学研究》2014年第2期，第68-36页。
② 新疆维吾尔自治区博物馆编：《新疆出土文物》，文物出版社，1975年，第47页。
③ 朱大渭：《中古汉人由跪坐到垂脚高坐》，《中国史研究》1994年第4期，第109-110页。
④ 赵力光，王九刚：《长安县南里王村唐壁画墓》，《文博》1989年第4期，第7-8页。

一件多曲盆，内放一曲柄勺。此时，人们宴饮仍保留中古时代的传统，连榻而坐、以勺挹酒，但坐姿已经开始向垂足高坐的方式转变。女性也顺应垂足高坐的潮流，台北故宫博物院收藏的宋摹本《宫乐图》描绘宫娥宴饮的场景，高足桌椅（杌子）成套使用，画面正中置一长方形高足桌，众人围桌而坐，坐姿皆为垂足高坐（图七：2）。

1　　　　　　　　　　2

1. 陕西长安南里王村唐代壁画墓出土《宴饮图》　2. 台北故宫博物院藏宋摹本《宫乐图》
图七　晚唐五代垂足高坐图像

值得注意的是，方桌正中置酒盆，居右一宫娥手执长柄勺，作舀酒状。为了配合垂足高坐的姿态，刻意加长了酌酒用勺的勺柄。画作年代存有争议，但是人物服饰、发型皆符合晚唐风格，且表现出的起居方式和行酒方式对应晚唐五代的变化特征，所以此画当摹自晚唐旧稿。① 唐末五代是中世与近世的过渡期，在此期间完成了起居方式由席地而坐向垂足高坐的变化。画作表现的年代，已然进入垂足高坐的时代，只是行酒方式仍保留以勺注酒的传统方式。加长的勺柄，虽然保留了古风，但是实际操作起来并不方便，于是人们开始使用注子斟酒。唐·李匡文《资暇集》卷下载："元和初，酌酒犹用樽杓，所以丞相高公有斟酌之誉。虽数十人，一樽一杓，挹酒而散，了无遗滴。居无何稍用注子，其形若罃而盖、嘴、柄皆具。太（大）和九年后，中贵人恶其名同郑注，乃去柄安系，若茗瓶而

① 沈从文：《中国古代服饰研究》，商务印书馆，2011年，第283页。

小异，目之曰偏提。论者亦利其便，且言柄有碍而屡倾仄。"① 五代·王定保《唐摭言》卷十二《酒失》载："元相公在浙东时，宾府有薛书记，饮酒醉后，因争令掷注子，击伤相公犹子，遂出幕。"② 由于坐姿变化，人们宴饮时围桌高坐，传统的以勺酌酒之法变得颇不适用。而相对于尊勺，带流的注子既能贮酒也能斟酒，显然更加实用，偏于一侧的系则方便提取，斟酒时能真正做到"了无遗滴"。

注子最初有一横柄，长沙窑谭家坡遗址出土一件横柄壶，柄上自铭"赵注子"（图八：1）。③ 注子带横柄，便于手执，带流利于斟注其形、名皆如《资暇集》所载之带柄注子。其后，注子去并安系，成为最常见的形制，长沙窑遗址常见的一类侈口、束颈、带流执壶就是注子。蓝岸嘴遗址出土诗文执壶（注子），有三件其流下用书褐彩五言诗一首："去岁无田种，今春乏酒材。从他花鸟笑，佯醉卧楼台。"（图八：2）④ 诗文取自张氲《醉吟三首》其一，可证此为酒注。

后世酒注大行其道，传五代·顾闳中《韩熙载夜宴图》中男女人物大多垂脚坐于高足坐具之上，而坐于床榻上的人物，或盘腿或跪坐，仍保留古风。画面中参与宴饮的人酒桌上已完全陈设温碗酒注、带托酒杯等与高坐姿势相符的新式酒具（图九）。

1. 长沙窑谭家坡遗址出土"赵注子"　2. 长沙蓝岸嘴遗址出土张氲诗文酒注
3. 江苏镇江谏壁北宋墓出土影青瓷温碗酒注　4. 四川彭州宋代金银器窖藏出土温婉酒注
5. 内蒙古昭乌达盟巴林右旗发现辽代银温碗注子

图八　酒注

---

① （唐）李匡文撰：《资暇集》，《唐宋史料笔记丛刊》，中华书局，2012年，第207页。
② （五代）王定保：《唐摭言》，中华书局，1960年，第143页。
③ 刘美观，郑华：《解说长沙窑》，文物出版社，2006年，第62页。
④ 长沙窑课题组：《长沙窑》，紫禁城出版社，1996年，第144页。

图九　传五代顾闳中《韩熙载夜宴图》（部分）

（四）温酒而饮

唐代以前，人们饮酒多在常温条件下饮用；自魏晋开始偶现温酒而饮的事例；时至唐代，温酒而饮逐渐成为常态。温酒而饮之俗始自魏晋，《晋书·羊琇传》曰：羊琇"性豪侈，费用无复齐限，而屑炭和作兽行以温酒，洛下豪贵咸竟效之。"① 这大概与当时名士多服食五石散有关，发散症状使人遍体生热，故衣食以散热为便，温酒而饮。《千金翼方》卷二二载："凡是五石散，先名寒食散者，言此散宜寒食，冷水洗取寒。唯酒欲清，热饮之，不尔，即百病生焉。"② 《世说新语·任诞》曰："王大服散后已小醉，往看桓。桓为设酒，不能冷饮，频语左右：令温酒来！"③ 服散人士多出自高门，温酒而饮大概是贵族社会的做法，并不普遍。但后世多效颦，《隋书·王劭传》曰："今温酒及炙肉，用石炭、柴火、竹火、草火、麻荄火，气味各不同。"④

唐诗中常见描写温酒而饮的情况，如元结《雪中怀孟武昌》诗云："烧柴为温酒，煮鳜为作沈。"白居易《送王十八归山寄题仙游寺》诗云：

---

① （唐）房玄龄：《晋书》，中华书局，1996年，第2411页。
② （唐）孙思邈：《千金翼方》，人民卫生出版社，1983年，第265页。
③ 余嘉锡：《世说新语笺疏》，中华书局，1983年，第895页。
④ （唐）魏征：《隋书》，中华书局，1997年，第1602页。

"林间暖酒烧红叶，石上题诗扫绿苔。"许浑《赠裴处士》诗云："暖酒雪初下，读书山欲明。"说明唐人已普遍将酒加热后饮用。元人贾铭《饮酒须知》卷五《酒》认为酒类甚多："其性皆热，有毒。……凡饮酒宜温，不宜热。"①更是从饮食养生的角度审视温酒而饮的益处，说明此时人们早已习惯饮用温酒。

唐代使用的温酒之器常以"铛"或"铫子"为之。《北史·孟信传》载：孟信与山中老人饮"乃自出酒，以铁铛温之。"②《说文解字》"金"部曰："铫，温器也。"③英藏吐鲁番出土文书 S.2009《沙州官衙什物点检历》载："熟铁瓶一口，温酒铫子两口。"④为方便保温，自五代以来酒注常有配套的温碗，情形如前文列《韩熙载夜宴图》中所见，宋人则温碗、酒注不相离，1963 年安徽宿松北宋元祐二年墓⑤、1976 年江苏句容陈武公社北宋墓⑥、1978 年江苏镇江谏壁北宋墓（图八：3）⑦各出土一套影青瓷温碗注子。四川彭州宋代金银器窖藏共有 9 套温碗注子（图八：4）。⑧宋人温酒而饮的习惯也影响到契丹人，1978 年内蒙古昭乌达盟巴林右旗发现的辽代金银器窖藏中也有一套银温碗注子。（图八，5）⑨说明契丹人也有温酒而饮的习惯。

---

① （元）贾铭著，程绍恩等点校：《饮食须知》，人民卫生出版社，1988 年，第 47 页。
② （唐）李延寿：《北史》，中华书局，第 2433 页。
③ （汉）许慎，（清）段玉裁注：《说文解字注》，上海古籍出版社，2008 年，第 704 页。
④ 中国社会科学院历史研究所 中国敦煌吐鲁番学会敦煌古文献编辑委员会，英国国家图书馆，伦敦大学亚非学院：《英藏敦煌文献》（汉文佛经以外部分）第三卷，四川人民出版社，1990 年，第 192 页。
⑤ 赵克林：《从几件出土文物漫谈宋元影青瓷器》，《文物》1973 年第 5 期，第 41-44 页。
⑥ 刘和惠，翁福骅：《镇江、句容出土几件五代、北宋瓷器》，《文物》1977 年第 10 期，第 90-92 页。
⑦ 肖梦龙：《江苏镇江谏壁北宋墓出土的瓷器》，《考古》1980 年第 3 期，第 246-247 页。
⑧ 成都市文物考古研究所，彭州市博物馆编著：《四川彭州宋代金银器窖藏》，科学出版社，2003 年。
⑨ 巴右文，成顺：《内蒙古昭乌达盟巴林右旗发现的辽代金银器窖藏》，《文物》1980 年第 5 期。

唐人开始使用酒注斟酒，除去最主要的起居方式变化的原因外，其好饮温酒的习惯也是其中的原因之一。温酒而饮的习惯也促成了新式酒具的发明和应用。中国传统的酿造酒度数偏低，酒精浓度一般为18%左右[①]，而大量的酒一般贮藏于瓮、壶等大容量的容器中，盛酒则多用尊，并以耳杯为饮器。酒尊、耳杯皆敞口且无盖，倘若加热，酒中的乙醇和醛类会迅速挥发，便丧失了酒味的甘醇，也不利于保温。大概基于以上原因，魏晋之前人鲜有温酒而饮。唐元和年间使用的酒注，侈口、束颈或带盖，比之酒尊既能减少加温时酒精的挥发，也能起到保温的效果，故中晚唐诗文中多见温酒之事。值得注意的是，自唐而始普遍饮暖酒，大概还有驱寒的用意，李颀诗"煖酒嫌衣薄"时值子月，前文元结、许浑诗则作于雪降之时，白居易诗作于红叶菊花之秋，乃至徐铉诗"煖酒红炉火"时值早春，皆处寒气袭人的时节，故要暖酒慰体吧。

三、题外之言

鸭，无论是野生的凫还是家养的鹜，在世界范围内广泛分布，其形象在世界各地文化传统中比比皆是。如卢浮宫收藏的叙利亚乌加里特古城（Ugarit）出土一件公元前14—13世纪的象牙质鸭型器（图十:1）[②]，此类鸭型器在美索不达米亚东部地区常有出土，器形据说源自埃及。作为盛放化妆品的化妆盒，材质除象牙外，尚有木质以及雪花石。芬兰列克萨（Lieksa）和努尔梅斯（Nurmes）交界处曾出土一件石器时代的鸭首形木勺，为西伯利亚松木材质，勺柄呈鸭首状，短且直立。据考证，此勺属于宗教或祭祀用具。欧洲各国如俄罗斯北部地区、波罗的海国家以及阿尔卑斯和巴尔干地区等都有使用鸟形木勺的传统，与本文所述"鸭形勺"在形制、材质等方面类似。这些木勺整体造型类似鸡鸭，多以桦木、白杨或是桤木制成，勺有两个把手，分别雕成首尾。其尺寸及用途多样，或作为

---

① 孙机：《中国古代物质文化》，中华书局，2014年，第52-53页。
② The metrololitan museum of art, Beyone Babylon Art, Trade and Diplomacy in the sencond millennium B.C. The Metropolitan Museum of Art , Yale University Press, 2008 : 334.

餐盘、或用以盛奶、酸奶及酒，或作为洗浴时的水舀。① 俄罗斯艾尔米塔什博物馆收藏的木鸭形勺，由一整条木头雕凿而成，首尾皆可作为把手，是18世纪俄国北部地区用来舀水的木勺，可视为古老传统的延续（图十：2）。②

图十　异域鸭型容器

木质鸭型器在不同时空中存在，尽管其用途不同、形制有差，但却说明人们对于相同题材器物有不约而同的审美和认知。

四、结语

通过分析徐州地区汉晋考古资料尤其是近年来新发现的出土资料，研究徐州地区汉晋时代的饮酒文化相关问题，以鸭头勺作为研究契机，分析其作为酌酒注挹之器，以先秦礼器"蒲勺"为始，直至8世纪中叶的敦煌吐鲁番市依然存在，反映出古人以勺酌酒之俗延续了千年时光。晚唐时期，随着酒注等新式酒具的出现，人们逐渐开始以注斟酒。行酒方式发生变化，最终使传承千年的鸭头勺逐渐消亡。

2019年度徐州市社科研究课题 19XSS-066

---

① Visa Immonem. Functional ladles or ceremonial cutlery? A cultural biography of prehistoric wooden spoon from Finland. Acta Borealia,2002,19(1):27-47.
② 许钟荣：《世界美术馆全集：列宁格勒国立美术馆》，锦绣出版有限公司，1987年，第79页。

参 考 文 献

历史文献

1. 孔颖达.《尚书正义》.上海：上海古籍出版社，2007年.

2. 郑玄笺，（唐）孔颖达等正义.《毛诗正义》，《十三经注疏》.上海：上海古籍出版社，2007年.

3. 郑玄注，（唐）贾公彦疏.《周礼注疏》，《十三经注疏》.上海：上海古籍出版社，2007年.

4. 郑玄注，（唐）孔颖达疏.《礼记注疏》，《十三经注疏》.上海：上海古籍出版社，1997年.

5. 郑玄注，（唐）孔颖达等正义.《礼记正义》，《十三经注疏》.上海：上海古籍出版社，2007年.

6. 杜预注，（唐）孔颖达等正义.《春秋左传正义》，《十三经注疏》.上海：上海古籍出版社，2007年.

7. 郭璞注，（宋）邢昺疏.《尔雅注疏》《十三经注疏》.上海：上海古籍出版社，2007年.

8. 焦循撰，沈文倬点校.《孟子正义》.北京：中华书局，1987年.

9. 司马迁.《史记》.北京：中华书局，2003年.

10. 班固.《汉书》.北京：中华书局，1983年.

11. 范晔.《后汉书》.北京：中华书局，1983年.

12. 陈寿.《三国志》.北京：中华书局，1973年.

13. 房玄龄.《晋书》.北京：中华书局，1974年.

14. 萧子显.《南齐书》.北京：中华书局，1972年.

15. 姚察，姚思廉.《梁书》.北京：中华书局，1973年.

16. 魏收.《魏书》.北京：中华书局，1974年.

17. 李延寿.《南史》.北京：中华书局，1975年.

18. 李延寿.《北史》.北京：中华书局，1974年.

19. 魏征.《隋书》.北京：中华书局，1974年.

20. 刘昫.《旧唐书》[M].北京：中华书局1975年.

21. 欧阳修.《新唐书》[M].北京：中华书局1975年.

22. 脱脱.《金史》[M].北京：中华书局，1975年.

23. 司马光.《资治通鉴》[M].北京：中华书局，1976年.

24. 应劭撰，王利器校注.《风俗通义校注》[M].北京：中华书局，1981年.

25. 刘熙撰，（清）毕沅疏证，王先谦补.《释名疏证补》[M].上海：上海古籍出版社，1984年.

26. 刘向集录.《战国策》[M].上海：上海古籍出版社，1985年.

27. 刘向撰，向宗鲁校证.《说苑校正》[M].北京：中华书局，1987年.

28. 许慎撰，（清）段玉裁注.《说文解字注》[M].上海：上海古籍出版社，1988年.

29. 史游.《急就篇》[M].长沙：岳麓出版社，1989年.

30. 黄晖.《论衡校释》[M].北京：中华书局，1990年.

31. 孙星衍等辑，周天游点校.《汉官六种》[M].北京：中华书局，1990年.

32. 王利器校注.《盐铁论校注》[M].北京：中华书局，1992年.

33. 王符著，（清）汪继培笺，彭铎校正.《潜夫论笺校正》[M].北京：中华书局，1997年.

34. 周春生.《吴越春秋辑校汇考》[M].上海：上海古籍出版社,1997年.

35. 张觉校注.《吴越春秋校注》[M].长沙：岳麓书社，2006年.

36. 刘珍等撰，吴树平校注.《东观汉记校注》[M].北京：中华书局，2008年.

37. 桓谭撰，朱谦之校辑.《新辑本桓谭新论》[M].北京：中华书局，2009年.

38. 干宝撰.《搜神记》[M].北京：中华书局，1979年.

39. 张华撰，范宁校正.《博物志校证》[M].北京：中华书局，1980年.

40. 葛洪．《抱朴子》[M]．上海：上海书店出版社，1992年．

41. 崔豹．《中华古今注》，《汉魏六朝笔记小说大观》[M]．上海：上海古籍出版社，1999年．

42. 葛洪，周天游校注．《西京杂记校注》[M]．西安：三秦出版社，2006年．

43. 郭璞注，王世伟校点．《尔雅》[M]．上海：上海古籍出版社，2015年．

44. 刘义庆．《幽明录》[M]．北京：文化艺术出版社，1988年．

45. 张万起．《世说新语词典》[M]．北京：商务印书馆，1993年．

46. 刘义庆撰，徐震堮．《世说新语校笺》[M]．北京：中华书局，2001年．

47. 杨勇．《世说新语校笺》[M]．北京：中华书局，2006年．

48. 刘义庆著，周祖谟，余淑宜，周士琦整理：《世说新语笺疏》[M]．北京：中华书局，2007年．

49. 刘义庆著，（南朝梁）刘孝标注，余嘉锡笺注．《世说新语笺注》[M]．北京：中华书局，2007年．

50. 任昉撰．《述异记》[M]．北京：中华书局，1960年．

51. 梁元帝．《金楼子》[M]．北京：中华书局，1985年．

52. 贾思勰，缪启愉校注．《齐民要术校注》[M]．北京：中国农业出版社，1998年．

53. 廖启愉，廖桂龙．《齐民要术译注》[M]．上海：上海古籍出版社，2006年．

54. 段公路．《北户录》[M]．北京：商务印书馆，1941年．

55. 冯贽．《云仙杂记》[M]．北京：商务印书馆，1959年．

56. 张彦远．《历代名画记》，《画史丛书》[M]．上海：上海人民美术出版社，1963年．

57. 段成式辑，方南生点校．《酉阳杂俎·前篇》[M]．北京：中华书局，1981年．

58. 虞世南撰，（明）陈禹谟．《北堂书钞》，影印文渊阁《四库全书》子部·类书类889[M]．台北：台湾商务印书馆，1983年．

59. 孙思邈．《千金翼方》[M]．北京：人民卫生出版社，1983年．

60. 严诰等．《全唐文》[M]．北京：中华书局影印本，1983年．

61. 欧阳询撰, 汪绍楹校.《艺文类聚》[M]. 上海：上海古籍出版社, 1985年.

62. 梅彪集.《石药尔雅》[M]. 北京：中华书局, 1985年.

63. 赵璘撰.《因话录》[M]. 北京：中华书局, 1985年.

64. 欧阳询撰. 汪绍楹校:《艺文类聚》[M]. 上海：上海古籍出版社, 1985年.

65. 玄奘, 辩机原著, 季羡林等校注.《大唐西域记校注》[M]. 北京：中华书局, 1985年.

66. 欧阳询, 汪绍楹校:《艺文类聚》[M]. 上海：上海古籍出版社, 1985年.

67. 李隆基撰,（唐）李林甫注.《大唐六典》[M]. 西安：三秦出版社, 1991年.

68. 李林甫等撰, 陈仲夫点校.《唐六典》[M]. 北京：中华书局, 1992年.

69. 杜佑撰.《通典》[M]. 北京：中华书局, 1992年.

70. 义净原著, 王邦维校注.《南海寄归内法传校注》[M]. 北京：中华书局, 1995年.

71. 郑处诲撰, 田廷柱点校.《明皇杂录·逸文》[M]. 北京：中华书局, 1997年.

72. 虞世南, 孔广陶.《北堂书抄》[M]. 北京：学苑出版社, 1998年.

73. 李匡文撰.《资暇集》,《唐宋史料笔记丛刊》[M]. 北京：中华书局, 2012年.

74. 崔令钦撰, 任中敏笺订, 喻意志、吴安宇校理.《教坊记笺订》[M]. 南京：凤凰出版社, 2013年.

75. 王定保.《唐摭言》[M]. 北京：中华书局, 1960年.

76. 张泌.《妆楼记》,《丛书集成新编》卷83[M]. 台北：新文丰出版社, 1986年.

77. 王定保撰, 姜汉椿校注.《唐摭言校注》[M]. 上海：上海社会科学院出版社, 2002年.

78. 冯贽编, 张力伟点校.《云仙散录》[M]. 北京：中华书局, 2008年.

79. 高承著,（明）李果订.《事物纪原》[M]. 北京：商务印书馆, 1937年.

80.陈元靓.《岁时广记》[M].北京：商务印书馆，1939年.

81.沈括撰，胡道静校注.《新校梦溪笔谈》[M].北京：中华书局，1957年.

82.李昉.《太平御览》[M].北京：中华书局，1960年.

83.郭若虚.《图画见闻志》，《画史丛书》[M].上海：上海人民美术出版社，1963年.

84.王谠.《唐语林》[M].上海：上海古籍出版社，1978年.

85.李昉.《太平御览》[M].北京：中华书局，1980年.

86.李昉.《太平广记》[M].北京：中华书局，1980年.

87.李昉.《艺文类聚》[M].北京：中华书局影印本，1980年.

88.四水潜夫.《武林旧事》[M].杭州：西湖书社，1981年.

89.史绳祖，《学斋占毕》，影印文源阁《四库全书》子部10[M].台北：台湾商务印书馆，1983年.

90.《宋本玉篇》[M].中国书店，1983年.

91.曾慥编.《类说》[M].台北：台湾商务印书馆，1983年.

92.聂崇义.《三礼图集注》[M].台北：台湾商务印书馆，1983年.

93.（宋）林洪撰，乌克注释.《山家清供》.北京：中国商业出版社，1985年。

94.郭若虚撰.《图画见闻志》[M].北京：中华书局，1985年.

95.米芾.《画史》，《景印文渊阁四库全书》[M].台北：台湾商务印书馆，1986年.

96.孙绍远.《声画集》，《景印文渊阁四库全书》[M].台北：台湾商务印书馆，1986年.

97.黄震撰.《黄氏日抄》，《影印文渊阁四库全书》[M].台北：台湾商务印书馆，1986年.

98.吕大临.《考古图》[M].北京：中华书局，1987年.

99.吕大临.《考古图》[M].北京：中华书局，1987年.

100.陆游撰，李建雄，刘德权点校.《老学庵笔记》[M].北京：中华书局，1997年.

101.李廌，孔凡礼.《师友谈记》[M].北京：中华书局，2002年.

102. 乐史撰，王文楚等点校.《太平寰宇记》[M]. 台北：中华书局，2007年.

103. 陶宗仪撰.《说郛》[M]. 北京：台湾商务印书馆，1972年.

104. 梁寅.《石门集》，《景印文渊阁四库全书》[M]. 台北：台湾商务印书馆，1986年.

105. 贾铭著，程绍恩等点校.《饮食须知》[M]. 北京：人民卫生出版社，1988年.

106. 陶宗仪著，文灏点校.《南村辍耕录》[M]. 北京：文化艺术出版社，1998年.

107. 虞集著，王颋点校.《虞集全集》[M]. 天津：天津古籍出版社，2007年.

108. 张自烈，（清）廖文英.《正字通 辰集下》，秀水吴源起清畏堂，康熙二十四年.

109. 杨慎撰.《艺林伐山》，王云五主编：《丛书集成初编》[M]. 北京：商务印书馆，1936年.

110. 陶宗仪.《南村辍耕录》[M]. 北京：中华书局，1959年.

111. 陈耀文.《天中记》，《景印文渊阁四库全书》[M]. 台北：台湾商务印书馆，1983年.

112. 王世贞.《弇州续稿》，《景印文渊阁四库全书》[M]. 台北：台湾商务印书馆，1986年.

113. 高濂.《遵生八笺》[M]. 成都：巴蜀书社，1988年.

114. 王圻，王思义编集.《三才图会》[M]. 上海：上海古籍出版社，1988年.

115. 往砢玉.《珊瑚纲》[M]. 上海：上海古籍书店，1991年.

116. 董斯.《广博物志》[M]. 长沙：岳麓书社，1991年.

117. 李时珍著，陈贵廷点校.《本草纲目》[M]. 北京：中医古籍出版社，1994年.

118. 李经纬，李振吉.《本草纲目校注》[M]. 沈阳：辽海出版社，2000年.

119. 宋应星著，潘吉星.《天工开物译注》[M]. 上海：上海古籍出版社，1998年.

120. 方以智.《通雅》[M]. 北京：中国书店，1990 年.

121. 胡仔.《苕溪渔隐丛话后集·山谷上》,《海山仙馆丛书》本，道光己酉年.

122.《石渠宝笈》《景印文渊阁四库全书》子部. 台北：台湾商务印书馆，1986 年.

123. 李渔著：《李渔全集》卷三《闲情偶记》[M]. 杭州：浙江古籍出版社，1991 年.

124. 周复俊.《全蜀艺文志》，四库全书影印本·集部 1381，[M]. 台北：台湾商务印书馆，1983 年.

125. 张廷玉等编.《骈字类编》[M]. 北京：中国书店出版社，1984 年.

126. 徐珂.《清稗类钞》[M]. 北京：中华书局，1984 年.

127. 允禄.《皇朝礼器图式》，影印文渊阁四库全书 史部 656，[M]. 台北：台湾商务印书馆，1986 年.

128. 李渔.《李渔全集》卷三《闲情偶记》[M]. 杭州：浙江古籍出版社，1991 年.

129. 袁枚.《袁枚全集》[M]. 南京：江苏古籍出版社，1993 年.

130. 张玉书.《康熙字典》[M]. 上海：上海书店，1994 年.

131. 陈浏.《匋雅》，陈雨前主编；《中国古陶瓷文献校注》[M]. 长沙：岳麓书社，2015 年.

132. 上海师范大学古籍整理组校点.《国语》[M]. 上海：上海古籍出版社，1978 年.

133. 袁珂校注.《山海经校注》[M]. 上海：上海古籍出版社，1980 年.

134. 钟兆华.《尉缭子校注》[M]. 郑州：中州古籍出版社，1982 年.

135.（清）王先谦撰，沈啸寰，王星贤点校.《荀子集解》[M]. 北京：中华书局，1983 年.

136. 杨伯峻撰.《列子》[M]. 北京：中华书局，1985 年.

137. 张纯一.《墨子集解》[M]. 成都：成都古籍出版社，1988 年.

138. 王先谦，刘武撰.《庄子集解·庄子集解内篇补正》[M]. 北京：中华书局，1987 年.

139. 王先谦，沈啸寰，王星贤点校.《荀子集解》[M]. 北京：中华书局，

1988年.

140. 商鞅著,汪继培辑.《商君书·尸子》[M].上海:上海古籍出版社,1989年.

141. 王先谦集解.《庄子集解》[M].上海:上海书店,1992年.

142. 张双棣.《淮南子校注》[M].北京:北京大学出版社,1997年.

143. 黎翔凤撰,梁运华整理.《管子校注》[M].中华书局,2004年.

144. 尸佼撰,汪继培辑,黄曙辉点校.《尸子》[M].上海:华东师大出版社,2009年.

145. 洪兴祖撰,白化文等点校.《楚辞补注》[M].北京:中华书局,2006年.

146. 洪兴祖.《楚辞集注》[M].北京:中华书局,2012年.

147. 萧统,李善.《文选》[M].北京:中华书局,1982年.

148. 萧统编,(唐)李善注.《文选》[M].上海:上海古籍出版社,1986年.

149. 萧统编,(唐)李善注.《昭明文选》[M].上海:上海古籍出版社,1986年.

150. 严可均.《全上古三代秦汉三国六朝文》[M].北京:中华书局,1999年.

151. 李商隐.《李商隐诗集注疏》[M].北京:人民文学出版社,1985年.

152. 彭定求.《全唐诗》[M].北京:中华书局,1999年.

153. 唐圭璋.《全宋词》[M].北京:中华书局,1965页.

154. 陆游著,钱仲联校注.《剑南诗稿校注》[M].上海:上海古籍出版社,1985年.

155. 孔凡礼.《苏轼文集》[M].北京:中华书局,1986年.

156. 吴之振,吕留良 吴自牧选,(清)管庭芳,蒋光熙补.《宋诗钞初集》[M].北京:中华书局,1986年.

157. 赵与虤.《娱书堂诗话》,文渊阁四库全书[M].台北:台湾商务印书馆,1986年.

158. 王十朋.《东坡诗集注》,文渊阁四库全书[M].台北:台湾商务印书馆,1986年.

159. 北京大学古文献研究所.《全宋诗》[M].北京:北京大学出版社,

1993 年.

160. 郭茂倩编撰，聂世美，仓阳卿校点.《乐府诗集》[M]. 上海：上海古籍出版社，1998 年.

161. 苏轼著，冯应榴辑注，黄任轲朱怀春点校.《苏轼诗集合注》[M]. 上海：上海古籍出版社，2001 年.

161. 黄庭坚著，刘琳、李勇先、王蓉贵点校.《黄庭坚全集·别集十六》[M]. 成都：四川大学出版社，2001 年.

162. 杨镰.《全元诗》[M]. 北京：中华书局，2013 年.

164. 朱彝尊，汪森编.《词综》[M]. 上海：上海古籍出版社，1978 年.

165. 查慎行.《敬业堂诗集》[M]. 上海：上海古籍出版社，1986 年.

166. 僧伽跋陀罗译.《善见律毗婆沙律》，《大藏经》第 24 册 [M]. 韶关：新丰出版公司影印本，1983 年.

167. 阇那崛多译.《佛本行经集》，《大藏经》第 3 册 [M]. 韶关：新丰出版公司影印本，1983 年.

168. 法云编.《翻译名义集》，《大藏经》第 54 册 [M]. 韶关：新丰出版公司影印本，1983 年.

考古报告

1. 郭宝钧.《山彪镇与琉璃阁》[M]. 北京：科学出版社，1959 年.

2. 中国社科院考古研究所.《西安郊区隋唐墓》[M]. 北京：科学出版社，1966 年.

3. 中国社会科学院考古研究所，河北省文物管理处.《满城汉墓发掘报告》[M]. 北京：文物出版社，1980 年.

4. 广州市文物管理委员会，广州市博物馆，中国社会科学院考古研究所.《广州汉墓》[M]. 北京：文物出版社，1981 年.

5. 湖南省博物馆，中国科学院考古研究所.《长沙马王堆一号汉墓》[M]. 北京：文物出版社，1973 年.

6. 湖南省博物馆，湖南省文物考古研究所.《长沙马王堆二、三号汉墓》[M]. 北京：文物出版社，2004 年.

7.陕西省考古研究所,始皇陵秦俑考古发掘队编.《秦始皇陵一号坑发掘报告》[M].北京:文物出版,1988年.

8.中国社会科学院考古研究所,河北省文物管理处.《满城汉墓发掘报告》[M].北京:文物出版,1989年.

9.广州市文物管理文员会,中国社科院考古研究所,广东省博物馆.《西汉南越王墓》[M].北京:文物出版社,1991年.

10.戴春阳.《敦煌佛爷庙湾西晋画像砖墓》[M].北京:文物出版社,1998年.

11.山西省考古研究所.《唐代薛儆墓发掘报告》[M].北京:科学出版社,2000年.

12.北京大学考古系,中国社科院考古研究所.《华县泉护村》(黄河水库考古报告之六)[M].北京:科学出版社,2003年.

13.徐州博物馆,南京大学历史学系考古专业.《徐州北洞山西汉楚王墓》[M].北京:文物出版社,2003年.

14.陕西省考古研究所.《白鹿原汉墓》[M].西安:三秦出版社,2003年.

15.河北省文物研究所.《战国中山国灵寿城 1975—1993 年考古发掘报告》[M].北京:文物出版社,2005年。

16.陕西省考古研究所.《唐李宪墓发掘报告》[M].北京:科学出版社,2005年.

17.太原市文物考古研究所.《隋代虞弘墓》[M].北京:文物出版社,2005年.

18.河北省文物研究所,鹿泉市文物保管所.《高庄汉墓》[M].北京:科学出版社,2006年.

19.南京博物院.《长毋相忘:读盱眙大云山江都王陵》[M].北京:译林出版社,2013年.

20.陕西省考古研究院.《潼关税村隋代壁画墓》[M].北京:文物出版社,2013年.

21.南京博物院.《长毋相忘:读盱眙大云山江都王陵》[M].北京:译林出版社,2013年.

历史与文物研究专著

1. 劳费尔.《中国伊朗编》[M].林筠因,译.北京:商务印书馆,1964年.
2. 中国社科研考古研究所.《居延汉简甲乙编》下册[M].北京:中华书局,1980年.
3. 沈从文.《中国古代服饰研究》[M].北京:商务印书馆,1981年.
4. 利普斯.《事物的起源》[M].江宁生,译.成都:四川人民出版社,1982年.
5. 江上波夫.《骑马民族国家》[M].张承志,译.北京:光明日报出版社,1988年.
6. 格鲁塞.《草原帝国》[M].北京:商务印书馆,1998年.
7. 孙机.《汉代物质文化资料图说》[M].北京:文物出版社,1990年.
8. 周绍良,赵超.《唐代墓志汇编》[M].上海:上海古籍出版社,1992年.
9. 孙机,杨泓.《文物丛谈》[M].北京:文物出版社,1991年.
10. 孙机.《中国圣火——中国古文物与东西文化交流中的若干问题》[M].沈阳:辽宁教育出版社,1996年.
11. 杨泓,孙机.《寻常的精致》[M].沈阳:辽宁教育出版社,1996年.
12. 长沙窑课题组.《长沙窑》[M].北京:紫禁城出版社,1996年.
13. 柳洪亮.《新出吐鲁番文书及其研究》[M].乌鲁木齐:新疆人民出版社,1997年.
14. 孙机.《中国古舆服论丛》[M].北京:文物出版社,2001年.
15. 高春明.《中国服饰名物考》[M].上海:上海文化出版社,2001年.
16. 刘乐贤注.《马王堆天文书考释》[M].广州:中山大学出版社,2004年.
17. 薛爱华《唐代的外来文明》[M].西安:陕西师范大学出版社,2005年.
18. 刘美观,郑华.《解说长沙窑》[M].北京:文物出版社,2006年.
19. 勒柯克著.《新疆佛教艺术》[M].管平,巫新华,译.乌鲁木齐:新疆教育出版社,2006年.
20. 新疆维吾尔自治区对外文化交流协会.《丝绸之路·新疆佛教艺术》

[M].乌鲁木齐：新疆大学出版社，2006年．

21.包铭新．《西域异服——丝绸之路出土古代服饰复原研究》[M].上海：东华大学出版社，2007年．

22.张显成．《简帛文献论集》[M].成都：巴蜀书社，2007年．

23.扬之水．《终朝采蓝：古名物寻微》[M].上海：生活·读书·新知三联出版社，2008年．

24.张荣，赵丽红．《文房清供》[M].北京：紫禁城出版社，2009年．

25.黄春和．《汉传佛像时代与风格》[M].北京：文物出版社，2010年．

26.张荣，刘岳．《故宫竹木牙角图典》[M].北京：紫禁城出版社，2010年．

27.林巳奈夫．《刻在石头上的世界》[M].唐利国，译．北京：商务印书馆，2010年．

28.宿白．《考古发现与中西文化交流》[M].北京：文物出版社，2012年．

29.南京博物馆．《宋伯胤文集·针具卷》[M].北京：文物出版社，2012年．

30.李杰著．《勒石与勾描：唐代石椁人物线刻的绘画风格学研究》[M].北京：人民美术出版社，2012年．

31.张文玲．《黄金草原：古代欧亚草原文化探微》[M].上海：上海古籍出版社，2012年．

32.梁白泉．《梁白泉文集·博物馆卷》[M].北京：文物出版社，2013年．

33.孙机．《中国古代物质文化》[M].北京：中华书局，2014年．

34.陕西历史博物馆．《皇后的天堂：唐敬陵贞顺皇后石椁研究》[M].北京：文物出版社，2015年．

文物图册及图录

1.罗振玉辑．《贞松堂吉金图》[M].民国二十四年上虞罗氏墨缘堂影印本，1935年．

2.北京历史博物馆，河北省文物管理委员会．《望都汉墓壁画》[M].北京：中国古典艺术出版社，1955年．

3. 江苏省文物管理委员会.《江苏徐州汉画像石》[M]. 北京：科学出版社，1959年.

4. 新疆维吾尔自治区博物馆.《新疆出土文物》[M]. 北京：文物出版社，1975年.

5. 国家文物局古文献研究室，新疆维吾尔自治区博物馆，武汉大学历史系.《吐鲁番出土文书（第一册）》[M]. 北京：文物出版社，1981年.

6. 国家文物局古文献研究室，新疆维吾尔自治区博物馆，武汉大学历史系.《吐鲁番出土文书（第二册）》[M]. 北京：文物出版社1981年.

7. 国家文物局古文献研究室，新疆维吾尔自治区博物馆，武汉大学历史系.《吐鲁番出土文书（第三册）》[M]. 北京：文物出版社，1981年.

8. 国家文物局古文献研究室，新疆维吾尔自治区博物馆，武汉大学历史系.《吐鲁番出土文书（第四册）》[M]. 北京：文物出版社，1983年.

9. 国家文物局古文献研究室 新疆维吾尔自治区博物馆 武汉大学历史系：《吐鲁番出土文书（第六册）》[M]. 北京：文物出版社，1985年.

10. 高文.《四川汉代画像砖》[M]. 上海：上海人民美术出版社，1987年.

11.《中国美术全集》编委会.《中国美术全集》卷6《元代绘画》[M]. 北京：文物出版社，1989年.

12. 宿白.《中国美术全集》绘画编十六《新疆石窟壁画》. 北京：文物出版社，1989年.

13. 中国社会科学院历史研究所，中国敦煌吐鲁番学会敦煌古文献编辑委员会，英国国家图书馆，伦敦大学亚非学院.《英藏敦煌文献（第三卷）》[M]. 成都：四川人民出版社，1990年.

14. 刘北汜，徐启宪.《故宫珍藏人物照片荟萃》[M]. 北京：紫禁城出版社，1994年.

15. 中国壁画全集编辑委员会.《中国新疆壁画全集·库木吐拉》[M]. 沈阳：辽宁美术出版社，1995年.

16. 欧阳琳.《敦煌壁画线描集》[M]. 上海：上海书店出版社，1995年.

17. 中国壁画全集编委会.《中国新疆壁画全集·森木赛姆 克孜尔尕哈》[M]. 沈阳：辽宁美术出版社，1995年.

18. 徐毅英.《徐州汉画像石》[M]. 北京：中国世界语出版社，1995年.

19.《中国青铜器全集》编辑委员会.《中国青铜器全集》卷十二《秦汉》[M]. 北京：文物出版社，1995年.

20.《中国青铜器全集》编辑委员会.《中国青铜器全集》[M]. 北京：文物出版社，1998年.

21. 邓嘉德.《陈洪绶 隐居十六观册页》[M]. 成都：四川美术出版社，1998年.

22. 静安.《甘肃丁家闸十六国墓壁画》[M]. 重庆：重庆出版社，1999年.

23. 新疆文物局主编，贾应逸等撰文，祁小山等摄影.《新疆文物古迹大观》[M]. 乌鲁木齐：新疆美术摄影出版社，1999年.

24. 叶佩兰.《珐琅·彩粉彩》[M]. 北京：商务印书馆（香港），1999年.

25.《中国画像石全集》编辑委员会.《中国画像石全集》卷二《山东卷》[M]. 郑州：河南美术出版社，2000年.

26.《中国画像石全集》编辑委会.《中国画像石全集》卷三《山东汉画像石》[M]. 河南美术出版社，山东美术出版社，2000年.

27.《中国画像石全集》编辑委会.《中国美术全集》卷四《江苏、安徽、浙江汉画像石》[M]. 济南：山东美术出版社，2000年.

28.《中国画像石全集》编辑委会.《中国画像石全集》卷七《四川汉画像石》[M]. 郑州：河南美术出版社，2000年.

29.《中国画像石全集》编辑委会.《中国画像石全集》卷八[M]. 郑州：河南美术出版社，2000年.

30. 信立详.《中国汉画像石全集·江苏安徽浙江汉画像石》[M]. 济南：山东美术出版社，2000年.

31. 敦煌研究院.《敦煌石窟全集·民俗画卷》[M]. 北京：商务印书馆，2001年.

32. 周天游.《唐墓壁画精品·新城、房陵、永泰公主墓壁画》[M]. 北京：文物出版社，2002年.

33. 张瑾.《淮安馆藏文物精粹》[M]. 长春：吉林人民出版社，2002年.

34. 陕西省咸阳市文物局.《咸阳文物精华》[M]. 北京：文物出版社，2002年.

35. 杨伯达.《中国金银玻璃珐琅器全集第4卷》[M]. 石家庄：河北美

术出版社，2004年．

36.俞凉亘，周立．《洛阳陶俑》[M]．北京：北京图书馆出版社，2005年．

37.中国国家博物馆，徐州博物馆．《大汉楚王》[M]．北京：中国社会科学出版社，2005年．

38.上海古籍出版社，法国国家图书馆．《法藏敦煌西域文献（第34册）》[M]．上海：上海古籍出版社，2005年．

39.《中国美术全集》编辑委员会．《中国美术全集·新疆石窟壁画》[M]．北京：人民美术出版社，2006年．

40.张志樊．《昭陵唐墓壁画》[M]．北京：文物出版社，2006年．

41.段文杰．《中国敦煌壁画全集·中唐》[M]．天津：天津人民美术出版社，2006年．

42.昭陵博物馆．《昭陵唐墓壁画》[M]．北京：文物出版社，2006年．

43.《中国美术全集》编委会．《中国美术全集》卷2《隋唐五代绘画》[M]．北京：人民美术出版社，2006年．

44.周锦屏．《连云港馆藏文物精萃》[M]．北京：荣宝斋出版社，2006年．

45.俞伟超，信立祥．《中国画像砖全集：四川汉画像砖》[M]．成都：四川美术出版社，2006年．

46.俞伟超，信立祥．《中国画像砖全集：河南汉画像砖》[M]．成都：四川美术出版社，2006年．

47.天津人民美术出版社．《日本美人画（第2辑）》[M]．天津：天津人民美术出版社，2006年．

48.《中国画像砖全集》编辑委员会．《中国画像砖全集》卷三《全国其他地区画像砖》[M]．成都：四川美术出版社，2006年．

49.周英．《长沙市文物征集集锦》[M]．武汉：湖北省美术出版社，2007年．

50.胡新．《邹城汉画像石》[M]．北京：文物出版社，2008年．

51.故宫博物院．《故宫博物院藏品大系》绘画编1《晋隋唐五代》[M]．北京：紫禁城出版社，2008年．

52.汤池，林通雁．《中国陵墓雕塑全集》第二卷[M]．西安：陕西人民美术出版社，2009年．

53. 陕西省考古研究院.《壁上丹青：陕西出土壁画集 下》[M].北京：科学出版社，2009年.

54. 段文杰.《中国敦煌壁画全集·隋》[M].天津：天津人民美术出版社，2010年.

55. 徐州博物馆.《古彭遗珍：徐州博物馆馆藏文物精选》[M].北京：国家图书馆出版社，2011年.

56. 故宫博物院.《故宫博物院藏品大系.玉器编8.清》[M].北京：紫禁城出版社，2011年.

57. 徐光冀.《中国出土壁画全集·陕西（上）》[M].北京：科学出版社，2011年.

58. 徐光冀.《中国出土壁画全集·陕西（下）》[M].北京：科学出版社，2011年.

59. 邢义田.《画为心声 画像石、画像砖与壁画》[M].北京：中华书局，2011年.

60. 徐光冀.《中国出土壁画全集·山西》[M].北京：科学出版社，2011年.

61. 良渚博物院.《瑶琨美玉——良渚博物院藏良渚文化玉器精粹》[M].北京：文物出版社，2011年.

62. 成建正.《韩国国立青州博物馆文物精品展》[M].西安：三秦出版社，2012年.

63. 镇江博物馆.《镇江出土金银器》[M].北京：文物出版社，2012年.

64. 天津博物馆.《安和祥乐：吉祥文物陈列》[M].北京：文物出版社2013年.

65. 樊英峰，王双怀.《线条艺术的遗产：唐乾陵陪葬墓石椁线刻画》[M].北京：文物出版社，2013年.

66. 青州市博物馆.《青州龙兴寺佛教造像艺术》[M].济南：山东美术出版社，2014年.

67. 冯小宴.《中国历代仕女画（卷二）》[M].北京：中国画报出版社，2014年.

68. 新疆石窟研究所.《西域壁画全集》[M].乌鲁木齐：新疆美术摄影

出版社，2015 年.

69. 吕章申.《罗马尼亚珍宝》[M].北京：北京时代华文书局，2015 年.

70. 凯莱.《白金汉所藏中国青铜器图录》[M].陈梦家，田率，译.北京：金城出版社，2015 年.

71. 江西美术出版社.《中国画手绢临摹范本·唐张萱〈捣练图〉》[M].南昌：江西美术出版社，2016 年.

外文研究资料

1. Stephen Herbert Langdon. The Mythology of All Race Semitic. Vol.V. Boston, Cooper Square Publishers,INC. 1931: 65-66.

2. Arthur Bernard Cook. Zeus. A Study in Ancient Religion. Vol.III. London, Cambridge University Press, 1940: 189.

3. Filippo Coarelli. Greek and Roman Jewellery. London, Hamlyn, 1970:149.

4.（日）原田淑人著：《唐代的服饰》.東京，東洋文庫，1970：205.

5. Coenelius c. Vermuule III. Greek, Etruscan, Roman gold and Siler II:Hellenistic to Late Antique Gold and Silver. The Burlington Magazine, 1971, 113(820): 825.

6. Boris Piotrovsky. From the Lands of the Scythians Ancient Treasures from the Museums of the USSR 3000.BC—100.BC. The Metropolitan Museum of Art Bulletin, 1973-1974, 32(5): 92-93.

7. John Chadwick. The Mycenaean World. Cambridge, Cambridge University Press. 1976:87.

8. Pekarik, Andrew J. Japanese lacquer,1600-1900: Selections From the Charles A. Grenfield Cllecdtion. New York, Metroplitan Museum of Art, 1980: 22-23.

9. Reynold Higgins. Minoan and Mycenaean Art. New York and Toronto, Oxford university press. 1981: 34-35.

10. The Metropolitan Museum of Art. Greece and Rome. New York. The

Metropolitan Museum of Art, 1987: 83.

11. The Metropolitan museum of Art. Pompeian Frescoes in the Metropolitan museum of Art. The Metropolitan museum of Art Bulletin. Winter 1987/88,45(3): 30.

12.（日）原田淑人：《古代人の化粧と装身具》．东京，刀水书房，1987: 144-145.

13. Rodney Castleden.Life in Bronze Age Crete. London and Mew York, Routledge, 1993.:124-125.

14. Angelos Delivorrias, Dionisis Fotopoulos , Greece at The Benaki Musuem. Athens, Bemaki Musuem, 1997: 162.

15. Metrpolitan Museum of Art. Egyptian Arts in the Age of Pyramids. New York, Metrpolitan Museum of Art ,1999: 306.

16. The Metropolitan Museum of Art. The Year One of the Ancient World East and West. New York, The Metropolitan Museum of Art. Yale University Press, 2001: 96-97.

17. D.V. Grammenos. The Archeaeological Museum of Thessaloniki. Olkos.2001:170.

18. Visa Immonem. Functional ladles or ceremonial cutlery? A cultural Biography of Prehistoric Wooden Spoon from Finland. Acta Borealia,2002,19(1):27-47.

19. Vincent Arthur Smith. Art of India. New York, Parkstone Press, 2003: 46.

20. Finna J. Kidd Costume of the Samarkhand Region of Sogdian between the 2nd/1st century B.C.E. and the 4th century C.E. Bulletion of the Asian Institue , 2003,Vol.17:35-69.

21. Beth Cohen. The Colors of Clay Special Techniques in Athenian Vases. Los Angeles, The J.Paul Getty Museum, 2006: 218.

22. St John Simpson and Sveliana Pankova. Scythians Warriors of Ancient Siberia. London, The Brithish Museum, 2007: 399.

23. Nikolaos Kaltsas. The National Archaeological Museum. Athens, John S.

Latsis Public Benefit Foundation, 2007: 399.

24. Oliver Taplin. Pots &Plays interactions between Tragedy and Greek Vase-painting of thr Forth Century B.C. Los Angeles, The J.Paul Getty Museum, 2007: 221-222.

25. The metrololitan museum of art, Beyone Babylon Art, Trade and Diplomacy in the sencond millennium B.C. New York, The Metropolitan Museum of Art , Yale University Press , 2008 : 334.

26. Kim Benzel, Sarah B. Graff, Yelena Rakic,and Eidth W. Watts: Art of the Ancient Near east A Resouce for Educators. New York, The Mentropolitian Museum of Art, 2010: 31.

27. Kim Benzel. Puabi's Adornment for the Afterlife: Materidals and Technologirs of Jewelry at Ur in Mesopotamia. New York: Colmbia University, 2013: 31.

28. Alice Stevenson.Petrie Museum of Egyptian Archaeology. London:UCL Press, 2015: 46.

期刊资料

1. 安徽省博物馆筹备处清理小组.《合肥西郊乌龟墩古墓清理简报》.《文物》，1956（2）：46-51.

2. 陕西省文物管理委员会.《长安县南里王村唐韦泂墓发掘记》.《文物》，1959（8）：8-18.

3. 新疆维吾尔自治区博物馆.《新疆民丰北大沙漠中古遗志墓葬区东汉合葬墓清理简报》.《文物》，1960（6）：9-12.

4. 金维诺.《〈职贡图〉的时代与作者——读画札记》.《文物》,1960（7)：14-17.

5. 南京博物院，南京市文物管理委员会.《南京西善桥南朝墓及其砖刻壁画》.《文物》,1960（8）:37-42.

6. 徐苹芳.《唐宋墓葬中的"明器神煞"与"墓仪制度"——读〈大汉原陵秘葬经〉札记》.《考古》，1963（2）:87-106.

7. 云南省文物工作队.《云南省昭通后海子东晋壁画墓清理简报》.《文物》,1963（12）：1-5.

8. 河南省文化局文物工作队.《河南巩县石家庄古墓葬发掘简报》.《考古》,1963（2）：71-79.

9. 吉林省博物馆集安考古队.《吉林集安麻线沟一号壁画墓》.《考古》,1964（10）：520-528.

10. 王承礼，韩淑华.《吉林集安通沟第十二号高句丽壁画墓》.《考古》,1964（2）：67-72.

11. 王振铎,《论汉代饮食器中的卮和魁》.《文物》,1964（4）：1-12.

12. 河北省文化局文物工作队.《燕下都遗址内发现一件战国时代的铜人像》.《文物》,1965（2）：43.

13. 薛尧.《江西南城明墓出土文物》.《考古》,1965（6）：318-320.

14. 陕西省博物馆.《陕西省耀县柳林背阴村出土一批唐代银器》.《文物》,1966（1）：46-49.

15. 徐州博物馆.《徐州十里铺汉画像石墓》.《考古》,1966（2）：66-83.

16. 陕西省文物管理委员会，咸阳市博物馆.《陕西咸阳市杨家湾出土大批西汉彩绘陶俑》.《文物》,1966（3）：1-5.

17. 陕西省博物馆，文管会革委会写作小组.《西安南郊何家村发现唐代窖藏文物》.《文物》,1972（1）：30-43.

18. 湖南省博物馆.《长沙浏城桥一号墓》.《考古学报》,1972（1）:：59-72.

19. 陕西省博物馆，乾县文教局唐墓发掘组.《唐章怀太子墓发掘简报》.《文物》,1972（7）：13-25.

20. 赵光林.《从几件出土文物漫谈宋元影青瓷器》.《文物》,1973（5）:41-44.

21. 贵州省博物馆考古组.《贵州平坝马场东晋南朝墓发掘简报》.《考古》,1973（6）：345-355.

22. 徐州博物馆.《江苏徐州奎山汉墓》.《考古》,1974（2）：121-122.

23. 陕西省博物馆，文管会.《唐李寿墓发掘简报》.《文物》,1974（9）：71-88.

24. 云南省博物馆.《云南江川李家山古墓群发掘报告》.《考古学报》,1975, 9（2）: 97-156.

25. 金维诺,卫边.《唐西州墓中的绢画》.《文物》,1975（10）: 36-44.

26. 李征.《新疆阿斯塔那三座唐墓出土珍贵绢画及文书等文物》.《文物》, 1975（10）: 89-90.

27. 南京博物院.《徐州土山东汉墓清理简报》.《文博通讯》,1977（15）: 18-22.

28. 杨家湾汉墓发掘小组.《咸阳杨家湾汉墓发掘简报》.1977（10）: 10-21.

29. 刘和惠,翁福骅.《镇江、句容出土几件五代、北宋瓷器》.《文物》, 1977（10）: 90-92.

30. 长沙市文化局文物组.《长沙咸家湖西汉曹女巽墓》.《文物》, 1979（3）: 1-16.

31. 南京博物院.《江苏丹阳县胡桥、建山两座南朝墓葬》.《文物》, 1980, 9（1）1-17.

32. 肖梦龙.《江苏镇江谏壁北宋墓出土的瓷器》.《考古》,1980〔3〕: 246-247.

33. 田广金,郭素新.《内蒙古阿鲁柴登发现的匈奴遗物》.《考古》, 1980（4）: 333-396.

34. 巴右文,成顺.《内蒙古昭乌达盟巴林右旗发现的辽代金银器窖藏》.《文物》,1980（5）:45-51.

35. 伊克昭盟文物工作站,内蒙古文物工作队.《西沟畔匈奴墓》.《文物》, 1980（7）: 1-10.

36. 徐书城.《从〈纨扇侍女图〉、〈簪花侍女图〉略谈唐人仕女画》.《文物》, 1980（7）: 71-76.

37. 扬州市博物馆.《扬州西汉"妾莫书"木椁墓》.《文物》,1980〔12〕: 1-6.

38. 固始侯古堆一号墓发掘组.《河南固始侯古堆一号墓发掘简报》.《文物》, 1981（1）: 1-8.

39. 纪仲庆.《江苏邗江甘泉二号汉墓》.《文物》,1981(11):1-10.

40. 洛阳市文物工作队.《洛阳龙门唐安菩夫妇墓》.《中原文物》,1982(3):21-27.

41. 陆九皋,刘建国.《江苏丹徒丁卯桥出土唐代银器窖藏》.《文物》,1982(11):28-33.

42. 李亚东.《秦俑彩绘颜料及秦代颜料史考》.《考古与文物》,1983(3):62-65.

43. 绥德县博物馆.《陕西绥德汉画像石墓》.《文物》,198(5):28-32.

44. 叶小燕.《战国秦汉的灯及有关问题》.《文物》,1983(7):78-88.

45. 广东省博物馆.《广东曲江南华寺古墓发掘简报》.《考古》,1983(7):601-608.

46. 广西壮族自治区文物工作队.《广西贺县河东高寨西汉墓》.《文物资料丛刊》,(4),1983(4):29-45.

47. 安家瑶.《中国的早期玻璃器》.《考古学报》,1984(4):413-448.

48. 张达宏,王长启.《西安市文管会收藏的几件珍贵文物》.《考古与文物》,1984(4):22.

49. 南京博物院,邳县文化馆.《东汉彭城相缪宇墓》.《文物》,1984(8):22-29.

50. 徐州博物馆.《徐州石桥汉墓清理报告》.《文物》,1984(11):22-40.

51. 昆明市文物管理委员会.《呈贡天子庙滇墓》.《考古学报》,1985(4):507-545.

52. 关双喜,刘向群.《西安东郊出土的一批汉唐文物》.《文博》,1985(6):86-88.

53. 重庆市博物馆.《重庆市临江支路西汉墓》.《考古》,1986(3):230-242.

54. 榆林地区文管会,神木县文管会.《神木县出土一件铜彩绘鹅鱼灯》.《文博》,1986(6):64.

55. 山西省考古研究所,山西省晋东南地区文化局.《山西省潞城县潞河战国墓》.《文物》,1986（6）：1-20.

56. 关双喜.《旬邑出土鳖座雁足灯等一批文物》.《文博》,1987（2）：90-91.

57. 雷云贵.《西汉雁鱼灯》.《文物》,1987（6）：69-70.

58. 平朔考古队.《山西朔县秦汉墓发掘简报》.《文物》,1987（6）：1-52.

59. 宁夏文物考古研究所,中国社科院考古所宁夏考古组,同心县文物管理所.《宁夏同心倒墩子匈奴墓地》.《考古学报》,1988（3）：333-356.

60. 昭陵博物馆.《唐昭陵长乐公主墓》.《文博》,1988（3）：10-35.

61. 阜阳汉简整理组.《阜阳汉简·万物》.《文物》,1988（4）：36-47.

62. 胡平生,韩自强.《〈万物〉略说》.《文物》,1988（4）：48-54.

63. 嵊县文管会.《浙江嵊县六朝墓》.《考古》,1988（9）：800-813.

64. 怀化地区文物工作队.《湖南怀化西汉墓》.《文物》,1988（10）：57-67.

65. 昭陵博物馆.《唐安元寿夫妇墓发掘简报》.《文物》,1988（12）：37-49.

66. 山西省考古研究所.《太原市南郊唐代壁画墓清理简报》.《文物》,1988（12）：50-59.

67. 昭陵博物馆.《唐安元寿夫妇墓发掘简报》.《文物》,1988（12）：37-49.

68. 赵力光,王九刚.《长安县南里王村唐壁画墓》.《文博》,1989（4）：3-14.

69. 李学文.《山西襄汾吴兴庄汉墓出土铜器》.《考古》,1989（11）：981-983.

70. 徐州博物馆.《徐州发现东汉元和三年画像石》.《文物》,1990（9）：64-73.

71. 山西省考古研究所,太原市文物管理委员会.《太原金胜村337号唐代壁画墓》.《文物》,1990（12）：11-15.

72. 高次若.《宝鸡市博物馆藏青铜器介绍》.《考古与文物》,1991（5）：11-16.

73. 徐州博物馆.《徐州小金山西汉墓清理简报》.《东南文化》,1992(2): 191-196.

74. 洛阳市第二文物工作队,偃师县文物管理委员会.《河南偃师唐柳凯墓》.《文物》,1992(12): 21-33.

75. 洛阳市第二文物工作队.《洛阳市朱村东汉壁画墓发掘简报》.《文物》,1992(12):15-20.

76. 周保平.《徐州洪楼两块汉画像石考释》.《中原文物》,1993(2): 40-46.

77. 徐州博物馆.《徐州后楼山西汉墓发掘简报》.《文物》,1993(4): 29-45.

78. 牟永杭,吴汝祚.《水稻、蚕丝和玉器——中华文明起源的若干问题》.《考古》,1993(6): 543-553.

79. 朱大渭.《中古汉人由跪坐到垂脚高坐》.《中国史研究》,1994(4): 102-114.

80. 吐鲁番地区文管所.《吐鲁番北凉武宣王沮渠蒙逊夫人彭氏墓》.《文物》,1994(9): 75-81.

81. 吐鲁番地区文物保管所.《吐鲁番北凉武宣王沮渠蒙逊夫人彭氏墓》.《文物》,1994(9): 75-81.

82. 新疆文物考古研究所.《新疆尉犁县因半古墓调查》.《文物》,1994(10): 19-31.

83. 孙机.《关于染器——答黄盛璋先生》.《文博》,1995(1): 50-54.

84. 王维坤.《唐章怀太子墓壁画"客使图"辨析》.《考古》,1996(1): 65-74.

85. 卢善焕.《北燕"鸭形玻璃注"名称商榷》.《北方文物》,1996(3): 20-21.

86. 苏州博物馆.《江苏苏州浒墅关真山大墓的发掘》.《文物》,1996(2): 1-19.

87. 宁荫棠,牛祺安.《山东章丘市东平陵故城出土汉代铜器》.《文物》,1997(4): 77-79.

88. 郭洪涛.《河南偃师商城博物馆馆藏青铜器》.《考古与文物》,

1997（1）：73-75.

89. 徐州博物馆.《徐州西汉宛朐侯刘埶墓》.《考古》，1997（2）：4-21.
90. 解峰，马先登.《唐契苾明墓发掘记》.《文博》，1998（5）：10-15.
91. 徐州博物馆.《江苏徐州市狮子山西汉墓的发掘与收获》.《考古》，1998（8）：1-20.
92. 新疆文物考古研究所.《新疆尉犁县营盘墓地15号墓发掘简报》.《文物》，1999（1）：4-16.
93. 徐州博物馆.《徐州内华发现南北朝陶俑》.《文物》，1999（3）：19-24.
94. 徐州博物馆.《江苏徐州市凤凰山西汉墓的发掘》.《考古鉴》，2007（4）：33-49.
95. 徐州博物馆.《徐州东甸子西汉墓》.《文物》，1999（12）：4-18.
96. 吴玉贵.《内蒙古赤峰宝山辽墓壁画"寄锦图"考》.《文物》，2001（3）：92-96.
97. 霍巍.《四川大学博物馆收藏的两尊南朝石刻造像》.《文物》，2001（10）：39-44.
98. 云南省文物考古研究所，玉溪市文物管理所，江川县文化局.《云南江川县李家山古墓群第二次发掘》.《考古》，2001（12）：25-40.
99. 山东省文物考古研究所，临朐县博物馆.《山东临朐北齐崔芬壁画墓》.《文物》，2002（4）：4-26.
100. 高福顺.《高句丽官制中的"加"》.《东北史地》，2004（4）：25-31.
101. 徐州博物馆.《江苏徐州市九里山二号汉墓》.《考古》，2004（9）：45-50.
102. 四川省文物考古研究所，巫山县文物管理所，重庆市文化局三峡文物保护工作领导小组.《重庆巫山县巫峡镇秀峰村墓地发掘简报》.《考古》，2004（10）：74-80.
103. 孔德安.《浅谈我国新石器时代绿松石器及制作工艺》.《考古》，2005（5）：18-21.
104. 左俊.《浅谈"贝带"》.《中国历史文物》，2006（6）：30-35.

105. 白冰.《雷神俑考》.《四川文物》, 2006（6）: 66-75.

106. 宋磊.《高句丽服饰研究扫描》.《通话师范学院学报》, 2007（1）: 5-6.

107. 谢乾丰.《中国古代铅粉的制作工艺研究》.《广西轻工业》, 2007（4）: 43-44.

108. 洛阳博物馆.《洛阳北魏杨机墓出土文物》.《文物》, 2007（11）: 56-67.

109. 长沙市文物考古研究所, 望城县文物管理局.《湖南望城风篷岭汉墓发掘简报》.《文物》, 2007（12）: 21-41.

110. 彭卫.《汉代食饮杂考》.《史学月刊》, 2008（1）: 19-33.

111. 郑春颖.《〈魏志·高句丽传〉与〈魏略·高句丽传〉比较研究》.《北方文物》, 2008（4）: 84-91.

112. 徐州博物馆.《江苏徐州市翠屏山西汉刘治墓发掘简报》.《考古》, 2008（7）: 11-24.

113. 马健.《黄金制品所见中亚草原与中国早期文化交流》.《西域研究》, 2009（3）: 50-64.

114. 郑春颖.《〈南史·高句丽传〉史料价值刍议》.《东北亚研究论丛》, 2009（3）: 111-115.

115. 郑春颖.《〈梁书·高句丽传〉史源学研究》.《图书馆理论与实践》, 2009（11）: 53-58.

116. 张磊.《中国古代灯具形制和照明燃料演变关系考》.《南京艺术学院学报》, 2009（6）: 190-194.

117. 潘伟斌, 朱树奎.《河南安阳市西高穴曹操高陵》.《考古》, 2010（8）: 35-45.

118. 徐州博物馆.《江苏徐州黑头山西汉刘慎墓发掘简报》.《文物》, 2010（11）: 17-41.

119. 程旭, 师小群.《唐贞顺皇后敬陵石椁》.《文物》, 2012（5）: 74-96.

120. 安阳市文物考古研究所.《河南安阳市北关唐代壁画墓发掘简报》.《考古》, 2013（1）: 59-68.

121. 南京博物院, 盱眙县文广新局.《江苏盱眙大云山江都王陵 M9、M10 发掘简报》.《东南文化》, 2013（1）: 51-69.

122. 南京博物院，盱眙县文广新局.《江苏盱眙大云山西汉江都王陵 1 号墓》.《考古》，2013（10）.

123. 卫斯.《吐鲁番三大墓地随葬彩绘木鸭习俗研究——兼与张弛先生商榷》.《吐鲁番学研究》，2014（2）：93-99.

124. 卢汰春，贺鹏.《红腹锦鸡——金鸡》[J].《大自然》，2014（5）：58-59.

125. 单月英.《移动的文化桥：黄金草原与东西文化交流》[J].《艺术品》，2015（5）：26-41.

126. 林怡娴.《贝格拉姆宝藏中的非罗马玻璃器》.《南方文物》，2018（1）：189-199.

127. 巫新华.《琐罗亚斯德教文化新发现——塔吉克斯坦国家博物馆藏神官小像》[J].《新疆艺术》，2018（5）：11-20.

128. 南京博物馆，徐州博物馆，邳州市博物馆.《江苏邳州煎药庙西晋墓地发掘》[J].《考古学报》，2019（2）：245-282.

后 记

在全民阅读的信息化时代，社会阅读需求、大众阅读习惯，以及数字出版物形态不断推陈出新，传统的印刷品出版物格局亦不可避免地发生变化。值得庆幸的是，冷门小众类书籍仍保留一定的出版空间。

自上一本拙著正式出版至今已逾七年，此次的集结是本人毕业后进入职场十年历程中，利用闲暇之余进行阅读和写作的心得总汇，也作为十年沉浮的记念。

感谢家人们始终如一的信任包容和无条件支持！

拙著顺利出版，得益于燕山大学出版社杨春茹老师及其团队的鼎力支持，在此衷心感谢！

尽管拙著出版大有自娱自乐的成分，但本人始终认为阅读与写作是学而思、思而学的渐进过程，书斋里的生活平静而恬然，希望这种状态维持得更加持久。